2012 年度教育部人文社会科学研究青年基金项目
"回归公民权利：参与式预算法治化研究" 编号

参与式预算法治化研究

刘 涧 著

科学出版社

北 京

内 容 简 介

参与式预算是近年来许多国家和地区预算改革的最新发展，也是近年来政治学、公共管理学、法学界研究的热点。参与式预算法治化改革对于提升财政透明度、深化民主政治和推动财税法治建设具有重要意义。本书立足公民权利，对参与式预算法治化所涉及的主要理论和现实问题进行系统阐述。本书共分为8章，内容包括参与式预算的理论维度、参与式预算改革的现实考察、参与式预算改革的困境与法治化变革、财政透明度保障机制之构建、公民参与预算程序机制之构建、公民参与预算支持机制之构建。

本书可供经济法、财税法、宪法、行政法、政治学、公共管理学等相关专业的研究生及从事财政预算研究和实务工作的人员参考。

图书在版编目(CIP)数据

参与式预算法治化研究 / 刘洲著. —北京：科学出版社，2015.6
ISBN 978-7-03-044727-2

Ⅰ.①参… Ⅱ.①刘… Ⅲ.①预算法—研究 Ⅳ.①D912.204

中国版本图书馆 CIP 数据核字（2015）第 124351 号

责任编辑：杨　岭　杨悦蕾 / 责任校对：杨悦蕾
责任印制：余少力 / 封面设计：墨创文化

科 学 出 版 社 出版
北京东黄城根北街16 号
邮政编码：100717
http://www.sciencep.com

成都锦瑞印刷有限责任公司印刷
科学出版社发行　各地新华书店经销
*

2015 年 7 月第 一 版　　开本：B5（720×1000）
2017 年 5 月第二次印刷　　印张：10 1/2
字数：220 千字
定价：62.00 元

前　　言

作为当今世界预算改革的最新进展，参与式预算改革自从 1989 年在巴西阿雷格里港市启动至今不过 20 余年的历史，但是其发展极为迅速，目前已经在南美洲、欧洲、亚洲、北美洲、非洲的许多国家得到了推行，这其中既包括许多预算民主建设尚待加强的发展中国家，也包括不少预算民主传统原本非常深厚的发达国家。

众多国家纷纷将参与式预算作为预算改革中的重要内容加以推行，这绝非偶然。参与式预算不仅为普通公民提供了参与预算事务的机会，从而在预算领域中彰显并落实了公民权利，而且为有关当局转变治理方式、提升财政透明度和深化民主政治建设提供了空间。正因为如此，参与式预算被许多发展中国家看成是促进政治民主、改善政府治理、提升财政公共性的重要路径，而且被不少发达国家看成是深化民主、丰富公民参与预算决策的有效方式。可以说，参与式预算代表了公民参与预算未来发展的一个基本方向。

尽管参与式预算作为一种有效的公众参与手段受到各国政府当局的重视和社会大众的欢迎，在现实中，其推行范围不断增大且推行层级日益提升，但并不能因此对参与式预算的发展前景过分乐观。事实上，各国在推行参与式预算过程中都先后面临着改革动力不足、公民参与能力缺乏、改革的规范性不高等问题。尽管可以从多方面寻求解决上述问题的路径，但是回归公民权利的原点并实现参与式预算的法治化应当为其中的治本之策。

正是基于对参与式预算法治化问题的兴趣，本人以"回归公民权利：参与式预算法治化研究"为选题申请 2012 年度教育部人文社会科学研究青年基金项目并有幸获得批准（编号 12YJC820068），本书即为该研究项目的成果。

回顾本书的写作历程，要感谢西南政法大学张怡教授和卢代富教授对我的无私帮助，两位老师曾经在我博士和硕士阶段给了我悉心关怀，现在依然是我工作和研究中的支持者。感谢四川师范大学法学院院长唐稷尧教授对我的大力支持，在本书研究过程中，他为我参与学术交流提供了很多机会。感谢我的同学内蒙古大学法学院的马建霞老师和我的同事四川师范大学甘露老师，正是他们对我研究的大力支持与配合，使本书得以顺利出版。科学出版社在本书的编辑出版过程中也对我提供了许多帮助，在此表示衷心感谢。

由于参与式预算改革尚在进行，不少改革举措并无定论，同时由于作者受学识水平和视野所限，书中难免存在诸多不足，在此恳请广大读者批评指正。

目　　录

第1章 导 论

1.1 研究的背景与意义

财政预算问题真正受到中国社会公众的广泛关注,大致可以追溯到 2003 年由中国国家审计署(以下简称审计署)所掀起的"审计风暴"。这一年,审计署开始推行审计结果公开制度。2003 年 6 月 25 日,时任审计署审计长的李金华提交了一份 22 页的审计报告,并首次在第一时间全文公布了这份牵涉不少重要部门的审计报告。在报告中,财政部、原国家计委(计划经济委员会)、教育部、民政部、水利部等一大批中央部委在财政预算事务中存在的问题被公开曝光,报告中也出现了"疏于管理和监督"等严厉字眼。2004 年 6 月 23 日,李金华代表国务院向全国人大常委会提交了一份审计报告,其中揭露问题的内容占了绝大部分。正是通过审计署所披露的一份份令人触目惊心的审计报告,中国普通民众才深刻认识到,财政资金的汲取与使用关系到我们每一个人的切身利益,而政府作为财政资金的管理者和使用者,拥有巨大的财政收支权力,倘若缺乏有效的制约和监督,财政资金必定无法得到很好的利用。

财政领域无小事。从历史上看,财政始终是和国家权力联系在一起的。无论是专制时代的封建王朝还是现代社会的民主政府,财政活动确实都表现为一种由国家权力所主导的利益分配行为:从收入的角度看,政府作为非生产性单位获取的每一分钱都最终来源于全体社会成员的私人财产,财政收入的增长必然意味着民众私人财产的减少;从支出的角度来看,财政资金的使用要么用于维持政府机构自身的运转,要么花出去惠及社会公众。这个过程则充分体现了财政活动所蕴含的"取之于民,用之于民"精神。

由于现代社会政府汲取财政资源的主要途径是征税,而征税因为直接导致私人财产的克减容易引起民众反对,因此西方国家往往通过确立税收法定主义以取得征税的正当性。当政府获得了财政收入之后,怎么用这个钱就成为一个非常关键的问题。不言而喻,同众多的支出需求相比,政府可用于分配的财政资源永远是稀缺的。那么,在政府每一年的财政支出安排中,究竟应当如何分配财政资源就是一个极为重大的决策问题。在现代社会,这个问题是通过公共预算制度加以解决的。公共预算,是指在市场经济条件下,与公共财政相适应、由法定机构批准的政府在一定时期内的公共财政收支计划(刘洲，2012)①。尽管在实践层面存在差别，但是各国的预算制度在总体上的运作模式是基本一致的，即由行政机构负责编制预算草案，由代议机构［如西方的议会和我国的全国人民代表大会(以下简称人大)］负责审议预算，经过代议机构批准的预算具有法律效力，由行政机构负责执行；同时为了保证生效预算得到严格执行，代议机构有权对政府的预算执行情况进行监督。不难看出，在这样一个预算编制、审议和执行的流程中，尽管行政机构和立法机构扮演着不同的角色，但两者都是预算决策的主体。此即为传统的预算决策模式。

　　传统的预算决策模式是建立在代议民主制基础之上的，在代议民主制中，公民基本上是被排斥在正式的预算决策体系之外的，无论是行政机关编制预算还是立法机关审议预算，本质上还是一种公共权力运作的过程。不过，民选的官员毕竟不能完全等同于人民，即便官员们个个都是一心为公的人民代言人，其反映的民意与真实的民意之间也必然存在相当的距离，因而其所做出的预算决策也未必能全面反映民众的真实意愿。既然民主天然地具有"参与"的内涵，那么参与权就应当成为一项重要的公民权利，它当然应该体现在预算决策过程中。因此，必须认真思考如何有效回应公民参与预算决策的权利诉求。

　　巴西阿雷格里港于1989年率先启动进而发展到许多国家的参与式预算改革运动，是公民参与预算决策在当代的最新发展。20余年来，参与式预算改革的影响日益扩大，它不仅在秘鲁、阿根廷、哥伦比亚、乌拉圭、智利、墨西哥等拉丁美洲国家得到了蓬勃发展，而且扩展至赞比亚、喀麦隆、印度、斯里兰卡、印度尼西亚等亚非国家。20世纪90年代后期，参与式预算受到北美、欧洲等地区西方发达国家的关注，加拿大、法国、德国、英国、西班牙、意大利等多个国家的部分地区都开始推行参与式预算。在中国，参与式预算改革是从2005年浙江省台州温岭市推行的预算民主恳谈起步的，此后逐渐扩展至无锡、哈尔滨、上海等多个城市。

　　参与式预算的关键，在于让普通民众切实地拥有一定的预算资金分配权，从而能够对预算决策产生实质性的影响。参与式预算改革直接回应了公民参与预算决策的权利诉求，对于促进财政民主、保障财政公平和提升财政效率具有重要的意义，从而有助于实现财政的公共性。正因为如此，参与式预算被许多发展中国家看成是促进政治民主、改善政府治理、提升财政公共性的重要路径，而且被不少发达国家看成是深化民主、丰富公民参与预算决策的有效方式。可以说，参与式预算代表了公民参与预算未来发展的一个基本方向。

---

① 刘洲.财政支出的法律控制研究：基于公共预算的视角.北京：法律出版社，2012：29.

1.2　研　究　现　状

　　财政事务关系到每一个人的切身利益，预算决策作为对未来一定时期内国家财政收支的安排，势必引发民众的关注。预算决策能否实现民主化在很大程度上会对政治民主化的进程产生影响；反过来讲，政治民主化必然也要求在预算决策过程中得以体现。正因为政治民主化与预算制度之间存在这种复杂的关系，因此，对政治民主问题的研究往往会牵涉预算问题。可以说，提高公民在预算决策过程中的参与程度，已经被公认为是实现和增进政治民主的重要途径。

1.2.1　国内外参与式预算研究的现状

　　尽管理论界对于公民参与预算过程的关注由来已久，但是自从巴西参与式预算改革之后，公民参与预算决策的问题又重新引起了学术界的兴趣。就当前国内外参与式预算研究的现状来看，学者们主要关注以下三个方面的问题。

　　(1)参与式预算改革对于深化民主政治的重要意义。学者们从民主类型、地方自治、政府治理、合法性等多个层面系统深入地阐释了参与式预算改革的重要意义。不少学者认为，作为直接民主在预算事务中的体现，参与式预算有助于克服传统预算决策过程中公民参与不足的困境，对于深化民主有着非常重要的意义。有外国学者旗帜鲜明地指出，参与式预算是对民主的一个重大贡献(Cabannes，2004)[1]。总体来看，国内外针对这一方面问题的研究已有不少，特别是中国学者的研究基本上都属于这个方面[2]。

　　(2)对不同地区参与式预算改革实践进行归纳和总结。由于参与式预算是从基层启动的改革，因而不同国家和地区的实践做法往往存在很大差异，因此要对其进行深入研究，就要对各地千差万别的改革进行归纳和总结，从而提炼出参与式预算改革实践中具有的共同性和规律性的东西。为此，国外学者做了不少理论和实证研究。例如，世界银行于2007年前后曾经汇集了一批优秀的公共预算专家，分别对拉丁美洲、中东欧、亚洲、撒哈拉以南的非洲地区、中东及北非地区的参与式预算实践展开了研究，形成了一本质量颇高的论文集(Shah，2007)[3]。

---

　　① Cabannes Y. Participatory Budgeting：A Significant Contribution to Participatory Democracy. Environment & Urbanization，2004，16(1).

　　② 国内关于温岭参与式预算的研究相对较多，其中的一些代表性研究已结成论文集出版。(详见陈奕敏. 从民主恳谈到参与式预算. 北京：世界知识出版社，2012.)

　　③ Shah A. Participatory Budgeting. Washington DC：The World Bank，2007：1.

2009 年,浙江大学、德国柏林马克·布洛赫中心和德国弗里德里希·艾伯特基金会(上海协调项目办公室)三方在杭州举办了"亚欧参与式预算:民主参与的核心挑战"国际会议,会后将与会学者的研究成果以论文集的形式出版(伊夫·辛多默等,2012)①。中国的王逸帅和苟燕楠(2009)也对国外参与式预算改革的优化模式进行了分析②。

　　(3)探索参与式预算改革的法治化。由于参与式预算是对传统预算决策模式的重大变革,它要求既有的预算权力者向普通公民实质性地让渡部分预算资金分配权,这就必然会给传统的预算决策体制带来很大的挑战,因此,如果缺乏一个制度化的保障,参与式预算改革势必很难长久推进下去,这对于刚刚起步的中国参与式预算改革来说尤为重要。正因为如此,有中国学者开始思考如何实现参与式预算改革的制度化。例如,戴激涛(2010)提出了一个"从规范到制度"的法治建构思路③,马蔡琛等人(2009)也提出了构建具有长期稳定性的"道路规则"体系的问题④。

1.2.2　参与式预算的法治化:一个有待深入的研究领域

　　在当前有关参与式预算改革的研究中,既有值得肯定的地方,也存在明显的不足:有关第一个方面问题的研究比较系统和深入,研究成果也比较丰富;有关第二个方面问题的研究虽然日益增多,但是研究成果由于过于侧重地区层面的分析,因而显得非常分散;有关第三个方面问题的研究则是目前研究中最为缺乏的。目前,无论是国外研究还是国内研究,都对参与式预算的法治化问题关注不够,学者们要么在研究中根本不涉及这个问题,要么在研究中仅仅提及该问题,缺乏深入的研究。

　　然而,参与式预算改革的法治化问题是无法回避的。尽管人们承认公民在预算决策中的参与权是一项重要的公民权利,然而必须看到,至少就中国的现实来看,这种参与权还主要是一种理论层面的证成,而缺乏现实立法层面的支撑。尽管参与式预算改革是从基层起步的,天然地具有某种"自发性"和"草根性",因此在发展初期缺乏统一的制度性安排是可以理解的,但是在参与式预算影响力日益扩大的今天,它确实不能够满足预算法治化的要求。在缺乏法治环境的保障下,推动参与式预算改革的基本动力主要还是来自领导层的开明和民众的认同,它无法转化为一种制度性的改革动力,也无法解决参与式预算改革过程中所需要面对的诸多重大问题(如参与式预算决策与传统预算决策的关系如何处理、参与

　　① 伊夫·辛多默,鲁道夫·特劳普-梅因茨,张俊华. 亚欧参与式预算:民主参与的核心挑战. 上海:上海人民出版社,2012.
　　② 王逸帅,苟燕楠. 国外参与式预算改革的优化模式与制度逻辑. 人文杂志,2009,(3).
　　③ 戴激涛. 公民参与预算的法治建构:从规范到制度. 广东行政学院学报,2010,(3).
　　④ 马蔡琛,李红梅. 参与式预算在中国:现实问题与未来选择. 经济与管理研究,2009,(12).

主体如何确定、参与决策的内容包括哪些、应当遵循何种参与程序等）。

　　参与预算决策是一项重要的公民权利。既然如此，就应当认真思考：预算决策中的公民权利究竟如何在法律层面得以本现？公民行使这些权利的存在何种障碍？应当如何从法律层面保障公民参与预算决策的权利？这些问题实际上都是参与式预算改革法治化过程中所必须解决的关键问题。总之，如果想要持续推进参与式预算改革，就必须将其纳入法治的框架，实现参与式预算改革的法治化。

　　鉴于此，本书的研究具有重大的理论与现实意义：就理论意义而言，本书回归参与式预算改革的本质，即参与式预算是对公民参与预算决策权利诉求的一种回应，而参与式预算改革的法治化有助于更好地保障预算决策过程中的公民权利。这将为参与式预算改革奠定极为坚实的法理基础。就现实意义而言，本书将在认真总结中外参与式预算改革实践经验的基础上，力图提出一个参与式预算改革法治化的基本制度框架，解决参与式预算实施过程中所面临的重大现实问题，从而为有关方面制定相关政策、立法和措施提供有益的参考。

第1编 参与式预算与公民权利保障的互动关系

参与式预算（participatory budgeting），又称公民预算，是一个通过公民就公共资源分配进行审议和谈判以作出决策的过程（Wampler，2007）[①]，其核心是让普通公民参与预算资金分配，从而获得一定的预算决策权。作为当代公民参与预算实践的最新发展，参与式预算本身是公民权利保障在预算领域的必然要求，其彰显了民主内含的"公民参与"意蕴，进而提升了民主的质量；更为重要的是，参与式预算让普通公民能够实质性地参与预算决策过程，故而使在过程和结果两个层面都有助于公民参与权的实现。鉴于此，本书将就参与式预算与公民权利之间的互动关系进行剖析，以为实现参与式预算的法治化奠定一个较为扎实的法理基础。

[①] Wampler B. A Guide to Participatcry Budgeting//Shah A. Participatory Budgeting. Washington DC：The World Bank，2007：1.

第 2 章　参与式预算的理论维度

作为预算改革的一种实践，参与式预算的出现或许只是源于解决现实问题的需要，并不一定是某种理论指导下的结果。然而，这并不妨碍人们从理论层面对参与式预算进行分析。任何一种预算改革都有其潜在的理论意蕴，只有对其进行充分的理论阐释之后，才能明白此种改革对于人们来说究竟意味着什么；同时，也只有从理论上对其分析之后，才能确定改革最终要走向何处。鉴于此，本章将从政治、经济和法律三个维度对参与式预算进行解析。

2.1　参与式预算的政治维度

民主(democracy 或 demokratia)一词是希腊语 demos(人民)和 kratos(统治)这两个词的组合(罗伯特·达尔，1999)[①]，其基本含义是"人民的统治"或"人民的治理"。无论人们对民主一词作何种理解，"公民参与"始终构成民主政治的重要内容，换言之，民主始终内含"公民参与"的意蕴。然而，面对"何谓公民参与""公民如何参与"的问题，不同的民主模式给出了非常不同的回答。

2.1.1　不同民主理论下的公民参与

英国学者戴维·赫尔德(2008)将民主划分为两大基本模式：一种是直接民主(direct democracy)或参与民主(participatory democracy)，主张公民可以直接参与公共事务决策；另一种是自由民主(liberal democracy)或代议民主(representative democracy)，主张在法治框架之下通过选任官员来代表公民而实行统治[②]。

公民参与最早可以追溯到公元前 5 世纪中叶古希腊雅典城邦的早期直接民主制。公民大会是雅典的最高权力机构，由全体公民组成。所有重大的问题，如维护公共秩序所需的法律结果、财政和直接税收、流放问题、外交事务(包括评估陆军和海军的运行状况、缔结盟约、宣战与媾和)等，都要提交出席公民大会的公民考

---

① 罗伯特·达尔. 论民主. 李柏光，林猛译. 北京：商务印书馆，1999：14.
② 戴维·赫尔德. 民主的模式. 燕继荣等译. 北京：中央编译出版社，2008：5.

虑和决定(戴维·赫尔德，2008)①。按照现代民主的标准，其实雅典城邦直接民主制中的公民参与存在很大的局限性。例如公民人数仅占雅典城邦居民人口总数很小的比例：一方面，只有年满 20 岁的男子才享有积极公民的资格，妇女则没有政治权利，其公民权利也非常有限(不过是生育公民子孙的手段)；另一方面，雅典还存在大量没有资格参与正式程序的居民，包括迁居雅典的移民和奴隶(戴维·赫尔德，2008)②。尽管如此，雅典直接民主制中有关公民参与的内容长期以来倍受学者们的重视，因为公民作为主人翁直接参与国家的政治生活不仅反映了民主的本意，而且也凸显了公民之所以成为公民的根本原因。例如，亚里士多德在论述雅典城邦时就认为，人类天性是政治动物，公民参与城邦公共生活不仅是理所当然的，而且是一种良好的公民品性。正因为如此，亚里士多德(1965)将凡有权参加议事和审判职能的人均定义为城邦的公民，而城邦即为了维持自给生活而具有足够人数的一个公民集团③。在亚里士多德的眼中，不参与城邦公共生活的人，都不配称为公民。

随着雅典城邦国家的衰落，在西方中世纪很长一段时间内，公民积极参与政治生活的思想都衰落了。一直到公元 11 世纪末，随着共和主义的复苏，意大利城市共和国的政治生活中再次出现了公民参与。到 12 世纪末，在佛罗伦萨、帕都亚、比萨、米兰等城市，都出现了由管理理事会组成的政府。理事会由行政官主持，拥有行政和司法的最高权力，并且，行政官是选举产生的职位，具有严格限定的任期，首先对理事会负责，最终对该城市的公民负责(戴维·赫尔德，2008)④。当然，按照现代学者的分析，古希腊同古罗马的公民参与是不一样的，前者属于发展型共和主义，其侧重点是政治参与对于强化决策和公民发展的内在价值；后者属于保护式共和主义，其主要强调的是政治参与对于保护公民的利益和目的的工具价值(戴维·赫尔德，2008)⑤。

作为直接民主制的支持者，卢梭重新强调了公民直接参与政治生活的重要意义。卢梭(2003)关于公民参与的论述是建立在人民主权思想基础上的，他认为，人是生而自由平等的，但由于自然状态中存在威胁人类生存的障碍，当个人力量无法抗衡时，人们就通过签订社会契约结合起来组成国家，而国家的主权属于人民⑥。由于主权体现的是人民的意志，因此人民主权既不可以转让，也不能分割；不仅如此，主权只能由人民直接表达，而不能够被代表。正是基于人民主权的思想，卢梭倡导公民积极参与的直接民主制，而对代议制民主进行了质疑。他认为，代表这个观念起源于近代的封建政府制度，而在古代共和国和古代君主国中都是不曾有过的；针对代议制，他认为，一旦公共服务不再成为公民的主要事情，并且公民宁愿掏自己的钱口袋而不愿本

---

① 戴维·赫尔德. 民主的模式. 燕继荣等译. 北京：中央编译出版社，2008：22.
② 戴维·赫尔德. 民主的模式. 燕继荣等译. 北京：中央编译出版社，2008：23.
③ 亚里士多德. 政治学. 吴寿彭译. 北京：商务印书馆，1965：113.
④ 戴维·赫尔德. 民主的模式. 燕继荣等译. 北京：中央编译出版社，2008：39.
⑤ 戴维·赫尔德. 民主的模式. 燕继荣等译. 北京：中央编译出版社，2008：43.
⑥ 卢梭. 社会契约论. 何兆武译. 北京：商务印书馆，2003：18-22.

人亲身来服务的时候，国家就已经是濒临毁灭了，他进一步指出，只要一个民族举出了自己的代表，他们就不再是自由的了，他们就不复存在了（卢俊，2003）①。卢梭极力支持全体公民积极参与的直接民主制，其主要内容包括：①参与意味着公民直接参与决策过程；②参与能够提高个人的自由价值；③参与的主要功能是教育；④参与是一种保护私人利益和确保好政府的方式（卢瑾，2013）②。

然而，在代议制民主理论的支持者看来，公民参与并非意味着公民直接参与公共事务，而是应当通过选举自己的代表来管理公共事务。

作为代议制民主理论的开创者，潘恩在对既有政府体制的批判过程中提出了代议制政府的主张。潘恩（1981）首先对君主制进行了批判，在其看来，无论是君主世袭制还是君主选举制都是坏的制度；他也批判了贵族制，认为贵族制虽然在起用人才方面比君主制稍好，但和君主制具有同样的罪恶和短处；他还批判了古希腊雅典实行的直接民主制，认为这种简单民主制无法适用于领土和人口日益增大的共和国③。既然前述这些体制都不好，那么什么才是潘恩心中的理想体制呢？潘恩（1981）认为应当把代议制同民主制相结合，实行代议民主制，把代议制同民主制结合起来，就可以获得一种能够容纳和联合一切不同利益和不同大小的领土与不同数量的人口的政府体制④。

贡斯当（2005）认为，直接民主所追求的是一种古代人的自由，由于古代的共和国领土范围狭小，每个公民在政治上都有举足轻重的作用，而行使公民权是所有公民的职业与乐趣。然而，现代国家的领土比古代共和国大得多，因而其居民发挥不了任何积极的作用，他们最多被要求通过代议制度，就是说，以一种假定的方式行使主权⑤。因此他将现代国家中的自由称为现代人的自由，而现代人的自由显然只能通过代议制来实现。

19世纪，英国思想家密尔对代议制政府理论进行了全面论述。密尔（1984）认为，理想上最好的政府形式就是主权或作为最后手段的最高支配权力属于社会整个机体的那种政府；每个公民不仅对该最终主权的行使有发言权，而且，至少是有时，被要求实际上参加政府，亲自担任某种地方的或一般的公共职务⑥。密尔（1984）不仅不反对公民参与公共事务，恰恰相反，他认为，能够充分满足社会所有要求的唯一政府是全体人民参加的政府；任何参加，即使是参加最小的公共职务也是有益的⑦。问题在于，这种"全体人民参加"的理想体制并不现实，因为，统治规模（即领土面积和人口数量）成为制约公民参与的最大障碍，随着统治规模的扩大，全民参与越来越不具有可

　　① 卢梭. 社会契约论. 何兆武译. 北京：商务印书馆，2003：119，123.
　　② 卢瑾. 西方参与式民主理论发展研究. 北京：人民出版社，2013：70，71.
　　③ 潘恩. 潘恩选集. 马清槐等译. 北京：商务印书馆，1981：237-244.
　　④ 潘恩. 潘恩选集. 马清槐等译. 北京：商务印书馆，1981：246.
　　⑤ 贡斯当. 古代人的自由与现代人的自由. 阎克文等译. 上海：上海人民出版社，2005：270，271.
　　⑥ 密尔 J S. 代议制政府. 汪瑄译. 北京：商务印书馆，1984：43.
　　⑦ 密尔 J S. 代议制政府. 汪瑄译. 北京：商务印书馆，1984：55.

行性。密尔(1984)认为，在面积和人口超过一个市镇的社会里，除公共事务的某些极次要的部分外，所有人亲自参加公共事务是不可能的，因此，一个完善的政府的理想类型一定是代议制政府①。密尔也意识到代议民主制可能存在的缺陷，例如才智低劣的人当选代表可能会降低工作效率和决策水平，同时代议机构被平庸多数控制后可能会利用民主压迫少数，因此他提出了几个解决办法：一是限制普选权，二是比例代表制，三是复数投票制，四是直接选举(卢瑾，2013)②。

到了 19 世纪末 20 世纪初，传统代议制民主理论逐渐发展到精英民主理论阶段。作为精英民主理论的代表，美国著名经济学家熊彼特(1999)认为，民主并非意味着人民的统治，实际上他也不相信人民能够统治，因为典型的公民一旦进入政治领域，他的精神状态就跌落到较低水平。他会毫不犹豫地承认，他辩论和分析的方法是幼稚的，局限于他实际利益的范围。他又成为原始人了。他的思想变得易于引起联想和充满感情③。熊彼特(1999)认为，民主本质上是一种政治方法，即民主方法就是那种为了作出政治决定而实行的制度安排，他进一步解释说，在这种安排中，某些人通过争取人民选票取得做决定的权力④。由于在现代社会，只有社会精英才可能参与竞选并最终赢得竞选，因此熊彼特眼中的民主本质上就是一个精英通过竞选来获得政治领导权的过程，在这个过程中，公民没有必要也不可能直接参与公共事务的决策，他们只需要选出能够代表自己的精英，由精英来代替自己做决定。

2.1.2　重新认识民主与公民参与的关系

代议制民主理论对直接民主的批评确实有道理，历史的发展轨迹似乎也证明了这一点。以英国为例，约翰王(1199~1216 年在位)继位以后，为筹集军费，向封建贵族、教士和城市市民疯狂敛财。在后者的强烈反抗之下，1215 年，英王与贵族签署了著名的《大宪章》(*The Magna Carta*)，由此开启了限制王权(主要是征税权)的序幕；1688 年的光荣革命，代表着代议民主制在英国的确立；1911 年的议会法则确立了下议院在立法上的最高权威⑤。有学者指出，自第二次

---

① 密尔 J S. 代议制政府. 汪瑄译. 北京：商务印书馆，1984：43.
② 卢瑾. 西方参与式民主理论发展研究. 北京：人民出版社，2013：39.
③ 熊彼特. 资本主义、社会主义与民主. 吴良键译. 北京：商务印书馆，1999：386.
④ 熊彼特. 资本主义、社会主义与民主. 吴良键译. 北京：商务印书馆，1999：395，396.
⑤ 从历史进程来看，西方民主政治最后走上了代议民主制的道路，这在很大程度上是财政危机的结果。从中世纪末到法国大革命的爆发，西方国家卷入了一个几近永久战争的漩涡，而且战争的花费越来越高。由于统治者传统上必须"自食其力"(live on their own)，因此，打仗的花费很快超过了他们从王室土地和例行规费中获得的收入。他们由于口袋几乎掏空，常常不得不与其臣民进行交易，这种交易意味着通过分享政治权力来换取更高的税收。(详见霍夫曼，诺伯格. 财政危机、自由和代议制政府：1450~1789. 储建国译. 上海：格致出版社，2008：1.)

世界大战结束至今，代议民主体制在越来越多的国家获得巩固，并有继续扩散延衍之势，因而使不少论者认为民主政治（代议民主）的兴起，乃是 20 世纪最明显的时代征候之一（许国贤，1996）①。问题是，难道民主政治对公民参与的要求只能通过代议制民主来实现吗？或者说，直接民主就完全没有发挥作用的可能吗？对此，作者的回答是否定的。

一方面，作为民主政治的核心内容，公民参与具有毋庸置疑的正当性。

民主的本意是人民的统治，其天性要求公民参与公共事务。公民参与是一切民主制度所必然追求的目标，其正当性是毋庸置疑的。从一般意义上讲，公民参与的深度和广度决定了民主的质量。任何一种民主制度都必须正视公民参与的问题。正如科恩（1988）所言，民主是通过普遍参与进行的管理，代表制则有助于实现这一参与，把民主与代表制等同起来就是混淆了民主的实质与实现民主的手段②。即便代议制民主的支持者对实施直接民主所面临的诸多困难的分析总体上成立，但也并不意味着代议制民主下的公民参与就是完美无缺的。事实上，当代民主政治存在一个重大的限制，就是直到目前为止仍然没有办法真正落实平等参与的承诺，只能眼睁睁看着社会经济资源雄厚者挟其优势，不合理地左右公共政策的方向（江宜桦，2006）③。在代议制民主日益演变为选举民主的背景下，普通公民参与公共事务主要通过其投票选举的代表来实现，然而在选举成本日渐高涨的周期性选举中，普通公民不仅当选的机会日趋渺茫，而且也很难对当选代表的行为产生实质性的约束。在普通公民参与公共事务空间极为有限的情况下，这必然导致由精英主宰公共事务决策权而普通公民却对公共事务越来越冷漠的局面。很明显，这样一种局面对于民主政治来讲是相当有害的，如果民主生活只涉及周期性投票，那么，人们的活动场所就被限定在公民社会的"私人"领域，而他们的行动将在很大程度上依赖于他们能够控制的资源。这样，公民将很少有机会作为"公民"，作为公共生活的参与者去行动（戴维·赫尔德，2008）④。

另一方面，在现代国家，公民直接参与公共事务并非没有实现的可能。

代议制民主支持者并没有否定公民参与在民主政治中的核心地位，他们对直接民主的批判更多的是强调在现代国家中实施公民直接所遇到的现实困难。然而这种困难有些时候并非不可克服。诚如密尔所言，统治规模确实构成公民直接参与公共事务的最大障碍，然而仔细分析后可以发现，这种指责往往就国家层面的民主方能成立。任何一个国家，只要其统治人口和地域范围超过了一定的限度，都必然会实行分层化的统治。中央与地方的分权，在现代国家中其实是一个极为普遍的现象；并且，国家规模越大，其统治的层级也就越多。随着统治层级的下

①　许国贤. 民主的政治成本. 人文及社会科学集刊，1996，（2）：273.

②　科恩. 论民主. 聂崇信等译. 北京：商务印书馆，1988：81.

③　江宜桦. 自由民主的理路. 北京：新星出版社，2006：46.

④　戴维·赫尔德. 民主的模式. 燕继荣等译. 北京：中央编译出版社，2008：318.

移，地方政府所管辖的人口数量和地理面积都在减少，这也就越接近实施直接民
主所要求的条件。从这个意义上讲，人们应当关注的是不同民主类型的实施条件
究竟是什么，并且根据现实状况的不同有针对性地选择民主的形式，而非天然地
排斥直接民主。同时还应当看到，随着时代的变化，过去阻碍实施直接民主的一
些社会条件也发生了重大改变。例如，过去反对直接民主的一个常见理由是普通
公民文化水平不高，然而在现代社会，公民受教育程度已经有了极大提高，甚至
在很多发达国家，高等教育基本上已经普及，这说明再以公民教育水平作为拒斥
直接民主的理由已经很难成立。又如，技术条件也是过去反对直接民主的常见理
由，但是在现代社会，随着技术手段的进步，广播、电视、互联网、手机早已非
常发达，公民直接参与公共事务的信息障碍已经不复存在。

　　有学者认为，现代民主不仅体现为宪政和代议制度的建立，而且也体现为公
民参与的深化和扩展，人民的统治不能仅仅局限于选择哪些精英执政的投票的权
力，而且也必须扩展到从对经济、环境到国际秩序等事务发表意见和以不同的形
式来影响法律的制定和决策的形成，到直接参与管理社会的基层单位如社区的事
务(韩水法，2009)①。如果还是坚持认为实施直接民主有着不可逾越的障碍，公
民只有通过其代表才能参与公共事务，那么，这不仅不符合现实情况，而且可能
成为既得利益阶层固守精英政治、排斥普通公民参与的借口。

　　或许正因为如此，最近几十年来，不少西方学者开始重新认识代议制民主下
公民参与不足的缺陷，并且强调公民参与对于民主政治的重要价值。例如，佩特
曼认为，寻求更多的公民参与乃至参与民主理论并非建立在幻觉和不现实的理论
基础之上，因为只有当个人在当前的社会中有机会直接参与决策过程和选择代
表，他才有希望控制自己的生活前景以及自己周围环境的发展，并且在一个参与
性社会中，个人投票的意义将有所不同，作为私人个体，他将享有各种机会成为
一个有教养的公民(卡罗尔·佩特曼，2006)②。巴伯则提出了一种参与模式中的
政治——强势民主，他明确指出，强势民主是公民的自治政府而不是冒用公民名
义的代议制政府，在这里，积极的公民进行直接的自我管理，他们并不必在每个
层次和每个事件上进行具体管理，但是在作出基本决策和进行重大权力部署的时
候，他们必须经常充分和详尽地参与。巴伯(2006)进一步指出，当大众开始审
议、行动、分享和贡献时，他们就不再是大众而成为公民了，只有参与，他们才
能成为公民③。科恩(1988)则干脆将民主界定为一种社会成员大体上能够直接或
间接地参与或可以参与影响全体成员的社会管理体制，他还特别指出，民主决定
于参与，即受政策影响的社会成员参与决策④。

---

① 韩水法.正义的视野——政治哲学与中国社会.北京：商务印书馆，2009：144.
② 卡罗尔·佩特曼.参与和民主理论.陈尧译.上海：上海人民出版社，2006：103，104.
③ 本杰明·巴伯.强势民主.彭斌等译.长春：吉林人民出版社，2006：180-184.
④ 科恩.论民主.聂崇信等译.北京：商务印书馆，1988：10.

2.1.3　预算民主与参与式预算

尽管从历史角度来看，民主和财政各自有其产生的源头，但是从西方宪政民主发展的轨迹来看，公共财政与宪政民主之间确实有着极为密切的联系。一方面，西方宪政民主的建立首先是从财政领域起步的，也是在财政领域取得突破的；另一方面，西方宪政民主的建立本身也保证了公共财政体制的有效运转。作为和市场经济相对应的财政类型，公共财政本身就要求体现为民主财政。财政民主是通过作为民主政体基础的政府预算制度实现的。预算作为公共权力配置资源的规则，是公共财政运作的控制和组织系统，是代议制政治的基础，其价值核心是民主财政(王世涛，2012)[①]。在现代社会，财政民主在很大程度上表现为预算民主。实现预算民主既是构建公共财政体系自身的要求，同时也是民主政治建设的重要组成部分。

2.1.3.1　传统预算决策体制下的公民参与缺陷

在代议制民主背景下，预算民主基本上是通过完善政府内部体系的预算约束机制、强化立法机构对政府的预算监督、加强审计监督等方式来实现的。具体而言，在政府内部，通过强化核心预算机构在预算编制和执行过程中的地位和职能，以实现财政集中管理和建立内部预算控制体系；在政府外部，强化立法机构的预算审议职能，立法机构不仅有权批准、否决或修改政府提交的预算草案从而与政府分享预算决策的权力，而且政府需要对预算执行情况向立法机构作出报告(其核心体现就是决算制度)，从而建立起外部预算控制体系；并且辅之以专业的审计机构，通过对预算执行过程和结果的监督，确保预算执行的合规性与绩效性[②]。不难看出，传统体制下的预算民主更多关注的是预算权力的配置问题，即通过在不同公共机构之间合理地配置各种预算权力，以构建起一个相互制衡、运转有效的内外部预算控制体系。

不过，传统预算体制存在一个很大的问题，那就是没有公民在预算决策过程中应有的位置，更确切地讲，公民基本上是被排斥在预算决策体制之外的。按照代议制民主的制度设计，公民的角色只是选举议员或政府首脑，然后将预算权授

[①]　王世涛. 财政宪法学研究. 北京：法律出版社，2012：259.
[②]　目前世界各国审计机构设置差异极大，大多数国家的审计机构隶属于立法机构(如美国)，此种审计监督可以看成是立法机关对政府外部预算控制的一部分；也有些国家的审计机构隶属于政府(如中国)，此种审计监督可以看成是政府内部预算控制的一部分；还有一些国家的审计机构独立于立法机构和政府(如法国的审计法院和日本的会计检察院)，此种审计监督亦属外部预算控制体系，虽然其职能往往也为议会预算监督提供专业支持，但并不从属于立法机构，其使职权也有相当大的独立性。

予这些政治家(马骏等,2011)①。在传统的预算决策体制中,公民并不需要亲身参与预算决策过程,预算事务完全可以通过选举产生代表(立法机构的成员或政府官员)来决策。实际上,传统的预算决策机制隐含着一个重要的前提,那就是这些代表在预算过程中确实能够为公民利益考虑。然而在现实生活中,这种前提从来就不可能得到满足。公民和公民的代表毕竟不是一回事,即便那些代表确实是一心为公的忠实"代言人",其所反映的民意与真实的民意之间也往往存在相当的距离,这种差距不可能不导致预算决策偏离真实的民意诉求。有学者指出,资源配置问题是公共预算的核心,而在资源配置中,最核心的决策是确定支出的重点,也称支出优先顺序确定(马骏等,2006)②。恰恰是在这个问题上,建基于代议制民主的传统预算决策体制将支出优先顺序的确定大权交给了行政机关(预算编制)和立法机关(预算审议),公民并没有机会就支出优先顺序确定发表看法,也难以有效影响上述机关的预算行为。总体而言,公民从来没有被立法者纳入预算决策体制之内,他们仅仅在"主权在民"的意义上保留了参与预算事务的可能,但是并没有被现实地赋予参与预算决策的权利;他们可以通过宪法赋予的言论自由表达对预算决策过程和执行结果的不满,但是他们并没有直接影响预算决策的现实渠道;他们只是预算决策的接受者而非参与者,是决策的对象而非主体。

预算的重要性在于特定的政策问题都将反映在其中,包括政府的范围、财富的分配、政府向利益集团开放的程度和政府对于公众的责任(爱伦·鲁宾,2001)③。尽管预算如此重要,但现实却是公民无法实质性地参与预算决策。诚如布坎南(1993)所言,当代政治和官僚机构的复杂性不应掩盖基本的现实,如果个人对公共决策的参与和对其作出的反应被忽略或被假定不存在,那么就会产生重大的误解④。在代议制民主日益体现为选举民主的背景下,预算决策实际上只能由当选的精英所主宰,这就越来越偏离"人民的统治"这一民主的本意。当公民无法实质性地参与预算决策过程的时候,公民也就只能对预算事务呈现日益疏离和冷漠的态度,同时对于精英主导下的任何预算决策都保持不信任的态度,从而导致距离预算民主的要求也越来越远。这个结果显然不是人们希望看到的。如果还承认民主的本意是"人民的统治",那么必须意识到,传统的预算决策体制确实在公民参与方面存在很大的缺陷,距离预算民主的要求相去甚远。既然如此,人们就有理由要求公民参与预算的权利不仅应当得到尊重,而且还应具有现实的途径。

---

① 马骏,赵早早.公共预算:比较研究.北京:中央编译出版社,2011:643.

② 马骏,罗万平.公民参与预算:美国地方政府的经验及其借鉴.华中师范大学学报(人文社会科学版),2006,(2):25.

③ 爱伦·鲁宾.公共预算中的政治:收入与支出,借贷与平衡.叶娟丽等译.北京:中国人民大学出版社,2001:2,3.

④ 詹姆斯·M.布坎南.民主财政论——财政制度和个人选择.北京:商务印书馆,1993:13.

2.1.3.2　参与式预算对于民主的意义

民主决定于参与。和传统预算决策体制相比，参与式预算在解决公民参与不足问题方面可以发挥极大的作用，从而提升了民主的质量。

1. 参与式预算让公民参与更为充分

美国学者科恩(1988)曾经提出衡量民主的三个尺度：

(1)民主的广度。民主的广度是数量问题，决定于受政策影响的社会成员中实际或可能参与决策的比率。

(2)民主的深度。民主的深度是由参与者参与时是否充分和参与的性质来确定的。

(3)民主的范围。民主的范围是由两个因素来确定的：一是全社会实际参与决定的问题有多少，有多大重要性；二是社会成员如果愿意的话，通过间接控制的正常体制在影响或改变决定方面能起多大作用[①]。

参与式预算完全符合科恩所提出的上述尺度。第一，参与式预算向普通公民开放，从根本上改变了传统预算决策体制下普通公民无法介入预算事务的状况，这就极大地增加了预算决策中参与主体的数量；即便实践中普通公民往往也需要推选民意代表来参与预算决策（这意味着参与式预算也未必是完全的直接民主），但是参与式预算中的公民参与广度也远远大于传统的算决策过程。第二，参与式预算过程要举行几轮不同层次的讨论会议，参与的主体包括来自政府、普通公民、非政府组织（公民社会组织）、立法机构等多个方面的代表，在此过程中，多方主体要就相关议题提出建议、回答疑问、进行辩论、作出妥协，这就保证了各方的充分参与。第三，尽管在现实中用于参与式预算项目的资金占预算总体资金的比例还相对较低，但这已经完全不同于传统预算决策模式完全排斥公民参与的做法，同时参与式预算项目一经确定往往能够得到行政当局的采纳而得以实施，这显然保证了民主的有效范围。

2. 参与式预算使公民角色从消极变为积极

正如威尔·金里卡(2003)所言，在很长一段时间内，人们基本上把民主理解成了投票，然而，这种民主模式所产生的投票结果仅具有最弱意义的合法性，它提供了确定输赢的机制，但却没有提供旨在发展共识、塑造公共舆论或形成值得尊重的妥协的机制[②]。从这个意义上讲，传统代议制民主所塑造的公民角色注定只是一种消极公民的角色，这种消极公民的角色意味着公民参与公共事务最可行

[①]　科恩. 论民主. 聂崇信等译. 北京：商务印书馆，1988：9-27.

[②]　威尔·金里卡. 当代政治哲学. 刘莘译. 上海：上海三联书店，2003：522，523.

的途径就是投票，除此之外，他们既没有必要也没有办法参与公共事务；所谓民主的教育功能，对于消极公民而言也不具有现实意义，因为他们也不太可能通过广泛参与公共事务来培养民主所必需的公民素质，在多元甚至是对立的观点中学会妥协、寻求共识，以实现公共理性。正因为如此，当代民主理论出现了从"以投票为中心"到"以对话为中心"的重大转向，进而导致近年来审议民主(deliberative democracy，也称为协商民主、商谈民主)理论的兴起。

参与式预算的出现，正好顺应了当代民主理论的此种转向。预算事务关系到每一个人，普通公民并非没有参与预算决策的诉求，然而传统预算决策体制并没有为他们提供发表自己意见的机会，也没有赋予他们影响预算决策的途径；由政治精英和专业精英所组成的预算决策者对于普通公民的诉求是"可以"倾听而不是"应当"倾听，由此预算民主变成了"为民做主"而不是"由民做主"。参与式预算使得普通公民能够实际地参与预算决策过程，他们不仅能够就预算事务直接发表意见，而且有可能通过投票决定支出项目优先次序来获得一定的预算资金分配权，这就能够极大地调动普通公民参与预算事务的积极性。不仅如此，通过参与预算，普通公民能够学会如何表达自己关于预算问题的看法，学会如何与持有不同观点的人进行对话，学会达成共识所必需的妥协。这对现代公民素质的培养是非常重要的。

3. 参与式预算推动了社会公平的实现

正如 Kam Morshed(2007)所指出的，在既有的渠道中，穷人表达其所关切的问题的机会往往有限①。和普通公民相比，社会弱势群体在传统预算决策体制中的地位往往更边缘化，他们不仅是沉默的大多数，而且是看不见的大多数，这就很难保证预算决策的公平性。公民参与预算决策为包括这些弱势群体在内的普通民众提供了一个参与财政支出事务决策的有效途径，从而使得普通民众在预算过程中不仅享有充分的表达权，而且享有一定的决策权。Brian Wampler(2007)指出，在参与式预算中，多数参与的公民收入很低且所受正规教育的水平也不高，而参与式预算则为这些在历史上被排斥的群体提供了选择的机会，以影响政府行为②。通过直接参与预算决策过程，这些被边缘化的群体真正有机会发出自己的声音，甚至行使一定的决策权，这确实有利于促进预算决策的公平性。由于预算事务涉及社会经济的各个方面，因此，公民在预算决策过程中参与的范围越广、程度越深，预算决策将越有助于社会公平的实现。

近年来，社会性别预算(gender budgeting，也称为性别预算)的出现，说明人们已经在思考从不同视角处理公共预算问题。传统的预算编制是一种"无视性别"

---

① Morshed K. People's Participation in Budgeting：Why and How. http：//www. thedailystar. net/2007/06/30/d706301503131. htm [2010-10-4].

② Wampler B. A Guide to Participatory Budgeting//Shah A，Participatory Budgeting. Washington DC：The World Bank，2007：21.

(gender blind)的方式，它不考虑男性和女性在社会角色、责任及能力方面的差异。在这样一种无视性别的预算过程中，女性通常只能分配到较少的财政资源，这使得其在社会中处于不利的地位，从而制造出不平等的鸿沟。社会性别预算是将性别问题引入预算过程，对政府预算做出社会性别敏感回应，推动公共部门以更趋公平的方式分配社会资源，从而使政府预算满足不同群体的不同需求(马蔡琛，2010)①。参与式预算则可以为社会性别预算提供一种重要的技术手段，例如，在预算过程中增设女性群体的利益表达机制，使女性有从自身角度就预算问题发表意见的机会，从而让预算决策可以有效回应社会性别公平的要求。事实上，在当前世界各国的社会性别预算实践中，往往都体现了参与式预算的色彩(马蔡琛等，2010)②。

2.2　参与式预算的经济维度

　　谈及参与式预算，当前的研究者往往更关注其在深化民主、促进社会公平、保障公民权利方面所具有的重大意义。这种对参与式预算的认识并没错，但是还不够完整。在作者看来，要全面认识参与式预算，还必须加上一个经济学的维度。本章将主要从效率的角度来分析参与式预算。

2.2.1　效率视角下的政府职能

2.2.1.1　政府职能的效率解释

　　很多学科都对为什么需要国家和政府给出了自己的回答③，这里仅从经济学

---

①　马蔡琛.变革世界中的政府预算管理——一种利益相关方视角的考察.北京：中国社会科学出版社，2010：224.

②　马蔡琛，李红梅.社会性别预算中的公民参与——基于社会性别预算和参与式预算的考察.学术论坛，2010，(12)：130.

③　严格来说，国家(state)和政府(government)是不同的概念。通常认为，国家是一个抽象的形式，一般包括领土(territory)、人口(population)、主权(sovereignty)等要素，而政府是一个管理的形式，通常可以和国家机构看成同一个概念。人们很多时候提及"国家"时，其实是指作为国家机构的政府。本文亦是如此。同时，"政府"这个概念也存在广义和狭义两种理解，前者泛指包括立法机构、行政机构和司法机构在内的一切国家权力机构，而后者仅指行政机构。在美国，多从广义角度使用政府概念，立法、行政和司法被看成是政府的三个分支；在中国，从广义和狭义角度使用政府概念的情形都很普遍。因此，本书在研究中主要采用广义的政府概念，但在不致引起歧义的情况下，也会使用狭义的政府概念。(有关国家、政府及二者关系的论述详见朱光磊.现代政府理论.北京：高等教育出版社，2006：17-20；海伍德.政治学核心概念.吴勇译.天津：天津人民出版社，2008：22，47-49；迈克尔·罗斯金，罗伯特·科德，詹姆斯·梅代罗斯，等.政治科学.林震等译.北京：华夏出版社，2001：32-35).

角度给出一个解释：因为效率。现代经济学通常将资源的稀缺性（scarcity）作为研究的起点。所谓稀缺性，是指和人们无限多元化的需求相比，社会所拥有的资源总是有限的。既然如此，稀缺资源就应当被配置到能够产生最大利益的地方，否则，人们就认为资源配置缺乏效率。正因为这样，经济学成为一门研究社会如何管理自己稀缺资源（曼昆，2009）①或稀缺资源的配置（the allocation of scare resource）的学科（平狄克等，2009）②。那么，什么才是有效率的经济活动呢？经济学家认为，在不会使其他人境况变坏的前提下，如果一项经济活动不再有可能增进任何人的经济福利，则该项经济活动就被认为是有效率的（萨缪尔森等，2008）③，此即所谓的帕累托效率标准。所有自愿的交易都得到进行的配置是帕累托有效率配置。

历史发展证明，市场机制是迄今为止最有效率的资源配置方式。放眼世界，在绝大多数国家，市场机制都是配置资源的基本方式④。资源配置主要由市场来决定，这本身就说明市场机制在效率上存在优势。市场机制发挥作用并非没有条件，经济学家们认为，这要求一个竞争性市场的存在，为此他们强调：确保竞争所需要的前提条件成立，从而使资源能够有效率地配置（平狄克等，2009）⑤。亚当·斯密（1974）在《国富论》中曾经将市场机制比喻为"看不见的手"⑥，福利经济学第一定理则为亚当·斯密的比喻给出了理论上的证明：完全竞争市场经济的一般均衡是帕累托最优的。既然市场机制这么美好，那么为何还需要政府？实际上，大多数经济学家在肯定市场机制价值的同时，并没有否定政府存在的意义。他们通常认为，当市场机制不能解决问题的时候，政府就有其发挥作用的空间了。

萨缪尔森等人认为，市场机制存在缺陷，而在现代经济中，政府的责任就是克服市场机制的缺陷。他们概括了政府对于市场经济的三项主要职能：①通过促进竞争、控制外部性问题、提供公共品等活动提高效率；②通过财政税收和预算支出等手段增进公平；③通过财政、货币政策促进宏观经济稳定与增长，减少失业，降低通胀。曼昆（2009）也给出了需要政府的两方面理由：①政府实施规则并维持对市场经济至关重要的制度，这其中最重要的就是保障产权；②政府解决市

---

①　曼昆. 经济性原理（第 5 版）. 梁小民等译. 北京：北京大学出版社，2009：3.
②　平狄克，鲁宾费尔德. 微观经济学（第 7 版）. 高远等译. 北京：中国人民大学出版社，2009：4.
③　萨缪尔森，诺德豪斯. 经济学（第 18 版）. 萧琛主译. 北京：人民邮电出版社，2008：4.
④　中国自 1949 年后长期实行计划经济体制，但是效率低下的计划经济最终走向了尽头。1978 年开始的改革开放，究其本质而言是对市场机制的回归。中共"十二大"提出计划经济为主，市场调节为辅；"十三大"提出社会主义有计划商品经济的体制应该是计划与市场内在统一的体制；十三届四中全会后提出建立适应有计划商品经济的体制应该是计划与市场调节相结合的体制；"十四大"提出建立社会主义市场经济体制，使市场在社会主义国家宏观调控下对资源配置起基础性作用；十八届三中全会提出深化经济体制改革，使市场在资源配置中起决定性作用。这个过程反映出，执政党对于市场机制的认识在不断加深。
⑤　平狄克，鲁宾费尔德. 微观经济学（第 7 版）. 高远等译. 北京：中国人民大学出版社，2009：572.
⑥　亚当·斯密. 国民财富的性质和原因的研究. 郭大力等译. 北京：商务印书馆，1974：27.

场机制无能为力的问题，这既包括市场机制不能有效配置资源的情况（如因存在外部性或因市场势力而失灵），也包括市场机制的结果导致不平等的情况①。尽管表述不同，但是经济学家们对于市场经济条件下政府发挥作用的解释并没有本质区别②。

从上述经济学家对于政府职能的界定不难推论，效率正是政府存在的重要原因。限于篇幅，这里仅结合曼昆的观点进行论述。首先，对于其给出的需要政府的第一个理由（实际上就是由政府制定并实施法律），很少有人提出异议。因为在现代社会，主要由政府制定规则并保障规则实施，这已经成为社会共识。例如奥尔森（2005）就指出，社会中大部分人都通过生产和贸易获取利益，为此需要建立保护产权的制度，同时需要建立第三方执行机构以确保合约的执行，因为第三方机构不存在利害关系的冲突，这样的社会可以保证运转良好，由此产生了对代议制政府的需要③。巴泽尔也认为，个人（后来是团体）存在保护的需求，而国家的建立及其功能的发挥则为满足这种需求提供了机制。具体而言，合约交换需要订立协议，而协议既可以自我实施也可以由第三方（如关系密切的团体、教会、贸易组织、企业和犯罪组织）来实施，由于国家垄断了对暴力的合法使用权力，因此由国家这个第三方来实施协议可以使得交易成本降低（巴泽尔，2006）④。其次，对于曼昆给出的需要政府的第二个理由，在很大程度上也可以从效率层面得到解释。他所说的市场机制不能有效配置资源的情况，其实是在反向说明，政府在处理诸如公共品供给、外部性、垄断、信息不对称等问题方面要比市场机制更有效率。以纯公共品（pure public goods）为例，由于诸如国防纯公共品具有消费上的非竞争性和非排他性，私人是没有能力或动力提供的，而政府则可以提供这些公共品，或提供购买公共服务的资金。至于政府解决平等问题，尽管经济学家们认为政府实施收入再分配政策以消除不平等更多的是基于伦理而非效率的考虑，但是也有一些学者提出再分配可以提高经济效率的例证。例如，人们偏好在收入不存在重大悬殊的社会中生活，在此种社会中，收入再分配本身就具有公共品的特征；又如，不公平的社会往往犯罪率很高，而实施再分配使富人和穷人都可以从中获益；再如，欠发达国家之所以普遍采取收益分成种田的经济结构，也主要是因为采用固定租金就要比固定工资的合同形式在经济上显得更有效率（利奇，2005）⑤。

———————————

①　曼昆. 经济性原理（第 5 版）. 梁小民等译. 北京：北京大学出版社，2009：12，13.

②　例如，政府制定法律并设立执法机构（警察、法庭、监狱），这既是曼昆所讲的政府实施规则并维持对市场经济至关重要的制度的表现，也可以看成是政府向民众提供的一种制度性"公共品"；而反垄断立法及其执法机构，也符合萨缪尔森等人所说政府"促进竞争"的职能范围.

③　曼瑟·奥尔森. 权力与繁荣. 苏长和，嵇飞译，上海：上海人民出版社，2005：29，30.

④　约拉姆·巴泽尔. 国家理论——经济权利、法律权利与国家范围. 钱勇，曾咏梅译. 上海：上海财经大学出版社，2006：43.

⑤　利奇. 公共经济学教程. 孔晏，朱萍译. 上海：上海财经大学出版社，2005：323，324.

2.2.1.2　政府的效率危机

将效率作为论证需要政府的重要原因，仅仅表明政府在其职能范围内应该体现出效率方面的优势，然而这并不意味着政府一定能够体现出这种优势。

首先，政府履行职能所获取的社会收益可能同其所付出的社会成本不匹配。政府为提升经济效率往往需要借助财政收入（如征税）、财政支出（如补贴）等手段，不过无论是征税还是补贴，都会导致价格系统的扭曲，从而产生新的效率损失。通常这种效率损失还会随着政府财政手段的增强而加大，进而造成社会成本的损失。更为重要的是，政府本身是不创造财富的，不仅政府推行政策所动用的财政资源来自于个人对私有财产权的让渡，而且政府机构自身的运转都离不开财政资源的支持，政府为履行特定职能所增设的机构和人员必然带来支出的增加。如果政府履行职能所获取的社会收益超过了其付出的社会成本，那么政府履行职能的结果反而会导致社会福利的下降。

其次，政府履行职能的过程就是作决策的过程，而理性决策需要建立在充分信息的基础之上，可是政府未必掌握理性决策所需要的充分信息。以收入再分配为例，支持政府实施再分配的主张其实有一个隐含的假设，就是政府完全拥有在这一经济生活中人们的天生的个人特点方面的信息。如果政府能知道这一点，它就能根据这些个性特点来决定每个人的税收或津贴（利奇，2005）[1]。遗憾的是，任何一个政府都不可能具备这样的能力，也就是说，政府实际上是不可能拥有确保其作出正确再分配政策所必需的充分信息，这也就难以保障政府决策的理性程度。

另外，政府未必会采取社会福利最大化的方式行动。传统上，人们对政府职能的界定其实是建立在政府具有利他动机假设基础之上的，也就是说，人们相信政府不仅应该为公众的利益履行那些职能，而且也确实会为了公众利益履行那些职能。实际上，这种假设往往是人们的一厢情愿。应然不能取代实然，政府应该怎么样毕竟不等于政府实际怎么样。如果把公众与政府之间的关系看成是一种委托-代理关系，那么会发现，在公众与政府之间同样存在着严重的信息不对称现象。当人们不能有效监督政府的时候，就无法确保政府会按照公众期望的方式行动。正如利奇（2005）所言，政府本该努力实现社会福利最大化，但是，组成政府的人（当选的官员、公务员、国有企业的管理者）有他们自己的目标，例如权力、财富及威望。在达到这样的程度，即他们能够追求这些目标，而不是社会目标，并且对此不负有责任的情况下，他们会这样做的[2]。

从现实来看，随着人们关于政府应该做什么的观念变化，政府的经济职能早

---

① 利奇.公共经济学教程.孔晏，朱萍译.上海：上海财经大学出版社，2005：309.
② 利奇.公共经济学教程.孔晏，朱萍译.上海：上海财经大学出版社，2005：12.

已大为扩张了，而政府经济职能扩张的结果往往伴随着公共支出的增长。从历史的角度来看，公共支出占 GDP 的比例，从 1870 年的 10.7％上升到了 1913 年的 11.9％；到了 1920 年及其后几年，这一比例已经上升到 18.7％（除瑞典、西班牙和美国维持在近 10％，法国、德国、意大利和英国已经上升到 25％）；到了 1937 年，这一比例已经提高到了 22.8％；到 1980 年，没有一个工业化国家低于 30％（比利时、荷兰和瑞典已经超过 50％）（维利·坦齐，2005）①。如果说公共支出的增长是以政府有效地履行其经济职能为前提，那么人们对于这种增长似乎还可以接受，然而事实证明，很多时候政府并不能证明这一点。以再分配政策为例，通过转移支付以建设社会保障网是很多国家应对贫困的重要措施，然而在发展中国家，很多案例显示，中上阶级比底层阶级对最终分配有着更强的影响力。这些结果并非像劝说的那样有利于穷人（樊胜根，2009）②。其实，再分配政策失败的现象同样存在于工业化国家。过去几年，在资源浪费和福利损失方面犯下重大错误的经济政策都是借收入再分配之名而获得通过和证明其合理性的。许多所谓的再分配政策并没有使那些真正需要的人受益，而是使那些在政治上有影响力的重要社会群体受益，或者是对同一家庭进行征税后又给予补贴（税收搅拌）。再分配政策对收入分配的净影响通常是一个未知数，因而是不确定的。然而经济为此付出的代价却是实实在在的（维托·坦齐，2005）③。有研究者指出，最近几十年，政府做了太多的事情，并且常常不是以最有效的方式来做这些事情，以达到所提出的社会和经济目标。因此，政府最终花掉的支出要比实际需要大得多（维托·坦齐，2005）④。由此人们不免发出疑问：如果政府向纳税人征了税但又不能满足社会需要，那么纳税人为什么要缴税呢？因此，人们有理由要求，政府征税后运用财政资源所产生的效益要比将财产保留给个人所取得的效益更大，简而言之，政府对财政资源的利用符合效率性的要求。

2.2.2　作为效率控制手段的预算过程

　　著名公共财政学家马斯格雷夫（1996）指出，市场机制不能解决社会需要的提供问题。为了配置资源以提供社会需要，同时也为了将这种成本分摊给要求满足这种需要的人，要有个税收－支出程序。正是在这一意义上，社会需要的满足必

---

① 维托·坦齐，卢德格尔·舒克内希特. 20 世纪的公共支出. 北京：商务印书馆，2005：11-22.
② 樊胜根. 公共支出、经济增长和贫困. 北京：科学出版社，2009：157，158.
③ 维托·坦齐，卢德格尔·舒克内希特. 20 世纪的公共支出. 北京：商务印书馆，2005：169. 还有学者指出，加拿大公共支出占 GDP 的比例可以降低几个百分点，而不会使任何人的境况变糟，事实上，对于同一个家庭，如果政府支出的削减伴随着税收的相应减少，从而避免了"财政搅拌"和相关浪费，许多家庭的日子会因此变得更好。
④ 维托·坦齐，卢德格尔·舒克内希特. 20 世纪的公共支出. 北京：商务印书馆，2005：205.

须由预算来提供①。

尽管预算最初的含义仅指预先计算而和财政无关②，现代预算从形式上看也不过是政府在一定时期内的财务收支计划，但是在现代社会，预算制度已经成为立法机关控制政府财政开支的基本手段。"预算未经批准，政府不得支出"的理念早已成为现代民主国家的基本共识。在很多时候，要判断一个国家的议会是否强大，关键是看其在预算过程中的权力是否强大。现代公共预算的概念已经超越了政府财政收支计划的内涵，因此，更准确的定义或许是：公共预算，是指在市场经济条件下，与公共财政相适应并由法定机构批准的政府在一定时期内的公共财政收支计划（刘洲，2012）③。将预算作为控制政府财政开支的有效工具，意味着政府的一切财政收支都应当纳入预算；预算一经立法机关批准就具有法律效力，政府必须严格执行；即便预算需要调整，也应当按照法律规定的程序并经立法机关批准；对于政府官员不严格遵守预算的行为，应当进行问责。从这个意义上讲，政府预算的核心在于"预算政府"。

通过预算控制，不仅要求政府关注政府支出是否合规（合法），同时要求关注政府支出是否有效率。从这个意义上讲，预算不仅是合法性控制的手段，同时也是效率性控制的手段。

首先，效率是民众评价政府财政活动的重要尺度。

对于政府财政收支活动，如果说民众仅仅关注其收支的合法性，那未免有些低估了众人的智慧。在现代社会，政府的财政资源主要源自税收，是纳税人让渡其私人财产权的结果，政府财政收入的增加必然意味着纳税人财产的减少。既然公共财政要求财政资金应当做到"取之于民，用之于民"，那么社会公众就不可能只关心财政资金使用是否合法的问题，而肯定也关心财政资金利用是否有效率的问题。事实上，对于财政资金利用是否有效率，历来都是社会公众关注的焦点。从财政民主的角度来看，政府不可能仅仅证明其严格依照预算来花钱（即满足合规性的要求），就可以获得民众的支持；政府还必须向广大的纳税人证明，这些钱是怎么花出去的，它特别需要证明的是，这些钱花得有效率。政府的预算决策行为直接影响到民众对于政府的评价。正如克莱默（2013）所指出的那样，虽然许多美国人对于联邦资金到底流到了哪些地方并没有清晰的概念，但是，他们在直觉上却越来越相信政府并不是为民众利益服务的④。例如，美国有一项民意

① 理查德·A.马斯格雷夫.比较财政分析.董勤发译.上海：上海人民出版社，1996：8.
② 第一次在中文里使用现代意义"预算"一词，是黄遵宪1895年刊行的《日本国志》，是从日本舶来的。英文中的预算（budget）一词其词源是拉丁语中的 bulga；后来变为古法语中的 bouge，指的是"皮包"。大约在 1400～1450 年间，这个词传入英国，逐渐演化出现代的含义。1803 年，法国又采纳了英文单词 budget。（详见王绍光.从税收国家到预算国家//马骏，侯一麟，林尚立.国家治理与公共预算.北京：中国财政经济出版社，2007：14.）
③ 刘洲.财政支出的法律控制研究：基于公共预算的视角.北京：法律出版社，2012：29.
④ 麦蒂亚·克莱默等.联邦预算：美国政府怎样花钱.上海金融与法律研究院译.北京：生活·读书·新知三联书店，2013：2.

测验提出了一个问题：在华盛顿联邦政府收取的每一块钱税收中，你认为有多少美分被浪费掉了？调查结果显示，调查结果的平均数在 1986 年达到历史最低的 38 美分，此后一路上升，到 2009 年已经超过 50 美分，2011 年的调查则达到了 51 美分(Jones, 2011)[①]。因此，如果政府在财政资金利用问题上不符合效率的要求，纳税人就不可能对政府行为表示满意；更进一步，纳税人会对政府征税行为本身表示怀疑，从而影响广大民众纳税的积极性，降低税收遵从度，甚至导致偷税和抗税行为的增加。

其次，效率是贯穿整个预算过程的关注重点。

现代经济学被定义为研究稀缺资源配置问题的学科，其实在预算过程中，如何有效地分配财政资金更是一个永恒难题。早在 1940 年，美国著名预算学者凯伊就从支出角度提出了一个预算决策所面临的基本问题，即"将 x 美元分配给活动 A 而非活动 B 的决策基础是什么？"[②] Key(1940)认为，预算制定者从来就没有足够的收入来满足所有支出机构的资金需求，因此必须将稀缺的资源在不同用途中进行分配，而最终的预算文件就代表了预算制定者对于该问题的一种判断[③]。为了回答 Key 的问题，里维斯(2006)概括了从经济学角度进行财政预算分析应当考虑的三条原则，即相对价值、增量分析和相对有效性，并且还在前述原则的基础上进一步提出了暂行预算方案[④]。预算决策者可能面临的最为困难的问题就是这一点。

预算过程可以分为 4 个阶段：预算编制、立法审查、预算实施和审计(杰里·麦克夫雷，2005)[⑤]。可以说，效率问题是整个预算过程关注的一个核心问题。先看预算编制环节，作为预算过程中最基本和最关键的环节，预算编制是政府施政政策的财政表现形式，实际上具有某种"议程设置"的功能。在既定财政资源约束的前提下，究竟应当在预算中列入哪些项目、不同项目各自应当分配多少资金，这不仅是一个政治层面考量的问题，而且是一个经济层面考量的问题。更具体地说，预算如何编制，首先应当思考的是资金投入之后的效益究竟怎么样。与此同时，预算编制工作质量的好坏本身也对财政资金利用效率产生直接的影响。例如，我国预算编制长期以来存在编制时间过短、科学测算较弱、编制方法不够科学、完整性不足等问题，从而导致预算编制的质量本身就不高，有很多现实中财政资金利用效率不高甚至浪费等问题，实际上都和预算编制有关。再看

① Jones J M. Americans Say Federal Gov't Wastes Over Half of Every Dollar. http：//www. gallup. com/poll/149543/americans-say-federal-gov-wastes-half-every-dallor. aspx [2014-07-13].

② V. O. Key Jr. The Lack of Budgetary Theory. American Political Science Review，1940，34：1137-1140.

③ V. O. Key Jr. The Lack of Budgetary Theory. American Political Science Review，1940，1138.

④ 凡尔纳·B. 里维斯.财政预算理论//阿尔伯特·C. 海迪.公共预算经典(第二卷)——现代预算之路.苟燕楠,董静译.上海：上海财经大学出版社，2006. 36-53.

⑤ 杰里·麦克夫雷.预算过程的特征//罗伊·T. 梅耶斯.公共预算经典(第一卷)——面向绩效的新发展.苟燕楠等译.上海：上海财经大学出版社，2005：3.

立法审查环节，政府编制预算草案要最终成为具有法律效力的预算，必须经过立法机关（议会或人大）的审议，只有经立法机关批准之后，政府的施政计划才能最终获得执行的财政保障。在立法机关审查预算的过程中，效率显然是一个非常重要的考虑因素。在现实中，不少国家立法机关在预算审查过程中发生的争议有很大一部分都和财政资金利用效率有关，不仅如此，在预算审查时，重视财政资金利用的效率已经成为当代立法机关预算审查工作的重心。再看预算实施环节。预算实施即预算执行，这意味着将已获法律效力的预算付诸实施，从经济的层面来看，这是一个财政资金实际投入的过程。在预算过程中，预算实施环节非常重要，它关系到预算所承载的政府施政计划能够在实践中得以实现的问题，预算实施的好坏在很大程度上决定了预算编制和预算审查的目的能否最终得以实现，而资金使用效率显然是评价预算实施效果的一个重要指标。以中国为例，由于现行预算管理体制的限制，每年预算年度开始时，人大尚未开会审查预算，等到预算经人大审议通过，还要经财政部门批复，这使得预算往往等到下半年才开始执行，而到了年底，政府部门为了把预算确定的资金用完，就经常出现年终突击花钱的现象。很明显，年终突击花钱现象不仅无法保证预算资金使用的效率，同时也反映出预算执行本身的效率存在问题。最后来看审计。在当代社会，审计部门作为一支专业性、权威性的预算监督力量，其在预算过程中的作用日益凸显。就预算审计而言，过去的审计更多地关注预算执行的合规性（合法性）问题，即监督预算资金的使用是否严格遵守法律法规和生效预算的规定；但是，现在的审计不仅要监督预算执行的合规性，还要关注预算资金利用的效率。换言之，现代预算审计理念早已不单纯是一种合规性审计，而是一种合规性审计和绩效审计并重的理念。

　　另外，对效率的关注已经成为当前预算改革的重要原因和内容。

　　政府的预算决策未必建立在理性基础上。受传统经济理论的"理性经济人"假设的影响，建立在代议民主制背景下的传统预算决策其实也是一种理性决策模式，即认为政府官员在预算决策过程中可以代替社会公众作出理性的判断，然而这种理性决策理论遭受到了来自西蒙的"有限理性"模式的挑战。西蒙认为，政治决策者的"理性"是有限的，在决策中应该以"满意"来代替"最佳"[①]。预算作为一个平庸无奇的管理手段已成历史，它发展成了一个对政策选择本身进行系统评价的高级程序（查尔斯·林德布洛姆，1988）[②]。查尔斯·林德布洛姆曾经指出，在决策过程中，对于复杂的政策问题，分析将一直面临挑战，因为分析永远没有穷尽，有时还可能造成错误。决策分析还存在时间限制，因为人们即使有

---

　　① 有限理性模式认为，决策者事实上并不具有有关决策状况的所有信息，决策者处理信息的能力有限，其在有了有关决策状况的简单印象后就行动，选择行为受所得信息的实质和先后次序的影响，其能力在复杂的决策状况中受到限制，决策行动受决策者过去经历的影响，受决策者个性的影响。（详见查尔斯·林德布洛姆. 决策过程. 竺乾威，胡君芳译 上海：上海译文出版社，1988：3. ）

　　② 查尔斯·林德布洛姆. 决策过程. 竺乾威，胡君芳译. 上海：上海译文出版社，1988：13.

可能搜集和组织足够的信息，但现实中却往往需要在分析完成之前就做出决定；很多时候，要做出确定性的分析即便可能，也会因为代价昂贵而显得不值。此外，决策分析过程中要发现恰当的价值观以指导政策选择非常困难，因为意见不一致无法避免①。从现实来看，预算决策的理性问题非常重要，这个问题解决的好与坏将直接决定公共资金的分配是否满足效率的要求。例如，在美国联邦及各州立法中经常出现所谓的"猪肉桶立法"(pork barrel legislation)现象，即议员为讨好选民而在预算案中增加若干公共福利与建设支出内容，这固然迎合了选民及其政治支持者，但其直接后果就是预算规模的非理性膨胀(Garner，2004)②。

关注效率是当今各国预算改革的一条基本主线。很多国家都将绩效因素引入了预算评价过程③，然而，更重要的是应当在预算决策时就重视绩效问题。因为理性化的预算决策才是确保预算绩效的基础，事后的绩效评估最多只能保证今后少犯决策错误，但无法及时扭转不理性的预算决策行为。然而在被官员和精英所主导的传统预算过程中，普通公民对于预算事务的真实想法是很难反馈给预算决策者的，这意味着预算决策有可能建立在信息不充分的基础之上，从而导致非理性的预算决策，进而难以保障资金利用的绩效。例如，中国老百姓对于"政绩工程""形象工程"可谓深恶痛绝，这些工程项目往往耗费了大量的资金，然而实际取得的效果却非常低下。从而导致老百姓发出政府"乱花钱"的指责。其实，这未必是政府官员贪污腐化的结果，但由于这些工程在决策过程中通常缺乏社会公众的有效参与，因此决策者们未必了解社会公众内心的真实诉求，预算决策当然做不到理性化。

2.2.3　参与式预算对于提升效率的意义

有学者指出，传统的管理方式是由公共管理专家构成的行政管理机构凭借行政自由裁量权力来行使社会管理职能，但这种方式在价值高度多元甚至价值冲突的共同体中越来越不能满足社会的多元需求，消解二者之间的冲突需要公共管理创新(苏振华，2007)④。作为传统管理方式的一部分，传统的预算决策模式更多地体现为通过专业的预算，官员掌握预算决策过程，这一过程基本上是不对社会

---

① 查尔斯·林德布洛姆举了一个美国制定援助巴基斯坦政策的例子，他指出，国际开发局与预算局互不信任，因为一个满脑子想的是经济发展，另一个想的则是节约公共资金(详见查尔斯·林德布洛姆.决策过程.竺乾威，胡君芳译.上海：上海译文出版社，1988：24.)。

② Garner B A, Black's Law Dictionary, Thomson Business, 2004：918.

③ 公共支出绩效评价(即预算绩效评价)，是指政府和财政部门为实现公共支出效率的目标，依据"花钱买效果"的理念和评价规则，对公共部门支出的业绩、效果进行评议和估价的制度。(详见马国贤.政府预算理论与绩效政策研究.北京：中国财政经济出版社，2008：324.)

④ 苏振华.参与式预算的公共投资效率意义——以浙江温岭市泽国镇为例.公共管理学报，2007，(3)：87.

开放的。但是，由于预算过程是一个分配有限财政资源的过程，因此预算决策的最终目的在于通过资金分配以满足社会需求。问题在于，面对越来越多元化的社会需求，仅靠有限的预算官员是无法实现理性预算决策的。预算决策理性化程度不足，就很难保证预算资金利用的效率。参与式预算的出现，恰恰在提升财政资金使用效率方面具有非常独特的价值。

1. 在预算决策环节，参与式预算克服了信息不足的难题

公民参与预算决策可以增强决策的合法性与科学性。和几乎是无穷无尽的资金需求相比，财政资源永远是稀缺的。那么，预算资金应当如何分配，这是预算决策过程中永恒的难题。例如，是给公务员涨工资，还是新建一所小学，或者是翻修一条陈旧的马路？对于这个问题，不同的人会有完全不同的选择。在国家垄断预算权力的情况下，执政者在作出预算决策时无须征求民众意愿，然而其预算决策的结果却要民众来承担，这不仅对于财政资金的提供者显得极不公平，也削弱了预算决策的合法性。老百姓会这样想：既然你们分配的是我的钱，为什么我不能发表意见呢？当然，执政者在预算决策时也可能会考虑民众的意愿，但在缺乏公众参与的情况下，官员将很难保证其决策符合真实的民意。财政既是社会财富的分配方式，也是执政当局的施政纲领，还是普遍有效的强制规则，因此，它是经济、政治和法律的综合载体（熊伟，2012）①。既然财政预算事务如此重要，那么公民参与权自然有理由在预算决策中得到落实，换言之，参与预算决策是践行公民参与权的重要领域。

参与式预算使政府能够听到普通民众对于预算事务的真实声音，让预算决策可以建立在一个信息相对充分的基础之上，从而有利于保障财政支出的绩效。不仅如此，参与式预算还对政府官员的决策权形成了制约，因为在参与式预算决策过程中，政府需要向普通公民让渡一定的预算决策权。这种让渡有时并非基于法律的明文规定，而只是政府的一种承诺，但从参与式预算的实践来看，普通民众往往对于部分项目享有决定权，这就使得政府推行"政绩工程"的难度明显加大。正因为如此，有学者评价说，公民参与预算有利于避免资源的浪费，使预算花在最需要之处，用最小的资源获得最大的产出（效益）（赵丽江等，2008）②。

2. 在预算执行环节，参与式预算有助于动态监控预算决策执行过程

如果仅仅将参与式预算的理念贯彻于预算决策环节，这是无法从根本上保障财政资金利用效率的。任何预算决策都需要通过严格执行来加以落实，一个无法保证有效执行的预算决策没有任何意义，参与式预算同样如此。无论公民参与在

---

① 熊伟. 财政法基本问题. 北京：北京大学出版社，2012：1.
② 赵丽江，陆海燕. 参与式预算：当今实现善治的有效工具——欧洲国家参与式预算的经验与启示. 中国行政管理，2008，（10）：107.

预算决策阶段搞得多么轰轰烈烈，如果这些预算决策得不到严格执行，那么参与式预算在尊重公民参与权利、提升预算决策理性化程度等方面的价值实际上是无法真正得以实现的。从这个意义上讲，参与式预算既应当体现在预算决策阶段，也应当体现在预算决策的执行阶段。另一方面，任何预算决策都不可能是完全理性的，参与式预算中的决策当然也不例外。预算决策是一种预测，而预测就有可能出现偏差，从而产生预算调整的现实需要。现代公共预算制度并不回避预算调整问题，而是要求预算调整也应当满足理性的要求，同时要求预算调整严格依照法定程序进行。将参与式预算注入预算执行环节，意味着对普通公民赋予监督预算执行的权利，这不仅有助于激发公民参与预算监督的热情，构筑一个多元立体的预算监督体系，而且有助于通过调动社会公众的力量，对预算执行过程实施动态监控。

作为现代预算改革的重要内容，绩效预算代表了现代公共预算制度中对效率问题的空前关注。绩效预算是一个展示预算资金的目的和目标，预算项目成本和为了达到目标进行的相关活动的成本，以及每个项目获得的产出或服务的预算体系(沙安文，2012)①。如今，人们对"绩效"二字的理解早已超越了单纯的经济价值计量，而更为关注资金投入的实际效果评价，从而绩效预算也成为评价和提高政府行政效率的有效工具。实际上，推行绩效预算本身就对参与式预算的实施提出了要求，或者说，参与式预算本身就有利于绩效预算的推行。这是因为，地方政府主要负责提供公共服务，固体废物收集和处理、防火、供水和卫生。这些服务都是高度可见的，也相对容易被评估，这使绩效预算的应用成为可能。绩效预算不仅为更好的政府管理提供内部需要，也让公众获知政府正在做什么及效果怎样，因此这种预算激发了公众投入(沙安文，2012)②。具体而言，绩效预算的实施需要建立一整套科学合理的绩效考核指标体系，然而这个体系中的很多考核指标，实际上只有社会公众才具有最为充分的发言权，因为这些项目实施的好坏不仅同他们自身利益密切相关，他们内在有着关注这些项目的兴趣，而且同他们自身的工作生活紧密相连，他们容易掌握进行绩效考核所需的相关信息。

3. 参与式预算有助于增强财政透明度

公民参与预算同时也有助于增强财政透明。尽管法定预算制度中的预算报告、预算监督等制度确实有利于财政透明度的实现，然而在公民无法有效参与预算决策的情形下，此种财政透明注定是非常有限的，因为普通民众是外在于预算过程的，公民对财政信息的获得主要取决于政府财政信息公开的广度和深度，同时这种单向度的信息输送方式也注定了财政信息公开的效果，因为在这个过程中，普通公民只能被动地接受预算决策的结果，其对预算决策同自身利益紧密关

① 沙安文.地方预算.大连市财政局翻译小组译.北京：中国财政经济出版社，2012：115.
② 沙安文.地方预算.大连市财政局翻译小组译.北京：中国财政经济出版社，2012：117.

联的理解也缺乏深刻性。长此以往，普通公民会倾向于把预算决策看成是政府官员的事务而非自己的事务，进而对财政事务保持冷漠的态度；同时，他们会对政府在财政问题上的任何行为都持怀疑态度，从而降低民众对政府的信任感。

参与本身就意味着透明。公民参与预算决策使得普通民众能够真实地参与预算决策过程，这就直接有利于实现财政透明。就当前的参与式预算改革实践来看，尽管通过参与式预算决定的项目仅限于规模庞大的总预算中的很小比例，但至少就向普通公民开放的预算决策项目而言，它们确实具有很高的透明度，因为这些项目的预算决策就是由那些亲历该过程的公民参与决定的。很多对政府的不信任是因为不了解造成。公民参与预算决策有助于加深政府与民众之间的相互了解，在参与过程中，普通民众与政府官员就财政预算事务进行当面沟通，普通民众可以由此体会到政府在预算决策中所面对的诸多困难，从而消除与政府之间的陌生感，对政府行为产生较强的信任感和认同感。

2.3　参与式预算的法律维度

现今的民主理论已经充分揭示出公民参与的重要性。不过，理论上对公民参与价值的证成，并不能担保现实中公民参与的实现。诚如赫尔德（2008）所言，如果公民拥有作为公民而积极行动的实际权力，也就是说，当公民享有一系列允许他们要求民主参与并把民主参与视为权利的时候，民主才是名副其实的[①]。由此论之，全社会形成尊重公民参政价值的共识固然重要，但是更为重要的是让这种社会共识获得一种制度上的力量，从而为全体社会成员共同遵循。在作者看来，这个制度化的力量就是法律对公民参与权的宣示，以及为保障公民参与权所建立起来的一整套法律机制。

2.3.1　公民参与权的法理分析

公民政治参与权（简称公民参与权或参政权），即公民参与国家公共事务的政治权利。从理论上讲，公民参政权的出现同市民社会与政治国家的二元划分密切相关。马克思（1956）认为，由于存在市民社会和政治国家的分离，因此人在本质上具有两重身份，即作为市民社会成员的"市民"和作为政治国家成员的"公民"[②]，前者属于私人，而后者属于公人。马克思（1956）认为，作为只有同别人

---

① 戴维·赫尔德. 民主的模式. 燕继荣等译. 北京：中央编译出版社，2008：313.
② 马克思. 马克思恩格斯全集（第一卷）. 北京：人民出版社，1956：343.

一起才能行使的政治权利，公民权利的内容就是参加政治共同体，参加国家①。从马克思关于公民权利的相关论述出发，郭道晖（2009）教授提出了社会权力理论，对公民的政治参与权进行了深入的剖析：首先，他对社会权力概念进行了界定，作为一个同国家权力相对应的概念和社会存在，社会权力是指社会主体以其所拥有的社会资源对国家和社会的影响力、支配力；他随后指出，社会权力是以公民社会作为载体的，而公民权则是公民社会和社会权力的核心；他特别强调，公民是有权参与国家政治的"公人""政治人"，公民权的特定含义是公民参与政治的"公权利"，与一般作为"私人"的自然人及其"私权利"不能等同②。

从历史角度来看，公民参政权最初并未受到重视。例如在法国大革命时期，人们认为个人自由是一种普及的权利，应当为一切人民所享有；但参政权则不必普及于一般人民，而是可以随着年龄、知识、道德等资格而有所差异，因此法国1789年的《人权宣言》中并未列举参政权（王世杰等，1998）③。当然随着时代的发展，多数国家逐渐抛弃了此种认识，而将参政权视为公民基本权利的重要内容。

尽管未必使用"参与权"的表述，但是现代国家一般在宪法中规定了有关公民参与权的内容。以中国为例，现行《宪法》第二条中对公民参与权作出了原则性的规定，其中第一款规定"中华人民共和国的一切权力属于人民"，第三款规定"人民依照法律规定，通过各种途径和形式，管理国家事务，管理经济和文化事业，管理社会事务"。如果完整地理解宪法第二条的规定，这无疑是宪法对公民参与权的总括性规定。有学者明确指出，这里作为主体的人民，不只是指作为整体的、抽象的人民，也不仅是人大代表，而主要是普通公民、民众、群体、社会组织。他们通过各种直接参与管理国家政治和社会事务的活动，也是"当家做主"的重要途径和形式（郭道晖，2009）④。同时在第二章"公民的基本权利和义务"中则明确规定了几种具体的参与权，例如第三十四条关于选举权和被选举权的规定，第四十一条关于监督权的规定。事实上，在联合国《公民权利和政治权利国际公约》第25条中，也对公民参与公共事务权作出了明确的规定："每个公民应有下列权利和机会，不受第二条所述的区分和不受不合理的限制：（甲）直接或通过自由选择的代表参与公共事务；（乙）在真正的定期的选举中选举和被选举，这种选举应是普遍的和平等的并以无记名投票方式进行，以保证选举人的意志的自由表达；（丙）在一般的平等的条件下，参加本国公务。"这意味着公民参与权已经成为人类社会的共识。根据学者的解释，这里所提到的公共事务涉及行使政治权力，特别是行使立法、行政和管理权力。它包括公共行政的各个方面和国际、国家、区域和地方各级政策的拟定和执行（杨宇冠，2005）⑤。

---

①　马克思. 马克思恩格斯全集(第一卷). 北京：人民出版社，1956：436.
②　郭道晖. 社会权力与公民社会. 南京：译林出版社，2009：330.
③　王世杰，钱端升. 比较宪法. 北京：中国政法大学出版社，1998：61.
④　郭道晖. 社会权力与公民社会. 南京：译林出版社，2009：3-5.
⑤　杨宇冠. 联合国人权公约机构与经典要义. 北京：中国人民公安大学出版社，2005：229.

　　法学学者通常在论述公民基本权利时都会提及公民参与权问题，不过他们对于公民参与权在公民权利体系中的位置存在不同的表述。有些学者认为，参与权是公民基本权利的一种基本类型。例如，王世杰和钱端升（1998）认为，个人的基本权利可以分为三类，第一类是消极的基本权利，包括人身自由、言论自由、信教自由、集会自由等各种个人自由；第二类是积极的基本权利（受益权），包括教育权利、获得国家救济的权利等；第三类是参政权，包括选举权、被选举、复决权、创制权、直接罢免权等①。张镜影（1983）将平等权、自由权、受益权和参政权并列作为国民之权利②。谢鹏程（1999）则将公民基本权利划分为生存和发展权、人身自由、平等权、表达自由、参政权、精神自由这 6 大类③。有些学者并不直接使用政治参与权或者参政权的表达，而是使用政治权利的概念来指代政治参与权。例如，林来梵（2001）将中国现行宪法中的公民基本权利划分为平等权、政治权利、精神文化活动的自由、人身的自由与人格的尊严、社会经济权利和获得权利救济的权利④。胡弘弘则认为，由于现代国家中的人具有"私人生活的人""政治生活的人"和"社会生活的人"三种属性，因此基本权利也应当有人身人格权、政治权利和经济社会文化权利这三种类型，他还强调，这三种公民个体权利是依次体现的⑤。还有一些学者同样承认政治参与权的重要价值，但由于他们对公民基本权利采取了比较独特的划分方法，因此并未突出强调政治参与权。例如，肖泽晟将公民的基本人权划分为自由权、社会权和平等权，从其对自由权的论述来看，政治参与权应当属于自由权的一部分。张千帆（2003）则认为，权利按照个人的能力从形式上可以划分为自由权和平等权，从作用或影响范围上又可以划分为个人层面的权利和体制层面的权利⑥。根据前一种划分，政治权利既可能表现为自由权，也可能表现为平等权；根据后一种划分，政治权利则属于体制层面的权利⑦。

　　就公民参与权的具体内容来看，早期学者认为参政权是以参与"国家意思的构成"和"国家意思的执行"为内容的权利，包括选举权、被选举权、复决权、创制权、直接罢免权等（张镜影，1983）⑧。现代学者一般认为参政权还包括控告权、检举权等权利。不过，很多学者在谈及公民参与权时，往往更多地关注选举权、被选举权和担任国家公职的权利。尽管这些权利确实属于公民参与权的重要

　　① 王世杰，钱端升. 比较宪法. 北京：中国政法大学出版社，1998：61.
　　② 张镜影. 比较宪法（上册）. 台北：黎明文化事业股份有限公司，1983：94-167.
　　③ 谢鹏程. 公民的基本权利. 北京：中国社会科学出版社，1999：37，38.
　　④ 林来梵先生还提出了一种更具有学理品格的宪法权利分类，即人格权、平等权、精神自由权、经济自由权、人身自由权、政治权利、社会权利、获得权利救济的权利。（详见林来梵. 从宪法规范到规范宪法：规范宪法学的一种前言. 北京：法律出版社，2001：92，93.）
　　⑤ 胡弘弘. 我国公民基本权利的宪法表述. 政法论坛，2012，（6）：15，16.
　　⑥ 张千帆认为，自由包括公民的自由（即民权，指人民的身体及财产不受限制）、信仰的自由、政治的自由（即人民参与政治的权利）和人身自由。（详见张千帆. 宪法学. 北京：法律出版社，2004：147）.
　　⑦ 张千帆. 宪法学导论. 北京：法律出版社，2003：480-483.
　　⑧ 另外，张镜影也将参政权划分为选举权、罢免权、创制权和复决权。

内容，但是这并不代表公民参与权的全部内容，如果仅仅从上述层面来理解公民参与权，其结果很可能是只将关注的重点放在选举制度的设计和完善上面。

应当看到，公民参与权的内涵是极为丰富的。首先，从参与权的主体来看，公民参与权通常以个体的名义来行使，但是也不妨碍以公民团体的名义行使参与权。由于现代社会中公共事务所具有的复杂性和专业性，公民单凭一己之力参与其中往往既不现实也没有必要，其完全可以通过各种各样的公民社会组织（CSOs）、非政府组织（NGOs）、非营利组织（NPOs）介入公共事务，行使其公民参与权。其次，从参与的形式和途径来看，公民可以通过一切不违法的形式和途径参与公共事务。公民参与的形式既可以是直接参与，也可以是间接参与。公民参与的途径可以是基层自治、咨询会、听证会、公民论坛、社情民意反映、重大事项社会公示等。另外，从参与的领域来看，无论是官员任命、法律制定、投资决策，还是城市规划、环境保护、基层治理，凡是公共事务，公民都有权参与其中。事实上，只有对公民参与权作如此广泛地理解，宪法上的公民参与权才能真正得以落实，否则中国宪法中所规定的"一切权力属于人民"如何得以完整体现呢。或许正因为如此，我国近年来有不少学者都在关注公民参与权及其保障问题，这些学者的研究早已超越了传统上对公民参与权略显狭窄的理解，而将其拓展到了非常广泛的领域。例如，郭道晖（2009）近年来关注公民参与问题，他在研究中将公民的政治参与权细分为公民的选举权、公民的立法参与权、公民的行政参与权、司法权的社会参与、公民的社会管理参与权和公民的政治防卫权与抵抗权[①]。

2.3.2　预算过程中的公民参与权

当今社会，民主观念已经深入人心。民主早已不再是要不要的问题，而是一个怎么做的问题。对于从古希腊发展至今的各种民主模式，人们进行了各种各样的总结和反思，其根本目的并不是否定民主，而在于深化和发展民主。在此过程中，人们越来越深刻地认识到，参与是民主的固有内涵，离开公民的有效参与，民主就成为一种无根的制度，它不仅不能兑现民主的价值，而且可能成为少数人弄权自肥的把戏。因此，要真正践行民主，就应当充分尊重和保障公民参与权。

人们已经普遍承认参与权在公民权利体系中的重要地位，但是要将法律文本中的公民参与权落实为现实层面的公民参与权，必须付出巨大的努力。为此，需要特别关注公民在预算过程中的参与权（以下简称公民预算参与权）。如果不能有效保障公民预算参与权，公民参与权完全可能有被"空心化"的危险；反之，如

---

① 郭道晖. 社会权力与公民社会. 南京：译林出版社，2009：332-363.

果公民预算参与权得到充分的尊重和有效的保障，这将极有助于宪法中公民参与权的最终实现。

一般而言，公民参与的范围越广、参与的程度越深、参与的形式越多，公民参与权的实现就越充分，然而这往往只是一种理想状态。就现实情况来看，不仅很多民主化程度不高的国家面临着公民参与不足的问题，而且在那些政治民主化已经实现的国家，也经常遭受不能有效回应公民参与诉求的指责，可以说，公民参与在很大程度上已经成为现代民主建设的一大难题。造成这个局面有多方面的原因，既有代议制民主本身对公民参与构成的制度化限制因素，也有公民参与途径空间狭窄的因素，还有公民参与意愿和能力不足的因素。如何化解当代民主政治建设所面临的公民参与难题？作者认为，从财政领域入手，充分尊重并切实保障公民的预算参与权或许是一条行之有效的路径，从这个意义上讲，公民预算参与权是公民参与权的核心内容。

首先，公民参与预算是控制预算权力的需要。尽管现代预算制度产生于 18 世纪的英国，从时间上来看并不算早，是新兴资产阶级与以国王为代表的封建贵族统治阶级斗争的手段和成果，但是，预算是公共财政的核心，是政府公共行政的基础，没有预算收支计划，国家财政活动就将失去依据，整个国家的财政暨施政行为就有可能陷入混乱境地（刘剑文，2009）[①]。鉴于预算的重要性，预算法通常被视为财政法的核心，甚至有人将其称为"小宪法"或"第二宪法"。从现实来看，预算过程主要表现为一个预算权力运作的过程，从权力制衡的角度来看，预算权力显然不应当也不可能由某一个机构所独享。预算权力是公共权力中最具有实质性意义的权力，正因为如此，预算法面临的一个中心任务就是如何在不同的公共部门中实现预算权力的合理配置[②]。从大多数国家的制度设计来看，预算权力的配置一般都呈现如下结构：行政机构通过编制预算来推行其施政计划，进而为预算过程设定基调；立法机构则通过对预算草案进行审议来体现和贯彻自己的意志，同时也对行政机构的预算权力形成制衡；经立法机构批准的预算由行政机构（政府及其部门）负责执行，但是立法机构本身也要（通过决算或其他财务报告制度）对行政机构执行预算的过程进行监督，以确保自己早已转化为生效预算的意志最终得以落实，审计机构则为立法机构或政府内部的预算监督提供专业支持。问题在于，传统预算法律制度中的此种预算权力配置格局基本上是不考虑公民因素的，因为在立法者心中有一个假设，只要上述不同的公共机构切实履行法律赋予其的预算权力，公民参不参与预算过程并不重要。这种假定显然不符合实际。任何一种公共权力都有被滥用的可能，预算权力何以能够例外。通过不同预算权力部门之间相互

---

① 刘剑文.财政法学.北京：北京大学出版社，2009：101，102.
② 从横向分权的角度来看，拥有预算权力的主体主要是立法机关（议会和人大）和行政机关（政府及其部门），立法机关的预算权力主要是预算审议权（包括预算批准权、预算否决权和预算修正权）；行政机关的预算权力主要是预算编制权和预算执行权；法院在特定的情况下也具有一定的预算权力，只不过法院的预算权力需要借助司法权的行使得以体现。

制衡的方式来实现控制预算权力固然重要,然而这并不完善。在缺乏社会公众监督的情况下,权力与权力之间也可能形成合谋,进而导致权力制衡失效。因此,有必要在控制预算权力过程中引入公民的因素,通过公民参与预算的方式来实现公民权利对预算权力的制衡。本质上,这是一种以社会制约权力的方式。

其次,参与预算是公民参与权实现的重要途径。从理论上讲,现代社会中公民可以参与的公共事务有很多,然而财政预算事务无疑是其中的重要内容。一方面,财政预算事务是现代国家的中心事务,公民参与预算也就意味着公民实质性地参与了国家的政治生活。财政是国家的基础,不仅国家机构的运转一天也离不开财政资源,国家意志的实现也需要财政资金的支持。财政活动运作的基本方式则是预算,国家机构自身的设立(人员、场地、物资)需要预算为其提供财政资源,国家机构履行职能需要通过预算来实现,国家制定任何公共政策最终都要受到财政资源的约束。预算能力作为国家治理的基础(马骏,2011)①,最终决定了政府是否能够有效回应公民各种各样的权利诉求。因为缺乏预算能力的支撑,政府的运转必然陷入混乱,它无法兑现自己向公民作出的任何承诺,从而也无法说服公民接受纳税的必要性,长此以往,政府也无法证明自身存在的合法性。正因为预算在国家事务中如此重要,公民参与就显得必不可少,因为如果公民连预算过程都无法参与,那么法律所宣示的公民参与权还有多少的含金量?另一方面,公民参与预算过程具有现实可行性。公民参与权要落到实处,除了需要制度上的保障之外,还需要公民具有参与的意愿和能力,而财政预算事务实际上是公民参与最容易实现的领域。这是因为:

(1)预算事务最容易调动公民参与的积极性。预算资金不仅来自社会公众(在现代社会主要来源于纳税人)对个人财产权的让渡,而且预算资金最终也应当运用于社会公众。经验表明,对于涉及切身利益的事务,公民总是要比其他事务更有关注的兴趣。中国民众为什么这么关注"三公"消费问题,其基本原因在于,不合理的"三公"消费意味着公民在克减其个人财产权的同时,并没有获得应有的回报,反而成为官员挥霍浪费的对象,这就直接触动了公民的利益底线。

(2)公民对于财政预算事务更应当具有发言权。传统预算体制拒斥公民参与的常见理由是普通公民不具有参与预算所需要的专业能力,其实这个理由经不起分析。不错,大多数公民对于预算制度本身确实不熟悉,但是这不等于他们对于预算决策所要讨论的具体事务不熟悉。恰恰相反,很多时候民众对于这些事务反倒比政府官员更为了解。揭开专业包装下的预算面纱,会发现其实预算事务无非是决定在一段时期内如何分配有限资金的问题。在复杂的预算草案收支科目背

---

① 马骏将预算能力定义为国家的三种基本理财能力:为了实现财政可持续,国家将开支控制在可获得的收入限度内的能力;有效率地分配稀缺的财政资源来满足公民需要的能力;有效率地筹集收入并以一种能够实现运作效率的方式进行支出、开展活动、生产和供给公共产品和服务的能力。(详见马骏.治国与理财.北京:生活·读书·新知三联书店,2011:61.)

后，不过是说明一个问题，政府准备花多少钱做哪些事。说穿了，不就是修桥还是铺路、盖公园还是建医院之类的问题吗。对于普通民众而言，这原本就并不深奥。更重要的是，民众对于这些问题往往比官员更为知情，更容易作出理性判断，更应当具有发言权。

另外，公民参与预算有利于丰富和深化公民参与权的内容。公民参与权所指涉的国家公共事务是丰富多样的，大到国家领导人的选举，小到乡镇敬老院的设立，都可以有公民行使参与权的空间。遗憾的是，很长一段时间以来，谈到落实公民参与权的时候，往往更多地指参与那些国家重大事务的部分，而关于参与预算决策过程的权利则强调得不够。即便是关于预算事务，也更多局限于中央政府的层面。尽管预算事务具有毋庸置疑的政治意蕴，但是和国家重大事务相比，预算事务总体而言属于政治色彩相对不那么鲜明的公共事务，公民参与预算事务通常不会给既有体制和掌权者带来剧烈的冲击，因为此时的公民是一种参与者而非挑战者的姿态。相对说来，执政者往往也更容易在预算领域开放公民参与的空间。事实上，这也是为什么近年来很多关注中国政治改革的学者都非常重视财政预算改革的原因。

更为重要的是，至少就国家统治的较低层级而言（如县、乡层次），预算决策的绝大多数内容更多地和社会公众的生活相贴近，无非是架桥修路、办学扶贫之类的事情。这些事情虽然显得不那么“高大上”，但由于和社会公众的切身利益休戚相关，普通公民也更有关注的热情。对于一个普通人来讲，来年的国防预算增加的幅度究竟应当确定为 5%还是 10%，其实远不如县上决定明年新建一个公立小学更令他（或她）关心，因为他（或她）的孩子明年就要读小学了。另一方面，正是由于这些事务和社会公众的生活联系密切，所以公民参与这些事务的预算决策更显得可能。因为科学预算决策的一个重要前提就是信息，而关于这些事务，社会公众显然比其他事务要掌握更多的信息，从而也更能在参与预算决策过程中发表理性的意见，作出正确的选择。公民参与权从法律文本上落实到现实生活中是需要实践的，而参与预算决策过程则是公民践行参与权的良好实践领域。有学者指出，世界上不乏成熟民主国家的事实至少证明，如果人民被给予参与决策的机会，他们完全可以在行使参政权的过程中锻炼和提高自己的判断能力，认清个人切身利益和集体长远利益之间的关系（张千帆，2011）[1]。作者对此深表赞同。

除了从公民权利角度为公民参与预算过程提供法理依据之外，还可以从纳税人权利的角度来为公民参与预算提供法理上的论证。有学者指出，在现代税收国家，公民和纳税人这两个概念存在法理上的相通之处，纳税人的身份还可以为公民参与社会政治事务提供一个事实上的合法性（熊伟，2012）[2]。还有学者从宪法财产权的角度来论证公民参与预算的法理基础。在其看来，宪法财产权包括公法上的纳税人权利和民法上的物权权利两部分，一方面，公法意义上的纳税人权利

---

① 张千帆.宪政原理.北京：法律出版社，2011：86.
② 熊伟.财政法基本问题.北京：北京大学出版社，2012：32.

是公民参与预算的法理基础，公民享有不可转让、不可剥夺的对公共预算的知情权；另一方面，民法意义上的物权权利是公民参与预算的价值目标，它是检验公民参与公共预算效度的重要指标(陶庆，2011)[①]。很明显，无论将公民参与预算的法理基础归结为纳税人权利还是宪法财产权，并没有本质上的不同。

2.3.3　公民预算参与权的基本内容

公民预算参与权是对公民在预算过程中的参与权的统称，它在预算过程的不同阶段表现为不同的内容。按照杰里·麦克夫雷(2005)的观点，预算过程可以分为预算编制、立法审查、预算实施和审计 4 个阶段[②]。如果以预算草案得到立法机构的批准作为标志的话，实际上预算过程可以简化为两个阶段，其中预算编制和立法审查属于预算决策过程，而预算实施和审计则属于预算执行过程。因此，本书将公民预算参与权分为这两个过程加以论述。

2.3.3.1　公民在预算决策过程中的参与权

在传统预算过程中，预算决策的主体是行政机构和立法机构，其中行政机构负责编制预算，而立法机构负责审议预算，可以说，预算决策权由这两个机构所共享。因此，根据公民参与预算决策过程的不同阶段，可以将公民预算决策过程中的参与权划分为公民参与预算编制的权利和公民参与预算审议的权利。根据公民参与对预算决策的影响程度，还可以把公民在预算决策过程中的参与权划分为咨询意义上的参与权和决策意义上的参与权。

从法理上讲，公民既有参与预算编制的权利，也有参与预算审议的权利。不过，作者在此要特别强调保障公民参与预算编制的权利，这是因为参与预算编制是落实公民预算参与权最为常见的领域。综观整个预算过程，预算编制在其中起着非常重要的作用。这主要基于两个因素，一个是预算决策中的行政主导是当今世界各国的普遍现象。尽管行政机构编制的预算草案最终需要通过立法机构的批准才具有法律效力，不过现实中往往行政机构才是预算过程的主导者。因为虽然立法机构依法对预算草案拥有否定或修改的权力，但实际上否定的情形很少发生，修改也往往是局部性的，在绝大多数情况下，立法机构基本上还是对行政机

---

① 陶庆.宪法财产权视野下的公民参与预算——以福街商业街的兴起与改造为例//载马骏，谭君久，王浦劬，等.走向"预算国家：治理、民主和改革".北京：中央编译出版社，2011：199.

② 杰里·麦克夫雷.预算过程的特征//罗伊·T. 梅耶斯，等.公共预算经典(第一卷).苟燕楠，董静译.上海：上海财经大学出版社，2005.3.

构所编制的预算草案表示接受①。另一个因素则在于，预算是政府的施政方案，预算编制在很大程度上起到一种议程设置（agenda setting）的功能，换言之，预算过程原本就是由行政机构所启动的，这意味着行政机构对预算安排的影响更大；不仅如此，由于行政机构要负责执行预算，其本身掌握了丰富的信息资源，其编制预算的过程也就是利用这些信息资源将其转化为财政收支政策的过程。从上述两点来看，预算编制往往对政府施政和预算过程具有决定性的意义，它不仅是政府施政方案的具体落实，而且决定了年度预算的基本内容。如果公民无法有效参与预算编制过程，那么公民很难称得上参与了预算决策过程，因此，保障公民参与预算编制的权利对于公民预算参与权具有极为突出的意义。

　　目前，大多数国家在推行参与式预算的过程中，基本上都在预算编制阶段引入了公民参与的环节。从现实情况来看，公民可以有多种参与预算编制的方式。例如，在西方发达国家，公民参与预算决策包括公众听证会（public hearing）、公民咨询委员会（citizen advisory committee）、公民调查（citizen survey）、公民论坛（citizen forum）等常见方式。在巴西，以阿雷格里港为代表的参与式预算则主要通过社区公民会议、地区公民大会和主体公民大会的方式来进行。那么，到底哪些方式更有助于公民预算决策参与权的实现呢？外国学者德隆曾经提出了"政策分享参与"的概念，指公民不仅可以进入政府的计划和决策过程，而且其意见也能得到认真听取并考虑的模式。中国学者马骏等人（2006）则在此基础上进一步将公民预算参与方式分为非政策分享和政策分享两种模式，前者意味着公民尽管可以发表意见，但不能进入决策过程，政府也未必考虑公民的意见，后者则意味着公民参与对于政府决策的影响更为明显和确定②。马骏等人（2011）认为，公民听证、公民咨询委员会、公民问卷和公民会议属于非政策分享的公民参与，公民陪审团、公民委员会等常设组织则属于政策分享的公民参与③。

　　其实，非政策分享型参与和政策分享型参与正好同作者前文中咨询意义上的参与权和决策意义上的参与权相对应。具体而言，在非政策型的参与方式中，公民参与预算决策更多地具有咨询层面的意义，当局引入公民参与主要是为了收集公民对于预算决策的意见，克服预算决策所面临的信息制约，预估预算决策的后果，它只是为当政者进行预算决策提供一种辅助的作用；而在政策分享型的参与方式中，公民参与预算决策则更多地具有决策层面的意义，公民参与预算决策过程不仅是为了发表自己关于预算事务的看法，更重要的是，公民就预算事务所发表的意见能够在一定程度上改变政府官员原定的预算决策内容，或者直接决定某些预算资金的分配。尽管两种公民参与模式在参与式预算实践中各有其适用的空

----

　　①　例如，在中国，就公开报道来看，中央预算从未发生过被全国人大否决的情形，地方预算也仅有为数不多的实例；在英国和澳大利亚，议会对政府预算进行修正的权力也并不强大。

　　②　马骏，罗万平. 公民参与预算：美国地方政府的经验及其借鉴. 华中师范大学学报（人文社会科学版），2006，（2）：28.

　　③　马骏，赵早早. 公共预算：比较研究. 北京：中央编译出版社，2011：966.

间，无法就两种意义的参与权轻率地给出高下立判的结论，但是很明显，就公民参与程度而言，决策意义上的参与要比咨询意义上的参与更加有利于落实公民参与权。公民参与预算决策固然不意味着预算决策过程完全对公民开放，不过事实证明，公民如果能够对预算决策产生实质性影响确实更有利于激发公民参与预算过程的兴趣。

2.3.3.2　公民在预算执行过程中的参与权

现代社会的预算过程早已实现了高度法制化。尽管现实中预算决策需要经历一个复杂而漫长的过程，然而在预算法中，预算决策的形成被制度化为预算编制（行政机关）和预算审议（立法机关）这两个基本程序。公民参与预算决策当然是在前述程序中完成的，经立法机关批准的预算不仅因符合法定程序而获得了法律效力，更重要的是，由于在决策过程中引入了公民参与的因素，这使得生效预算获得了较之过去更为强大的正当性，因为这个过程充分保障了公民参与预算决策的权利，从而满足了预算民主的要求。

公民参与预算决策的权利诚然重要，然而这并非公民预算参与权的全部，公民在预算执行过程中的参与权同样值得重视。需要指出的是，公民在预算执行过程中的参与权，并不是指公民分享了原本属于政府执行预算的权力①，而是指公民有权利介入预算执行的全过程，以一种积极的姿态对政府执行预算的行为进行监督，同时也可以对预算决策执行的结果进行评估。究其实质，公民在预算执行过程中的参与权就是公民对预算执行过程的监督权。过去提及公民预算监督权时往往强调一种对抗和制衡的意味，缺乏预算执行过程中公民权利与公共权力的互动，而公民在预算执行过程的参与权显然在外延上显得更大，同时广义的公民参与权本身也内含了公民监督的意蕴，因此，本书在此使用"公民在预算执行过程中的参与权"的表述，它包含了公民预算监督，但是又不局限于此。

公民参与到预算执行过程，首先是要关注预算决策是否得到了各支出部门严格的执行，换言之，公民参与是为了保障预算执行的合规性（其核心为合法性），防止各支出部门在预算执行过程中恣意突破预算的约束，甚至出现违法或违规的行为。它强调的是预算一经立法机关批准，其法律效力就应当得到尊重，在未经法定机构依照法定程序批准的情况下，任何单位和个人都不得擅自变更预算；同时各个支出部门在预算执行过程中要严格遵循法律和财务制度的要求。从现实来

---

① 例如，在中国，根据《预算法》和《预算法实施条例》的规定，国务院负责组织中央和地方预算的执行，县级以上地方各级政府负责组织本级总预算的执行，乡、民族乡、镇政府则负责组织本级预算的执行；财政部则负责具体组织中央预算和地方预算的执行，地方各级政府财政部门具体组织本级总预算的执行，各部门则组织本部门预算的执行，各单位依照国家规定上缴预算收入和安排预算支出。

看，预算过程中的违法违规行为有很多发生在预算执行环节[①]，而公民参与预算执行有利于对预算执行过程进行动态监督。尽管中国现行《预算法》及《预算法实施条例》中并没有明确规定公民在预算执行过程中的参与权，不过从《宪法》第二条第三款关于公民参与权的概括性规定及第四十二条关于公民监督权(批评建议权、申诉控告检举权)的规定来看，公民参与预算执行过程应当不存在太大的法律障碍。近年来，中国不少地方立法中有关公民预算监督的规定实际上已经为公民参与预算执行过程奠定了基础，现在需要做的只是将既有的规定加以落实[②]。

公民参与预算执行过程还应当关注预算执行结果是否实现了预算决策时所希望达到的目的，或者说，公民还要关注预算资金利用的效益。由于预算所分配的财政资金最终来源于纳税人，因此纳税人不可能不关注预算资金利用的效益问题。绩效预算(performance budget)的提出，本质上就是为了回应公民对于财政资金利用效率的诉求[③]。从西方国家 20 世纪 30~50 年代推行的绩效预算改革运动(强调预算支出的产出)，到 20 世纪 70~80 年代发起的新绩效预算改革运动(强调预算支出的效果)，这个过程，实际上就是一个人们对于预算效率问题认识不断加深的过程。然而，绩效预算改革要取得成功，除了需要克服一些技术上的困难之外，还需要解决好公民能否有效参与的问题。有学者认为，中国当前预算管理改革的方向应当是公民友好型(公民中心)绩效预算(贾云洁，2011)[④]；还有学者指出，离开预算民主和公众参与，绩效预算改革就有可能异化为政府及预算部门自弹自唱的独角戏和数字游戏(孟庆瑜，2013)[⑤]。既然如此，绩效预算就不应当只局限于政府内部的单向度预算改革，而应当成为通过公民行使预算参与权进而提升预算绩效的良好切入点。换言之，在预算执行的绩效评估阶段，应当为公民参与留下必要的空间和切实的途径，公民对于预算执行结果的评价应当构成绩效评估的重要因素。我国有学者认为，中国预算绩效评价适于推行公众参与，进而主张建立预算绩效公众评价制度，其同时指出，公众绩效评价的效果有赖于

---

① 根据 2011 年修订的《财政违法行为处罚处分条例》第七条的规定，财政预决算的编制部门和预算执行部门及其工作人员违反国家有关预算管理规定的行为包括：①虚增、虚减财政收入或财政支出；②违反规定编制、批复预算或决算；③违反规定调整预算；④违反规定调整预算级次或预算收支种类；⑤违反规定动用预算预备费或挪用预算周转金；⑥违反国家关于转移支付管理规定的行为；⑦其他违反国家有关预算管理规定的行为。除此之外，该条例还规定了其他主体的预算执行违法行为，例如财政部门、国库机构及其工作人员不依照预算或用款计划核拨财政资金、擅自动用国库库款或财政专户资金等(第五条)；国家机关及其工作人员以虚报、冒领等手段骗取财政资金，截留、挪用财政资金等(第六条)；单位和个人截留、挪用国家建设资金，以虚报、冒领、关联交易等手段骗取国家建设资金等(第九条)。

② 例如，《广东省预算审批监督条例》第五条规定：公民或组织对违反预算法律、法规和预算的行为，有权向各级人民代表大会及其常务委员会或者其他有关国家机关进行检举、控告，任何人不得压制和打击报复。不过该条文仅仅属于总则的内容，并没有在该条例中加以具体化和制度化。

③ 详见 2.2 节相关内容。

④ 贾云洁. 公民友好型绩效预算改革路径研究. 审计与经济研究，2011，(6)：46.

⑤ 孟庆瑜. 绩效预算法律问题研究. 现代法学，2013，(1)：92.

公众在预算决策与执行过程总的持续性参与(宋彪，2009)①。中国 2011 年重新修订的《财政支出绩效评价管理暂行办法》中已经明确将公众评判法作为主要的绩效评价方法之一②。

　　事实上，公民预算参与权不仅已经成为社会各界的共识，而且也受到了越来越多的传统预算监督机构的重视。以审计监督为例，在传统的预算监督体系中，审计监督是国家预算监督的重要内容。但是，无论是审计机构隶属于立法机关、政府还是作为独立机构存在，终归属于国家机构的一部分，因而在传统的审计监督理念中原本并未要求公民参与其中，在现实中，审计监督也并未对公民开放，普通公民也只能通过审计结果公告来获知预算执行的相关情况。不过，近年来这种将审计监督与公民参与割裂开来的理念已经被国际审计理论界和实务界所摒弃。2011 年 7 月，在奥地利召开的联合国—世界审计组织第 21 届研讨会提出，最高审计机关不仅是立法机构的伙伴，而且也已经成为公民的合伙人和代理人，要有效履行作为公民的合伙人和代理人这一职责，最高审计机关需要在工作中关注公民所关心的事宜，与公众就审计工作及审计发现进行充分沟通，并授权公民可以对审计发现问题的落实情况进行追踪(约瑟夫·莫瑟，2012)③。

---

① 宋彪. 公众参与预算制度研究. 法学家，2009，(2)：148.

② 根据《财政支出绩效评价管理暂行办法》第二十一条的规定，公众评判法是指通过专家评估、公众问卷、抽样调查等对财政支出效果进行评判，评价绩效目标实现程度。

③ 约瑟夫·莫瑟. 世界审计组织和最高审计机关的职责及贡献. 审计与经济研究，2012，(3)：5. 莫瑟还指出，研讨会上介绍了许多最高审计机关与公民之间有效合作的例证，包括：① 许多最高审计机关公开出版了各类相关信息，或将有关其工作任务及审计活动的学习材料及报告分发至学校(大学)，以提升公民对审计工作的认知度；②一些最高审计机关使用社交网络(Youtube 等)向公民宣传自身工作的价值和裨益。③许多最高审计机关利用自己的网站或通过媒体向公众宣传其审计发现及特定审计信息；④ 一些最高审计机关建立了举报机制，鼓励公民参与政府审计，或在审计开展前，通过公开讨论或专家访谈，从审计第三方获取相关信息和专门技能并运用到审计工作中。

第 2 编　参与式预算改革的现状与反思

第 3 章　参与式预算改革的现实考察

参与式预算发展至今大致经历了三个主要阶段：第一个阶段是参与式预算在巴西国内的起步阶段(1989～1997 年)，最初出现于巴西的阿留格里港(Porto Alegre，南里奥格兰德州首府)、贝洛奥里藏特(Belo Horizonte，米纳斯吉拉斯州首府)等少数城市；第二个阶段是参与式预算在巴西国内快速发展的阶段(1997～2000 年)，在这一时期中有超过 130 个巴西市政当局采取了参与式预算模式，各地实践的做法存在差异；第三个阶段是参与式预算在巴西之外的扩张及多元化的阶段，在拉丁美洲和近年来的欧洲，许多城市都实施了参与式预算，当然这些城市对巴西的参与式预算模式进行了重大修改(Cabannes，2004)[①]。据外国学者统计，在 2010 年有 795～1469 个地方实行了参与式预算(伊夫·辛多默等，2012)[②]。考虑到发展中国家和发达国家推行参与式预算的背景与实践存在很大的差别，为研究方便，本章将分别对发展中国家和发达国家的参与式预算进行分析。

3.1　发展中国家的参与式预算

一般认为，作为当代公民参与预算的最新发展，参与式预算起源于巴西，在巴西国内取得成功后，很快在许多发展中国家推广开来。目前推行参与式预算的国家既包括秘鲁、阿根廷、哥伦比亚、巴拉圭、乌拉圭、智利、多米尼加共和国、尼加拉瓜、萨尔瓦多、墨西哥等拉丁美洲国家，也包括中国、印度、斯里兰卡、印度尼西亚、赞比亚、喀麦隆等亚非国家(Wampler，2007)[③]。受篇幅所限，本书在此只选择巴西、印度、秘鲁和中国作为样本进行介绍。

---

① Cabannes Y. Participatory Budgeting：A Significant Contribution to Participatory Democracy. Environment &. Urbanization，2004，16(1)：29.

② 伊夫·辛多默，卡斯滕·赫茨贝格. 参与式预算：一个全球视角//伊夫·辛多默，鲁道夫·特劳普-梅茨，张俊华. 亚欧参与式预算：民主参与的核心挑战. //上海：上海人民出版社，2012：7.

③ 由于参与式预算实践的基本范围是在各国地方政府并且处于不断变动之中，因此很难获得准确的实施地区数目。不过有资料显示，截到 2005 年，全球范围实施参与式预算的市镇当局已经超过 300 个。

3.1.1 巴西的参与式预算

目前，巴西国内的参与式预算改革正如火如荼地进行。到 2009 年，参与式预算已经在巴西 250 多个城市推行(许峰，2010)[1]，大多数省会城市及大城市都在通过参与式预算进行部分预算资金的分配。其中，最早实施参与式预算的城市是累西腓市(Recife，伯南布哥州首府)，但阿雷格里港与贝洛奥里藏特的参与式预算改革更加值得关注，因为这两个城市的参与式预算改革起步较早，参与式预算实施的成效显著且影响巨大。特别是阿雷格里港，历来被视为巴西参与式预算改革的一个样板，而累西腓市参与式预算的影响力远远不及阿雷格里港和贝洛奥里藏特。

1. 阿雷格里港的参与式预算

阿雷格里港于 1989 年启动参与式预算改革。该市推行参与式预算的背景是：1988 年，工党在市长选举中获胜。在赢得市长职位时，其承继的是一个腐败的市政当局和一个组织混乱的官僚机构。在执掌政权的头两年，新管理者尝试采用不同的机制以应对财政约束，让市民在政府活动中扮演更为直接的角色，将此前管理者在社会支出上的优先顺序加以反转，参与式预算即是此过程中的一种改革尝试。该党在竞选中将民主参与和支出优先顺序的反转作为活动的基础，由于传统的预算将公共资源更多地投向中间及其以上的阶层，参与式预算则意图帮助穷人在公共支出中获得更多的份额(Wampler，2007)[2]。不难看出，阿雷格里港推行参与式预算改革在很大程度上是选举政治的需要，工党为了在竞选中胜出，其在竞选中的政策主张当然有迎合选民的成分，其在执政后推行参与式预算改革亦属履行竞选承诺的体现。

阿雷格里港将付诸参与式预算讨论的议题集中于该市年度预算中的新投资项目，参与代表还可以就部分参与式预算中的实际运行规则进行表决，其参与式预算包括两个同时进行的过程(Wood，2004)[3]：

第一个过程属于地区会议阶段(regional process)，围绕地理区域(geographical regions)来展开。在这一阶段，该市被分为 16 个不同的行政区域，每一个区域的居民都要参加对其准备在本区域为开展何种类型的投资项目进行优先权排序，还可以建议具体的投资项目。地区阶段开始于每年三月和四月初社区组织举

---

① 许峰. 巴西阿雷格里参与式预算的民主意蕴. 当代世界，2010，(9)：50.

② Wampler B. A Guide to Participatory Budgeting//Shah A. Participatory Budgeting. Washington DC：The World Bank，2007：22.

③ Wood T. Participatory Democracy in Porto Alegre and Belo Horizonte. http：//www. democraciaparticipativa. org/files/bibl _ Terence _ Wood. pdf [2013-12-08].

行会议的时候。在社区会议中,参与者就他们的项目需求进行讨论并对动员其社区的方法进行计划;市政府派出代表负责说明上一个年度预算执行情况,参与者就此进行回应,政府对该年预算中的参数进行解释;通常这些带有预备性的会议在次一级地区的层面(sub-regional,即邻里之间)举行。地区会议(the regional assembly)在四、五月份的时候举行,由参加者就各自区域参加预算委员会(the budget council)的代表进行表决。在五至七月会举行一系列额外的地区会议(会议向每个区域的正式居民开放),这些会议将推选出参加预算代表论坛的代表,讨论各自区域的具体项目,并且参加者将就确立本区域支出的优先顺序结构进行表决。表决之后,各区域代表还将在本区域的代表论坛上进行商议,一旦论坛结束和项目决定下来,代表就将各自区域的建议及支出优先顺序排列提交预算委员会。此后代表们还要保持同预算委员会和其社区的联系。一旦预算完成,代表们还要监督其建议的本区域预算项目的执行。在整个过程中,政府要负责提供相关的财政信息和地区发展信息,同时对公民参与提供技术支持(如委派官员指导)和财政支持(如提供交通补贴)。

第二个过程属于主题论坛阶段(thematic process),围绕对全市范围内的不同主题来展开。在这个阶段,该市的居民开会决定全市范围的支出优先顺序,包括以下方面的不同主题:交通,文化,经济发展与税收,教育、体育与休闲,城市发展与环境,健康与社会援助。在每年三月和四月初,对主题论坛阶段感兴趣的团体就举行会议对支出优先权及动员民众进行讨论。主题论坛在四五月份举行,每一个会议主题都涉及整个城市范围,该市每一个居民都可以参加会议。和区域会议一样,每个主题论坛的参加者都会投票选出参与预算委员会的代表(每一个专题选两名代表);在第一轮主题论坛中,参加者也会就确立这些主题中的项目支出优先顺序排列进行投票表决;在五至七月,第二轮主题论坛召开,会议将选出预算代表。和区域会议一样,主题论坛选出的代表也要保持同预算委员会的成员和其他参加者的联系,同时对这些预算项目执行进行监督。

政府预算办公室则在地区会议和主题论坛所确定的项目优先顺序排列基础上编制预算提案,具体做法是,由预算委员会同计划办公室及其他市政部门一道,将参与者的需求转化为一个可行的投资计划(在此阶段不具有技术可行性的需求将会被修改),在形成一个协调的预算案之后,就将其提交市议会进行审议,审议通过的预算由政府负责执行①。

2. 贝洛奥里藏特的参与式预算

在贝洛奥里藏特,为减少实际操作的法律和技术上的困难,从 1999 年开始实行两年的参与式预算周期,第一年召开地区会议,第二年召开部门会议(Me-

---

① 尽管市议会从理论上讲有权否决参与式预算,不过实践中这种情形从未发生。

deiros，2007)①。为了推行参与式预算，贝洛奥里藏特市政府将该市划分为 9 个
行政区域。每个地区又进一步划分为次级地区。参与式预算则分两轮进行
(Wood，2004)②：

第一轮的参与式预算会议在地区层次(regional level)进行，对该地区所有居
民开放。在会议上，由市政府的代表向参与者介绍参与式预算过程的一般准则以
及这些资金在此前的预算中是如何分配的。会议结束后，参与者将回归其居住
区，就支持其邻里的优先项目作出决定，这些邻里层次的需求就必须在社区会议
上决定，并且，只要有 10 个参与者签名，会议必须持续数分钟。

第二轮的会议在次级地区召开。在会议上，参与者将得到有关其所在次级地
区资金分配数量的建议③。在第二轮举行的次级地区会议上，将推选出参与地区
会议的代表和本次级地区的项目。通过次级地区环节，每个地区将选择 25% 的
项目。当地区的项目经确认后，市政府官员将参观被推荐的项目地点，以对这些
建议的可行性进行技术评估。

该市在次级地区会议和地区会议之间还设置了一个中间程序(caravan of pri-
orities，项目选择之旅)。具体过程是：当地区会议代表被选出之后，每个代表
还将乘坐巴士参观由本次级地区选出的各个项目。该程序想要在代表中鼓励一种
"放弃"或"利他"的精神，当代表们在参观他们所在地区中那些更为贫困的地
区所提出的建议及对这些项目的需求时，他们将考虑得更多，而不是仅仅思考他
们自己次级地区的建议。在完成项目选择之旅后，每个地区的代表们召开会议，
就支持其地区的 14 个项目予以投票。在投票时，代表们并不投票支持个别的项
目，而是从由不同项目组合而成的彼此竞争的清单中进行挑选，即选择对该地区
可行的预算。在会议上，代表们还要选出他们本地区的代表参加委员会，该委员
会和市政厅一起工作，以形成最终的详尽预算计划，同时，该委员会的成员还要
在此后两年中协助监督项目的执行情况。

3.1.2　印度的参与式预算

印度被西方社会认为是世界上最大的民主国家，但是其民主也存在很多问题。
虽然民主制度在该国已经实施了很多年且保持了政治稳定，但是整个国家被语言、

---

①　Medeiros J J. 财政分权背景下的公民参与：市政管理中的实践——公民参与政府预算：来自巴西
的经验//马骏，侯一麟，林尚立，等. 国家治理与公共预算，北京：中国财政经济出版社，2007：144.
②　Wood T. Participatory Democracy in Porto Alegre and Belo Horizonte. http：//www. democraciapar-
ticipativa. org/files/bibl _ Terence _ Wood. pdf [2013-12-08].
③　各区域可使用资金的分布情况基于以下因素：50% 的可用资金在全市平均分布，另外 50% 的资金
则通过一个考虑了人口和每个区域指标分数的公式来分配(指标分数则建立在生活质量基础之上，其中包
括为该地区提供的服务；参与也是一个微弱的因素，如果未达到最低限度，参与只影响一个区域受到资助
的水平，此时一个区域的资金份额将被重新分配到其他地区)。

种姓、阶级、宗教等因素深深地割裂开。整个印度社会蕴藏着许多深层次的矛盾，包括贫富悬殊、种姓制度导致的不平等、妇女儿童受到歧视、基础设施建设缺乏、政府办事效率低下等。为改变现状，推进社会改革，不少 CSOs 做了很多工作。参与式预算即为 CSOs 大力倡导的社会改革手段之一。印度的 CSOs 从 1995 年就开始从事预算分析（凌岚，2009）①，而古吉拉特邦的社会与人类行动发展倡议（development initiative for social and human action，DISHA）组织、卡纳塔克邦的 Janaagraha（意为"人民生活力量"）、拉贾斯坦邦的工人和农民权利组织（mazdoor kisan shakti sangathan，MKSS）则是其中的代表，喀拉拉邦的"第九个计划的人民运动"方案也颇受关注。

1. 古吉拉特邦的参与式预算

在印度的古吉拉特邦，DISHA 组织在参与式预算中发挥了很大的作用（Maynihan，2007）②。DISHA 是一个超过 8 万人的成员广泛的非政府组织，包括部落成员、矿工及林业、农业和建筑工人在内。在参与式预算过程中，该组织对具体项目的预算分配情况（如道路建设和村井挖掘）进行调查、走访村镇当局，从而获得了大量的信息，分析提升了预算辩论的质量并且使之建立在适合研究的基础之上；该组织还为通过对村代表进行预算培训为当地官员提供支持，而且还对预算执行情况进行其他形式的补充性分析，从而有助于预算得到批准；并且该组织将其分析散发给州立法机关成员和媒体，立法机关成员可以用来评估支出的效果，同时也增进了有关支出和优先性问题的基本交流，提升了预算过程的透明度。

2. 卡纳塔克邦的参与式预算

2001 年，印度一个名为"Janaagraha"的公民社会组织在卡纳塔克邦的首府班加罗尔（Bangalore）通过参与式民主发起了一场旨在改善地方治理的公民运动。Janaagraha 的创立者认为，城市中的印度人认为他们被政治制度剥夺了公民权，这导致社区信任和集体行动的减少，因此，他们意图通过这种运动促使局面发生变化。该组织推动的第一个行动叫做"选区工作"（ward works），这是一个由公民社会组织所领导的针对社区层次基础设施建设资金分配的参与式预算运动。在为期 4 个月的活动中，Janaagraha 的志愿者设立"居民福利联盟"来对当地的基础设施项目进行优先排序，同时使当地的民选官员看到该优先次序。而在这之前，地方政府在开支金钱时完全出于选区领导者的自由裁量，许多公民都认为每年都有很多重要工作被忽视或执行得很糟糕。选区工作的目的在于增强公民在地

---

① 凌岚. 让公共预算中的政府问责制运转起来——对印度公民预算组织的考察. 当代财经，2009，（3）：41.

② Moynihan D P. Citizen Participation in Budgeting：Prospects for Developing Countries//Shah A. Participatory Budgeting. Washington DC：The World Bank，2007：73-75.

方决策中的发言权，同时改善社区中的道路、人行道和沟渠。行动过程中，社区有不同层次的居民参与，居民们能看到其计划的提出和实现。在班加罗尔的 100 个选区中，有 66 个选区都有部分居民表示对该运动感兴趣，有 32 个选区存在多重居民小组的积极参与。在这些推行参与式预算的选区中，有 22 个选区成功地将公民优先选择的项目在社区中实施。在总计 1030 万美元的资金中，一共有 350 万美元的资金通过公民确定优先次序(Clay，2007)①。

3. 拉贾斯坦邦的参与式预算

拉贾斯坦邦的 MKSS 则采取了公民听证会(social audit public hearing，又名社会审计)的方式来鼓励公民讨论关系到其社区发展的政府支出。该公众听证会的基本程序包括 5 个阶段

(1)MKSS 收集所有公共部门的文件(包括现金账本、工资清单、支出凭证、项目工程师的评估文件和开发项目的使用证明)，这些文件用以核对支出。

(2)用村民熟悉的语言将上述信息改写为现有的技术信息。

(3)项目工作人员挨家挨户将信息告知村民，村民现场对记录是否准确作出反馈。

(4)举行公众听证会。听证会在村子的一块空地举行，参与者众多，公共官员、地方选举的代表、当地媒体和公民都要出席。一批德高望重的公民则监督整个过程。公民若指出支出存在铺张浪费、计划不周、腐败等问题，则被要求提供证据。具体负责的官员也可以对项目进行解释。

(5)MKSS 要准备一份正式报告，呈交给政府高级官员、媒体和其他公民社会团体(Fölscher，2007)②。

4. 喀拉拉邦的参与式预算

喀拉拉邦的参与式预算表现为 1996 年起引入的"第九个计划的人民运动"。政府指定了年度发展预算(补助金)的大约三分之一给地方团体，以为运动的开展提供必要的财政支持。

具体的参与式预算过程可以分为 5 个阶段：

(1)村萨巴/小区萨巴(小区委员会)。每个市镇的选民构成一个小区层级的大会，任何居住在小区并对大会感兴趣的公民均可参加。会议先被分为若干讨论小组，讨论小组的成员在此后的全体大会上介绍自己的建议和要求，小区萨巴上的所有建议均提交给地方团体，最终的讨论结果以市政发展报告形式发布。

(2)发展研讨会。经选举产生的代表、行政人员、专家和小区层面大会提名

---

①　Clay E M. Community-led Participatory Budgeting in Bangalore：Learning from Successful Cases. Massachuserrs Institute of Technology，2007：3-11.

②　Fölscher A. Participatory Budgeting in Asia//Shah A. Participatory Budgeting. Washington DC：The World Bank，2007：168-169.

的代表召开地区层面的发展研讨会，讨论包括在市政发展报告草案中的建议，提出战略建议并确定要融资实施的项目，会议的结果以发展报告的形式公布。

（3）项目准备。由专门设立的工作小组将发展战略转变为具体的项目建议，工作小组由选举产生的代表、行政人员及公民中的专家组成，项目建议的细节包括明确目标、预期花费、资源、受益人与公众的出资、实施模式、监督机制与时间表。

（4）计划文件的准备。地方团体确定计划文件，项目要根据现有资源及地方总体长远发展排列出优先顺序，经选举产生的机构通过民主方式决定将哪些项目纳入最后颁布的计划文件。

（5）区规划委员会通过计划。区技术咨询委员会对地方团体每一个项目的技术可行性进行评估，并推荐其中的某些项目交由区规划委员会批准。

（6）执行、监督与评估。项目本身的实施可以由受益人委员会、地方团体、转让的机构、经认证的代理机构或根据合同来进行，监督委员会对项目执行情况进行实时监督，小区萨巴有权检查每一个的进展情况及其细节（桑尼·乔治等，2012）①。

3.1.3　秘鲁的参与式预算

秘鲁参与式预算改革的背景是 2000 年总统藤森的被迫下台。在其执政期间，尽管宣称推行民主，但本质上还是独裁统治。整个国家不仅腐败猖獗，而且大多数权力和资源都被集中在总统府，地方政府的民主选举被官方任命所取代，城市竞争力和预算锐减。当回归民主政治后，该国开始推行改革，主要目标是通过增加公民参与重建民主制度，增强透明度和公共信息的可获得性，消除贫苦和保持经济稳定。政府创设协商的空间，其中公民社会在形成主要政策方面扮演重要的角色。

2000 年，由于受到巴西阿雷格里港参与式预算改革的启发，秘鲁的萨尔瓦多（Villa El Salvador）和伊洛（ILO）两个地方政府启动参与式预算。这两个地方的市长都来自进步的联合左翼政党，两个地方的市政当局都因鼓励公众参与地方决策而广为人知。2002 年，秘鲁政府颁布了两部有关权力下放的重要法律，即权力下放法（the law on decentralization）和地区政府法（the law on regional governments）。新法律对公共信息获取权和透明度进行了规定。例如，所有层级的政府都应当公开关于预算、收购、投标与报酬方面的信息，都应当以月份为基础更新

---

① 桑尼·乔治，玛蒂娜·诺内克.民主分权和参与式预算：印度喀拉拉邦的经验//伊夫·辛多默，鲁道夫·特劳普-梅茨，张俊华.亚欧参与式预算：民主参与的核心挑战.上海：上海人民出版社，2012：64-69.

这些信息。权力下放法还明确规定，地区政府和市政府都应实施年度参与式预算，参与式预算的编制和实施应当符合法律，并与共同发展计划保持一致。2003年，该国通过了参与式预算框架法(framework law on participatory budgeting)，此后该法的实施在全国逐年普及①。截至 2009 年，秘鲁推行参与式预算的地区政府和市政府已经超过 2000 个，其中大多数已经实行到第五轮或第六轮(Hordijk，2009)②。

秘鲁最初的参与式预算法规定，参与式预算过程要经历 8 个步骤：①市政府发布参与号召；②对参与者进行登记(凡有兴趣参与的个人和公民社会组织登记成为"参与代理人"(participatory agents，PAs)；③参与代理人接受培训；④组建技术小组；⑤召开一系列研讨会，这些研讨会的顺序为提出一个更新后的发展计划、明确项目优先排序的标准、规定问题和优先性、规定被优先排列的项目；⑥由一个技术小组对建议项目及预算的可行性进行评估；⑦在地区协调委员会或本地协调委员会上达成的协议必须予以正式化，并被提交市议会；⑧成立一个由来自公民社会组织代表组成的监督委员会(该公民社会组织本身也是参与代理人)，负责对优先项目的支出和进程进行监督。

2009 年，秘鲁政府对参与式预算进行了修改，将上述过程简化为 4 个步骤：

(1)准备阶段(preparation)。对参与代理人进行甄别、登记和培训。

(2)商谈阶段(concertacion)。参与代理人开会讨论地区发展计划，并对新预算予以资助的项目主题进行优先排序。技术小组随后对每一个建议的项目进行评估，并且根据达成共识的优先顺序，提出应当资助项目的建议。

(3)协调阶段(coordination)。不同层级的政府中都有协调，协调由一系列地区首长和本地市长之间的会议组成，以确保支出具有协调性、可持续性及地区影响力。

(4)投资项目的规范化(formalization of investment projects)。该阶段在地区会议过程中进行，所有的参与代理人都对最终的项目清单具有发言权。最终的清单要递交两个地方政府机构(地区协调理事会和地区议会)以得到批准(McNulty，2012)③。

在秘鲁，参与代理人包括来自公民社会组织、地区或本地协调委员会和政府官员的代表。这一点和许多地方的参与式预算不同，后者仅邀请个人或社区组织的代表参加。秘鲁的法律还允许地区、省或区政府来决定公民社会组织的登记程序，并将其规定在地方条例之中，使公民社会组织的代理人应当具有法律地位，

---

① 还应当指出，秘鲁是唯一在法律中对地区、省和市一级的完整发展规划和实行参与方式的预算过程予以规定的国家。

② Hordijk M A. Peru's Participatory Budgeting：Configurations of Power，Opportunities for Change. The Open Urban Studies Journal，2009，2：43.

③ McNulty S. An Unlikely Success：Peru's Top-Down PB Experience，Journal of Public Deliberation. http：//www. publicdeliberation. net/jpc/vol8/iss2/art4 [2014-07-15].

在整个地区、省或区工作，并不仅代表某个社区或城市。有些政府在标准确定上比较灵活，以便让更多的非正式团体参与。参与代理人和政府官员都可以就任何城市、省或地区的投资项目提出建议，其目的在于鼓励当地的公民社会组织提出项目建议。技术小组也在参与式预算过程中扮演着重要的角色。技术小组的成员来自政府和公民社会，后者是由政府官员邀请参加的。技术小组收到最初的项目建议并对其进行评估，以确保建议符合经济和财政部的标准；技术小组还要制定一份建议项目的初步清单，该清单要在一个所有参与代理人参加的参与式预算会议上进行辩论并得到批准。

3.1.4　中国的参与式预算

根据 1995 年实施的《预算法》，预算决策主要由立法机关（人大）和行政机关（政府）共同主导。可以说，中国传统的预算决策过程基本上不对社会公众开放，普通公民很难参与预算决策过程。由于地方财政预算事务和民众的切身利益直接相关，社会公众往往更有兴趣和动机参与地方政府预算过程；同时，随着政治经济社会改革的推进，传统预算决策模式日益暴露出民主性薄弱、科学性不高的缺陷，难以有效回应公民参与预算的现实诉求。这些因素在客观上构成了中国各地推行参与式预算改革的深层次背景。

中国的参与式预算改革是从 2005 年浙江省台州温岭市新河镇、泽国镇推行的预算民主恳谈起步的，此后逐渐扩展至其他地区（马蔡琛等，2009）①。

3.1.4.1　浙江温岭的参与式预算

温岭的参与式预算是从民主恳谈制度发展而来的。1999 年 6 月，浙江省委决定在全省开展农业农村现代化教育，松门镇被温岭市委确定为试点镇。为改变传统农村集中性教育中的单向灌输说教模式，松门镇党委和政府召开了"农业农村现代化教育论坛"，出乎预料地得到了群众的积极响应。2000 年 8 月，温岭市委将各乡镇召开的类似活动统一命名为"民主恳谈"，并且从乡镇扩展到村、社区、非公有制企业、事业单位和市政府部门。民主恳谈在初期主要是一种对话机制，即政府和公众之间通过就社会公众关注的议题进行对话，公众可以提出意见或发泄不满，而政府可以了解民意，公开信息并做出解释。民主恳谈会的议题涉及产业发展、城镇

---

①　浙江温岭在预算改革之初并没有"参与式预算"的称谓，是学者们在研究中发现温岭的预算改革与源自巴西的参与式预算改革具有相似性之后，逐渐倾向于认为，温岭的预算改革就是中国参与式预算的一种实践。有学者指出，这属于给中国预算改革的本土化实践贴上了一个"洋标签"。（详见马蔡琛，李红梅. 参与式预算在中国：现实问题与未来选择. 经济与管理研究，2009，（12）：76.）

规划、道路交通、社会治安、教育、环境卫生、计划生育等多个方面。2001 年，温岭市的民主恳谈发展为决策型民主恳谈。决策型民主恳谈虽然保留了对话机制，但其本质在于让社会公众参与公共政策的制定和公共事务的决策过程(陈奕敏，2012)①。其核心内容是，在公共事务决策过程中，将利益相关人召集在一起，各方通过多种沟通形式表达意见，并对基层政府的决策提供建议(牛美丽等，2007)②。温岭民主恳谈的实践为此后该市推行参与式预算奠定了良好的基础。

浙江温岭从 2005 开始在新河、泽国两镇率先推行参与式预算改革，其中新河镇实践具有一定的代表性。该镇将预算民主恳谈与人大预算审议制度相结合，使参与式预算获得了较好的制度实现平台。新河镇的参与式预算主要体现在两个阶段：

(1)预算初审阶段的民主恳谈。首先，由镇人大主席团在人大代表中提名并经人大预备会议选举产生人大财经小组，该小组可聘请专业人士参加工作。其次，镇人大主席团领导人大财经小组，组织预算初审民主恳谈会，由政府提供预算方案及细化说明，人大主席团召集各方面的民意代表参加预算初审恳谈会，财经小组成员分为三个小组(工业、农业、社会)，与民意代表和政府人员就政府预算报告进行商谈。最后，三个小组汇总各方面意见，形成各自的预算初审报告(徐珣等，2009)③。

(2)人大会议阶段的预算民主恳谈。由镇人大主席团在人大全体会议期间组织人大代表进行民主恳谈，审议政府预算报告(由于参加恳谈的都是人大会议代表，因此这个过程实际上是和人大的预算审议过程重合的)：首先，政府提供预算草案及细化说明，由上述三个小组分别向参加恳谈会的代表作预算初审报告，人大代表与政府人员进行商谈；其次，镇人大主席团与政府召开联席会议，根据预算初审报告和人大代表在预算恳谈会上的意见和建议，由政府对预算方案进行修改，形成政府预算报告的修改方案并向大会代表递交该方案；最后，各代表团分组审议政府的预算修改方案④，由人大召开全体会议对政府预算修正案进行表决⑤。

---

① 陈奕敏.从民主恳谈到参与式预算.北京：世界知识出版社，2012：9.

② 牛美丽，马骏.预算民主：离我们有多远——温岭预算民主恳谈案例研究//马骏，侯一麟，林尚立.国家治理与公共预算.北京：中国财政经济出版社，2007：161.根据学者的归纳，民主恳谈的基本模式包含以下内容：①建立领导机构，各乡镇都成立以党委书记为组长的民主恳谈领导小组；②建立制度机制，包括便民绿色通道工作制度、民主恳谈工作例会制度、民主恳谈反馈监督制度等；③确立制度化的民主恳谈程序，包括信息收集、议题确定、组织恳谈征集建议、研究落实建议、公布解决方案、组织实施、征集反馈意见这些环节。(详见徐珣，陈剩勇.参与式预算与地方治理：浙江温岭的经验.浙江社会科学，2009，(11)：33.

③ 徐珣，陈剩勇.参与式预算与地方治理：浙江温岭的经验.浙江社会科学，2009，(11)：33.

④ 在这个过程中，5 名以上的人大代表可依法提出预算修正案，由镇人大主席团对代表提出的预算修正案进行形式审查，符合条件的则提交人大会议表决；如预算修正案超过出席会议半数代表同意，政府要对预算方案再修改，人大则对政府的修改预算方案进行审议表决，如未通过则再次修改直至通过。

⑤ 在镇人代会闭会期间，镇人大财经小组负责对镇政府的预算执行情况展开经常性的监督，并参与下一年度的财政预算编制。

　　温岭市其他乡镇的参与式预算改革既借鉴了新河预算民主恳谈的经验，又有自己的特色。例如，泽国镇政府于 2005 年选出了本行政区域内事关民生问题的 30 个项目（总额为 13692 万元），通过民主恳谈的形式让民意代表们从中选出约 4000 万元的项目，这使普通公民能够直接参与城镇建设项目资金预算安排决策过程（张学明，2009）[①]，同时也意味着，泽国镇的参与式预算深入到了资金分配这一预算决策过程的核心环节。泽国镇还通过建立民意代表的随机抽样、预算知识培训、小组分组商谈与大会集中商谈相结合、主持人制度、专家理性介入等机制，保证了预算决策的民主性和科学性。此外，将箬横镇所实施的两次预算初审、预算草案报告、初审意见等信息在网上公开，预算修正案表决前人大代表商谈和辩论等制度也颇具特色。

　　此后，温岭的参与式预算改革不断向纵深推进：一方面，实施参与式预算的乡镇逐渐增多，除早期试点的新河、泽国两镇外，到 2010 年，该市已经有 11 个镇和 5 个街道全部推行参与式预算；另一方面，参与式预算实施的层级也延伸到了市级政府部门，自率先在市交通局探索实施 2008 年部门预算民主恳谈以来，在 2010 年，温岭人大对建设规划、水利、交通三部门开展了参与式预算（郑赫南等，2010）[②]。2010 年 9 月，浙江台州市（温岭市的上级市）人大常委会决定向全市推行参与式预算。

3.1.4.2　其他地区的参与式预算

1. 江苏无锡市的参与式预算

　　2006 年，江苏无锡市在北塘和滨湖两个区正式实施参与式预算，推行了 3 个项目。2007 年，该市的参与式预算工作在 5 个区的 16 个街道展开，一共推行了 32 个项目。2008 年，除原乡镇建制的街道以外，参与式预算在所有街道全面推行。2010 年，无锡市的参与式预算实现了项目类型和确定方式的双转型，该市规定：凡中央、省、市涉及民生领域的专项转移支付项目，县区、乡镇（街道）当年预算中安排的涉及民生领域的"为民办实事"和"为农办实事"项目，符合条件的都可以纳入参与式预算项目范围；项目选择模式除采用群众代表大会以外，还可采用专家论证会、群众代表协商会、民主恳谈会等多种模式丰富群众参与方式[③]。2011 年，无锡市所有乡镇街道全部推行了参与式预算改革。截至 2012 年 4 月，在无锡市参与式预算改革中，由群众参与决策、监督实施的项目已达

---

①　张学明. 参与式预算的温岭"试水". 中国人大，2009，(23)：43.
②　郑赫南，蔡瑛，林应荣. 浙江温岭：人大"参与式预算"监督 2 亿预算及时调整. http：//news. xinhuanet. com/legal/2010-05/24/c＿12132979. htm［2010-08-12］.
③　无锡市财政局网站：http：//cz. chinawuxi. gov. cn/web101/ggfw/tslm/cysys/845431. shtml［2014-07-06］.

172 个，涉及资金 2.8 亿元，直接受益群众达 125 万人（孙彬，2012）①。

该市参与式预算的特点是：居民全程参与项目选择和项目管理，这表现为各个街道均采用了多种形式收集居民意见，各街道均采用召开居民代表大会、统一投票确定项目的方式进行项目选择，该市未来工作的指导思想是，居民重点参与项目选择阶段，适当弱化后期的项目实施和项目评估②。

2. 黑龙江哈尔滨的参与式预算

2006 年，黑龙江哈尔滨市的阿城区和道里区开始试点参与式预算，推行了 3 个项目。2007 年开始在 3 区 1 县展开，22 个街道和 5 个乡镇一共推行了 31 个项目，涉及庭院改造、巷路改造、文化广场、农村敬老院等多个项目（但以环境整治类项目为主）。到 2008 年，参与式预算在市本级和 18 个区县全面推行③。该市参与式预算实施的特点是：政府在项目选择上占据主导地位，大多数情况是由政府选定项目类型，由居民代表选择项目实施区域的优先顺序，居民更多参与项目的后期管理，但各街道在项目选择问题上的做法不尽一致④。

3. 上海南汇区的参与式预算

在上海南汇区惠南镇，从 2003 年 10 月起，该镇每年的实事工程项目不再由镇政府拍板决定，而是在广泛征求群众意见的基础上，采取工程立项由代表"点菜"、实施过程由代表监督、建设结果由代表评估的做法（周梅燕等，2008）⑤。该市闵行区从 2008 年年底开始，将部分财政预算项目进行公开听证，邀请社会公众代表参与讨论，以此作为制定财政预算的重要依据。例如，在该区 2010 年部分财政预算的初审听证会上，一共对劳动关系和谐企业、农业规模经营补贴、公交补贴、社保补贴券发放、教学设备添置更新 5 个事项（总额约 7 亿元）进行了为期两天半的公开听证（龚瑜，2009）⑥。

4. 广东顺德的参与式预算

广东顺德从 2012 年下半年开始启动参与式预算。该市选择"孕前优生健康

---

① 孙彬.无锡：参与式预算改革激活基层民主意识. http：//www. js. xinhuanet. com/xin ＿ wen ＿ zhong ＿ xin/2012－04/02/content ＿ 25003937. htm [2014-07-06].
② 中国发展研究基金会.无锡、哈尔滨"参与式预算"试验成效评估.中国发展研究基金会项目，2009，（54）：13.
③ 中国人大网：http：//www. npc. gov. cn/npc/xinwen/dfrd/hlj/2009-06/19/content ＿ 1506359. htm [2012-8-06].
④ 中国发展研究基金会.无锡、哈尔滨"参与式预算"试验成效评估.中国发展研究基金会项目，2009，（54）：14.
⑤ 周梅燕，何俊志.乡镇公共预算改革的起步与思考——上海市南汇区惠南镇"公共预算制度改革"案例研究.人大研究，2008，（11）：23.
⑥ 龚瑜.政府怎么花钱 百姓参与决策. http：//zqb. cyol. com/content/2009-12/11/content ＿ 2977991. htm [2012-8-06].

检查项目"和"残疾人辅助器具适配、居家无障碍改造项目"这两个项目作为改革试点。2013 年 9 月,该市从区属预算单位申报的 2014 年初预算项目中选取了 9 个符合参与式预算试点条件的项目,经过 2.8 万名市民的投票,最终挑选出食品安全监测等 4 个得票最多的项目作为 2014 年参与式预算试点项目(唐柳雯等,2013)①。

5. 安徽淮南市的参与式预算

2011 年,淮南市开始在 2012 年市本级部门预算中进行参与式预算试点。该市一共拿出了 1000 万元作为试点项目总预算,试点的项目先由市直预算部门在部门遴选基础上提出申请,市财政局在所有申请项目中确定 12 个候选项目,然后将候选项目交由社会评审。社会评审分为两个阶段:

(1)网络评审阶段(20 分)。将候选项目在淮南市政府网和市财政网公示,由网民进行评分,该阶段将淘汰评分靠后的两个项目。

(2)会议评审阶段(80 分)。由人大代表、政协委员、市民代表和业内专家共 15 人组成评审小组,评审小组会议要经过项目部门陈述申请预算理由、专家现场提问、财政部门情况说明、评审小组闭门合议评分等环节,最终确定 8 个项目入选,然后由市财政局根据当年市本级项目财力情况和评审委员会意见对这些项目的资金需求进行调整,最终确定入选项目资金预算。

在该市 2012 年的参与式预算过程中,有近 50 万人直接或间接参与评审和讨论,占全市总人口的五分之一(孙玉宝等,2012)②。

淮南 2013 年市本级部门预算中参与式预算候选项目一共有 25 个,经过网络评审和会议评审,最终确定 21 个项目,共安排预算资金 5000 万元。淮南 2014 年市本级部门预算中参与式预算候选项目共有 20 个,其中 A 类项目(公益类、民生类一般项目)10 个,单个项目财政拨款资金 50~100 万元(含 100 万元),B 类项目(公益类、民生类较大项目)10 个,单个项目财政拨款资金 100~150 万元(含 150 万元)。通过网络评审,分别有 8 个 A 类项目和 8 个 B 类项目获得参加会议评审的资格,通过会议评审,分别有 6 个 A 类项目和 4 个 B 类项目最终入围 2014 年度财政预算③。

---

① 唐柳雯,卢轶,刘合潇. 顺德试水"参与式预算". http://www.nfdaily.cn/pic2/content/2013-06/21/content_71420659.htm[2013-10-31].
② 孙玉宝,洪浩. 参与式预算 民主理财的有益尝试. 安徽日报,2012.7.12,B1 版.
③ 这 6 个 A 类项目是:人口信息管理系统升级改造,淮南市睡眠医学中心,市科技创新公共信息服务平台,大通万人坑教育馆的修复与保护,中山杉良种繁育基地建设,塌陷区水生蔬菜引种、试验、推广。4 个 B 类项目是:淮南市法院数字法庭,"大地欢歌"2014 年淮南市社会文化展示活动,急救物资设备及急救物资保障车采购项目,淮南地方名特优瓜菜品种选育及标准化示范基地建设。

3.2　发达国家的参与式预算

20 世纪 90 年代后期，参与式预算开始受到许多发达国家的关注，包括法国、英国、意大利、西班牙、加拿大、美国、日本、韩国等多国在内均有地区开始推行参与式预算。2008 年，总共有超过 100 个欧洲的城市在实施参与式预算，这其中既有大城市，例如西班牙的塞维利亚(Seville，有超过 70 万居民)；也有首都城市，如巴黎、罗马、里斯本和柏林；还有中等规模的城市和小公社，前者如德国的希尔登(Hilden)和埃姆斯代滕(Emsdetten)，后者如意大利的格罗塔马雷(Grottamare)或阿尔蒂多纳(Altidona)(Sintomer，et al.，2008)[①]。

3.2.1　法国的参与式预算

在法国，参与式预算改革起步于巴黎六区 1998 年的"地区投资组合"，此后其他地区也开始推行参与式预算，例如圣丹尼(Saint Denis)市政府从 2001 年起，就一些主要政策和财政预算问题举行主题会议，公民代表就此可以发表意见并对预算进行审查，并且，当市议会就财政进行投票时，参与预算的结果也必须呈交上去(赵丽江等，2008)[②]。

2004 年，在法国的普瓦图-夏朗德区，新当选的区主席塞格林·罗雅尔创新性地引入了"中学参与式预算"。其基本内容包括：中学参与式预算所分配的资金总额为地区层面中学 1.1 亿欧元总预算中的 1000 万欧元，参与式预算资金仅限用于数额在 15 万欧元以下的投资行动和项目(不包括学校建造、彻底翻新等重大投资活动)。在 93 所中学中每一所都举行两次会议，会议对所有学生、教师、行政人员、技术人员和家长开放，首次会议是为了提出参与式预算，各工作小组讨论项目并向一个全体大会提交意见汇总，由技术服务部门对这些建议进行检查；第二次会议则提交一份汇总各项目的文件，经讨论后由参与者对项目进行投票并根据得票数予以排序。该地区当局承诺，只要项目属于其立法权限，则尊重

---

① Sintomer Y，Herzberg C，RÖcke A. Participatory Budgeting in Europe：Potentials and Challenges，International Journal of Urban and Regional Research，2008，32(1)：164.

② 赵丽江，陆海燕. 参与式预算：当今实现善治的有效工具——欧洲国家参与式预算的经验与启示. 中国行政管理，2008，(10)：107.

参与者作出的选择(伊夫·辛多默等，2012)①。

3.2.2　英国的参与式预算

在英国，索尔福德(Salford)市议会是英国最早对参与式预算表现出兴趣的地方当局(Maer et al.，2008)②。2000 年，来自巴西阿雷格里港的代表同该市议员和社区及支援机构的代表进行会面，此后开始进行可行性研究。2003 年 7 月，市议会成立了一个小组将建议付诸实施。此时，其他地区当局也开始对参与式预算表示了兴趣，因为它符合去中心化的新政策主张并且改进了民主进程。2005 年，当时的副首相办公室(现在为社区与地方政府部)在全英格兰资助了 5 个参与式预算试点项目，同时创建了"参与式预算单元"(participatory budgeting u-nit)，将其设立在教会扶贫行动项目之下。

2012 年，英国政府将参与式预算扩展到所有地方当局。英国推行参与式预算至今已超过十年，扩张得非常快。推行参与式预算的地区目前在英格兰超过 120 个，在威尔士超过 20 个，在苏格兰地区超过 7 个。参与式预算在范围广泛的地方公共部门推行，包括地方议会、警察机关和部队、住房协会、消费与救援服务、儿童和年轻人服务及社区管理组织③。

英国政府概括了英格兰推行参与式预算的三种类型(Maer et al.，2008)④：

(1)特别许可资金的支出部分。这是政府特许分配用以参与式预算部分的资金，例如在布拉德福德(Bradford)和纽卡斯尔(Newcastle)实施的"社区新政"计划，或者在曼顿(Manton)和兰卡斯特(Lancaster)实施的"邻里管理探路者"计划。这种类型的优势在于社区已经参与成为邻里管理过程中的组成部分。资金是特地用来改善一个地区的社会和环境，从而提升该地区的凝聚力和宜居性。

(2)市议会预算下放给本地区委员会以提供服务。例如索尔福德的高速公路改善计划。民选的市议会成员可以统一将预算下放至地区(ward area)委员会，后者可以决定如何以其认为适当的方式进行开支。地区委员会也可以通过参与式来选择分配资金。这在核心地方当局推行参与式预算试点中是一个好办法，不过依然处于当地层次。议员们也有很好的机会。

---

　　① 伊夫·辛多默，安雅·若克，朱利安·塔尔平.参与式民主或"相近民主"?——法国普瓦图-夏朗德的"中学参与式预算"//伊夫·辛多默.鲁道夫·特劳普-梅茨，张俊华.亚欧参与式预算：民主参与的核心挑战.上海：上海人民出版社，2012：207.

　　② Maer L，et al.，Participatory Budgeting. http：//www. parliament. uk/briefingpapers/commons/lib/research/snpc-04790. pdf [2010-11-04].

　　③ 资料来源：http：//www. participatorybudgeting. org. uk/about/history-of-participatory-budgeting [2014-7-16].

　　④ Maer L，et al.，Participatory Budgeting. http：//www. parliament. uk/briefingpapers/commons/lib/research/briefings/snpc-04790. pdf [2012-07-16].

（3）地方拥有更加广泛的权力并且就支出优先秩序达成地方协议。许多地方议会通过各种方式就其提出的年度预算向舌民咨询。市议会刚开始探索利用参与式预算来发动居民参与年度预算过程。

3.2.3　德国的参与式预算

在德国，由于地方预算一直饱受大量的外部结构性赤字之苦，这些外部结构性赤字包括财政收入不足、市政当局公共任务增加、地方任务系统与有限市政财政自主权并存。许多德国市政当局自 20 世纪 90 年代之后就陷入了沉重的财政危机（仅有短暂的中断）。由于地方财政问题主要是基于外生性原因造成的，德国市政当局已经无法通过其自身力量解决财政问题的恶性循环，城市严重负债（Franzke，2010）①。这是德国引入参与式预算的主要原因。另一方面，20 世纪 90 年代以来，德国地方政治制度的总体发展呈现出一种有利于鼓励公民参与地方事务协商的态势。公民不只是受益者，而应在自愿基础上为公共服务的生产作出贡献。作为交换，公民将获得参与协商的机会（卡斯滕·赫茨贝格，2012）②。

从时间上看，德国的门希亏乐早在 1998 年就首先推行了参与式预算③。在科隆，参与式预算在全市范围内得到广泛讨论，在该市每年大约 30 亿欧元的预算中，参与式预算的各类项目可以得到总价值达 800 万元的支持；柏林的利希腾贝格区则于 2005 年 9 月正式启动参与式预算，同德国其他城市相比，该区在参与式预算中投入的资金相当之大，该区的区长 2010 年宣布，在 5 亿欧元的总预算中有 3100 万欧元将用于参与式预算。需要指出的是，德国的参与式预算有其自身的特点：由于德国城市中公众参与的出发点是对公共服务实施一种参与式评估而非讨论优先项目的投资，因此，其参照对象并非巴西或其他拉美国家，而是新西兰的克赖斯特彻奇；并且，德国参与式预算讨论集中在行政机构的服务质量上，而非专注于投资及居住区之间的公共资源再分配的社会公正问题（卡斯滕·

---

① Franzke J. Best Practice of Participatory Budgeting in Germany-Chances and Limits，Paper prepared for the EGPA Annual Conference，Study Group IV：Local Governance and Democracy，Toulouse（France），2010：6，7.

② 卡斯滕·赫茨贝格.参与与现代化：参与式预算在德国——以柏林利希腾贝格区为例//伊夫·辛多默，鲁道夫·特劳普-梅茨，张俊华.亚欧参与式预算：民主参与的核心挑战，上海：上海人民出版社，2012：142.

③ 尽管德国的参与式预算直接受到巴西的影响，但是也有其自身的特点：地方政府认为公开资源和公共支出的信息是首要的，对于资金使用计划的讨论是其次，地方议会和委员会充分考虑公民的建议，但是公民的建议不具优先性。（详见袁万成，丁传示.地方治理的域外经验：德国 Berlin-Lichtenberg 区的参鉴.社会主义研究，2009，（4）：49.）

赫茨贝格，2012)①。

3.2.4　美国的参与式预算

和巴西阿雷格里港不同，美国的参与式预算同时存在着"改善服务供给"和"深化民主参与"双重目标，这导致审议模型之间的一种紧张关系：一个关注过程，另一个则关注结果。结果导向的参与式预算旨在改善短期政府服务供给，然而过程导向的参与式预算旨在改善更为长期的公民参与和强化民主标准。改善服务供给要求具体的可行性建议，而强化民主标准则要求普通公民广泛而真实的参与(Gilman，2012)②。到目前为止，美国推行参与式预算的城市主要有以下一些③：

纽约市。从参与者和预算额来看，纽约市是美国参与式预算规模最大的城市。参与式预算最初于2011年在4个议会区(council districts)引入，目前纽约每年的参与式预算已经扩展到10个议会区(该市共有51个议会区)。居民可以直接决定如何开支1400万美元的资本性自由裁量资金(每个区100～200万元)。居民们可以就当地的基础设施项目(如学校、公园、图书馆、公共住房)发表意见、提出方案并投票。市议员则将获得最多投票的项目提交市议会，并将其纳入最终的市预算之中。2011年参与的人数约17000人。此外，2012年，布鲁克林学生自治组织也发起了一个参与式预算过程，旨在更好地传达学生需求，在校园中打造一个由下至上的更具包容性的预算分配过程。

芝加哥。2009年，参与式预算计划(participatory budget project，PBP)组织和芝加哥市议员约翰·摩尔在芝加哥第49区发起了美国的第一个参与式预算。目前，在50个区中有3个区在推行参与式预算。这3个区的居民每年都就如何开支300万美元的税款作出决定(每一个区100万元)。2009年参与的人数为2956人。

瓦列霍市。2012年，瓦列霍通过市议会决议创立了美国第一个城市范围(citywide)的参与式预算。通过参与式预算，由社区来决定如何开支240万美元

---

①　卡斯滕·赫茨贝格.参与与现代化：参与式预算在德国——以柏林利希腾贝格区为例//伊夫·辛多默，鲁道夫·特劳普-梅茨，张俊华.亚欧参与式预算：民主参与的核心挑战，上海：上海人民出版社，2012：142.
②　Gilman H R. Transformative Deliberations：Participatory Budgeting in the United States. Journal of Public Deliberation，2012，8(2).
③　应当指出，在美国许多城市推行参与式预算的过程中，一个名为"参与式预算计划"(participatory budget project，PBP)的非政府组织起到了非常重要的作用。该组织不仅积极推动进行参与式预算试点，而且为参与式预算的实施提供了技术指导。本部分关于美国参与式预算实践的资料即来源于该组织的网站。(详见 http：//www. participatorybudgeting. org/about-participatory-budgeting/examples-of-participatory-budgeting/ [2014-07-16].)

的资金。瓦列霍的居民提出开支意见，提交项目建议，并就支持哪些项目进行投票，在投票中胜出的项目清单被呈交至市议会批准。该市 2012 年参与的人数为5015 人。

旧金山市。旧金山第三区于 2013 年开始进行参与式预算试点，目前该市总共 11 个区中有 3 个区在试点参与式预算。每个区的居民有权针对用以资本项目、计划和活动的 10 万美元自由裁量支出作出决定。2013 年该市预计有 1500 人参与。

波士顿市。2014 年 1 月，波士顿市长办公室倡议发起了美国第一个青年参与式预算过程。在预算过程中，该市年纪在 12~25 岁的年轻人就如何开支 100万美元的资本预算作出决定。该市 2014 年参与的人数为 2000 人。

圣路易斯市。2013 年，圣路易斯市第六区开始推行参与式预算，最初是作为该区的市议员克瑞斯丁·因格拉西亚（Christine Ingrassia）提出的社区改善预算试点方案的一部分。居民就开支意见集思广益，提出具体建议，并就资助哪些项目进行投票。参与式预算分配的资金为 10 万美元，参与投票的人数为 436 人。

3.2.5　加拿大的参与式预算

在加拿大，圭尔夫市是最早开始推行参与式预算的地区。从 1999 年起，圭尔夫市的居民一直采用参与式预算来分配该市的部分预算和其他资金。参与式预算由一个名为"邻里支援联盟"（neighborhood support coalition，NSC）的组织负责协调，该组织由基层社区小组和来自公共机构、基金会及市政当局的代表组成。通过这种协调，社区小组对当地项目资源进行再分配，如娱乐项目、青少年服务和改善社会中心。

参与式预算决策最终由 NSC 财经委员会定稿，该委员会由各社区小组选举的代表组成，共 12 名成员。机构成员参加会议（该会议由市政府工作人员发起），但是机构代表和公务员在委员会中均没有投票权。委员会的目的是制定财务计划，分配资金，以及就维持和扩展社区项目所需财政资源发出倡议。委员会每个月开一次会，以分享信息，同时就预算提出建议和作出决定。NSC 最初启动参与式预算是靠吉尔邦社区自助项目赞助的 2.5 万加元的资金。1999 年，社区小组说服市议会将社区自助资金纳入市社区服务预算项目。该市对 NSC 的资助从2000 年的 6.5 万加元上涨到了 2007 年的 12.5 万加元。为了满足额外的项目需求，还有其他组织、机构和地区政府团体的资金资助。2007 年，NSC 拥有 32 万加元的总现金预算，另外有 65 万加元的实物资助（如办公场所和工作人员）。2007 年，该市用于 NSC 预算的资金大约占该市市政 1.37 亿加元总预算的0.1%。尽管资金投入很少，但是回报却很大。每一年参与式预算过程的影响已经大大超越了数百个社区项目。

　　NSC 要用大约 4 个月的时间来集体决定预算资金的分配，项目执行则另外需要一年。预算商议过程在 12 月开始，资金分配在 4 月之前决定。整个预算过程包括 5 个主要阶段(Pinnington et al.，2009)[①]：

　　(1)NSC 召开会议讨论来年全市的支出优先事项，并对预算过程进行评估。同时，NSC 成员从成员组织和赞助者处筹集资金以建立来年预算的资金池。

　　(2)居民在各自的社区小组召开会议讨论全市和本地支出优先事项。根据讨论结果，每个小组提交项目建议，同时还要提交一份"需求"(needs)预算和一份"期待"(wants)预算。居民要选举两名成员，代表其小组参加 NSC 财务委员会。

　　(3)召开财务委员会会议，社区代表们相互提交其预算的需求与期待。NSC 的成员和市政府工作人员概划出可用的预算资金。会议结束后，社区代表们回到其小组，根据从其他小组和资助者那里获得的信息，重新评估其预算需求与期待。

　　(4)财务委员会再次开会，讨论预算分配。代表们针对所建议的活动进行商议并作出妥协，直到他们就预算达成共识。

　　(5)社区小组执行并监督这些项目(在一年的资金周期内)。他们还可以从合作组织和资助者那里筹集资金，以便为下一年构建资金池。

　　吉尔邦同阿雷格里港的参与式预算存在三点关键的区别：①吉尔邦市商议资金分配需要达成共识而非多数人投票赞成；②公民小组自己直接分配预算，而不是由公共官员来监督分配过程；③NSC 小组将大多数资金花在社区服务方面，而不是投资于基础设施建设。每一年，该预算过程要为大约 500 个社区建设事项和计划提供资金，例如同辈支持小组、社区嘉年华、税收诊所、语言课程等。在预算商议过程中，市政工作人员起着指导和告知的作用，但是他们尽量不影响小组成员的决定。2007 年，NSC 报告说大概 10000 人参与了社区小组的活动。

　　除吉尔邦市外，还有一些地区也在推行参与式预算。从 2001 年起，多伦多社区住房公司(Toronto Community Housing Corporation，TCHC，多伦多市的公共住房机构)就已经开始实行参与式预算，允许租客们决定每年 900 万元的支出。2005 年，西温哥华小学的一名教师发起了一次针对学生的参与式预算，使学生能够直接决定学校将如何使用一大笔资金。2006 年，在蒙特利尔的皇家山高地自治区，当地的活动家和一位受到支持的市长推行了一次参与式预算，涉及部分该自治区预算。

---

　　①　Pinnington E，Lerner J，Schugurensky D. Participatory Budgeting in North America：the Case of Guelph，Canada，Public Budgeting，Accounting & Finacial Managent，2009，21(3)：467，468.

3.2.6　日本的参与式预算①

在 2000 年以前，日本地方政府预算长期受中央政府规制，公众参与地方政府预算的渠道非常有限。主要原因在于：①中央政府直接规制地方政府预算并分配资金，地方政府预算决策权不大；②人们认为直接参与预算和间接参与预算本身是相互排斥的，并且认为参与式民主会干扰代议制民主；③由于预算制定过程对公众不透明，因此公众将预算看成复杂的事情，缺乏关注的兴趣。2000 年之后，很多城市开始引入参与式预算。主要原因在于：①2000 年日本《地方分权推进法》实施，改变了原中央政府与地方政府之间的上下关系和主从关系，赋予了地方政府更多的自主权，从而为公民参与提供了法律的空间；②地方政府所面临的金融危机使得政府在预算分配时更重视获得公民的支持；③出现了允许公民参与政治事务的普遍趋势。

日本各地实施的参与式预算包括 5 种类型：

(1)预算制定过程的信息公开披露。鸟取县于 2003 年通过因特网启动了一个信息披露倡议行动。披露的信息范围包括单个部门的预算、单个计划的财政资金、项目(再次)评估后的预算资金的变更、各单项预算的原因、背景信息、目标、时间表、项目计划、需求、影响、总预算、分类细账、不资助特殊事务的原因、削减支出的原因等。

(2)由市民委员会提出预算制定意见书。2004 年，志木市的市长倡议引入了参与式预算过程，使政府和市民委员会在起草预算建议过程中互相合作；建议转交给市长，市长在向地方议会建议最终草案之前，要对每一个建议进行思考。市民参与到社区需求信息的收集过程。市民委员会中的参与对每个提出申请的市民开放。该市的市民委员会在 2004 年和 2005 年都参与了预算起草过程，但是在 2005 年新市长上台后，这种参与模式被取消了。

(3)将预算资金提供给社会和公民，让它们执行自己的项目。从 2003 年开始，名张市开始推行参与式预算。该市拿出年度预算中的一小部分，分给全市 14 个社区(每个社区 5 万日元)；每个社区成立一个委员会，负责倾听公民需求并决定如何使用这笔资金。社区可以基于其需求并根据自己的优先选项支出资金。另外，地方志愿团体也参与这个过程，并且当社区委员会作出决定后，它们还要负责项目的执行。

(4)将百分之一预算提供给非营利组织，用于执行基于市民表决的项目。

---

① 本部分关于日本参与式预算的介绍，来源于松尾村晶.日本市川市参与式预算//伊夫·辛多默，鲁道夫·特劳普-梅茨，张俊华.亚欧参与式预算：民主参与的核心挑战.上海：上海人民出版社，2012：27-34.

2005 年，市川市通过的"百分之一法令"正式生效，基本内容是从年度预算中的住宅税中留出 1%，用于非营利组织实施的项目。其参与式预算过程分为 4 个阶段：①非营利组织准备年度行动计划(包括支出表)；②该市组织一个开放式会议，由感兴趣的非营利组织在会上展示其行动计划并作出解释，该市通过多种途径进行宣传以确保更多的人出席表决会；③由地方纳税人通过投票表决作出决定实施的行动计划；④根据投票结果，将 1% 的住宅税分配给非营利组织。

(5)行政部门与非营利组织之间联合进行项目规划。千叶县于 2004 年启动了被称为"伙伴关系市场"的参与式预算，包括在预算过程的早期规划阶段地方行政机构与非营利组织之间的合作。这个体系容纳了行政机构的所有部门，它们解释千叶县处理的议题，然后邀请非营利组织申请伙伴关系计划。千叶县还设立了一个审查体系，官员、非营利组织的代表及所谓的"预算的解释者"一起修改和调整建议。

总体而言，上述第三种和第四种类型的参与式预算相对来说具有进一步发展的趋势。

3.2.7 韩国的参与式预算

韩国的参与式预算自 2003 年由光州北区首先引入，此后不少城市也开始效仿。总的说来，246 个地方政府中有 90 个(占 36.6%)自 2009 年 7 月起颁布了参与式预算法令。在这 90 座城市中，有 33 个地方政府选择设立针对参与式预算的公民委员会，而另外 4 座城市设立了全体的财政委员会，来担当公民委员会的职能。剩下的 53 个地方政府至今未超出制定一部参与式预算法令，尤其是至今未设立公民委员会。在设立了委员会的 37 个地方政府中，只有 11 个设立了一个参与式预算理事会(宋安敏，2012)[①]。韩国参与式预算总体情如表 3-1 所示。

表 3-1 韩国参与式预算总体情况

已经颁布参与式预算法令	90 个城市	53 个城市：仅颁布了参与式预算法令		
		37 个城市设立了针对参与式预算的机构	33 个城市：公民委员会	其中 11 个城市设立了参与式预算理事会
			4 个城市：财政委员会	
未颁布参与式预算法令	156 个城市			

---

① 宋安敏. 蔚山东区的参与式预算：一个韩国案例//伊夫·辛多默，鲁道夫·特劳普-梅茨，张俊华. 亚欧参与式预算：民主参与的核心挑战. 上海：上海人民出版社，2012：35-46.

不难看出，韩国不少城市对于参与式预算的态度并不积极，不仅多数城市尚未推行参与式预算，同时在推行参与式预算的城市中，有很多也并没有实质性的举措。不过，韩国蔚山市东区的参与式预算属于比较有特色的一个。

蔚山市东区于 2004 年 6 月 10 日通过参与式预算法令。公民不仅被授权建议新的项目，而且也能参加提交给区议会供通过的预算建议的最终批准过程。公民建议的预算通常被区议会采纳后，至多有微小修改。韩国蔚山东区的参与式预算过程如表 3-2(宋安敏，2012)[①]所示。

表 3-2　韩国蔚山东区的参与式预算过程

第一阶段	会议	参与者	行动
第一轮次	地区会议	地方上的居民	由行政机构提交账目，建议预算项目
	第一轮主题会议	各主题委员会成员	
东区的政府部门		检查项目建议，并准备一份预算建议草案，包括所建议的项目	
第二轮次	第二轮主题会议	各主题委员会成员	讨论预算草案，并排列预算项目的优先顺序
	参与式预算理事会	议会成员	对所建议的预算进行汇总
规划与预算办公室		为全体大会准备一份预算建议	
预算决策轮次	第三轮主题会议	各主题委员会成员	解释参与式预算理事会作出的决定，并就最终预算建议进行讨论
	全体大会	公民委员会成员	就最终预算建议作出决定

此外，在意大利，格罗达马莱市早在 1994 年就开始推动参与式预算，2005 年已经推进到第二代参与式预算，此外意大利全国还有约 150 个市镇和城区在推行第一代参与式预算。在西班牙，推行的参与式预算数量从 2001 年的 3 个激增到 2010 年的 50 个，其中，阿尔瓦塞特市的参与式预算方案偏爱的是在一种有着高度独立性和活力的社区参与，科多巴市则受到阿雷格里港的影响，其参与基于个人的意愿(乔瓦尼·阿莱格雷，2012)[①]。

3.3　小　　结

通过前述对当今世界发展中国家和发达多家所推行的参与式预算进行考察可

---

① 乔瓦尼·阿莱格雷. 参与式预算与社会公正——西班牙与意大利若干案例的影响//伊夫·辛多默，鲁道夫·特劳普-梅茨，张俊华. 亚欧参与式预算：民主参与的核心挑战. 上海：上海人民出版社，2012：168，169，172.

以发现，尽管不同国家的参与式预算实践形式差别很大①，但参与式预算发展的总体态势却非常良好。这表现在，参与式预算推行的地区梳理在逐渐增多，参与式预算实施的政府层级在逐渐提升，用于参与式预算资金分配的资金数额在不断增加。无论是在亚非拉国家还是在欧美国家，参与式预算都受到了广泛的关注，甚至在有些倡导参与式预算改革的地方领导去职之后，参与式预算也同样因为民众的支持而被保留下来，这充分说明参与式预算确实有效回应了普通民众参与地方公众事务的诉求，也证明了参与式预算所具有的强大生命力。

　　与此同时也应当看到，参与式预算在不同的国家具有不同的意义。对广大发展中国家而言，由于自身民主政治发展尚未成熟，因此参与式预算在提升财政透明度和促进公众参与方面所具有的独特价值往往被看成是这些国家民主政治建设的重要内容，参与式预算改革因而也多少带有政治改革的意蕴。对西方发达国家而言，由于民主政治制度发展相对成熟，同时这些国家也一直保持着良好的公民参与预算传统，因此西方发达国家推行参与式预算的主要原因并非着力于通过参与式预算来实现政治民主，而在于通过公民参与预算过程来实现民主政治制度的完善，因此对于发达国家而言，参与式预算的意义实际上主要在于对其公民参与预算决策传统的丰富和深化，它没有也不可能发挥出发展中国家参与式预算那样的作用。

---

　　① 有学者从预算周期的各个阶段出发，概括出不同国家和地区的4种参与式预算模式：①巴西阿雷格里港的参与式互动模式（预算编制阶段）；②印度古吉拉特邦的参与式分析模式（预算审议阶段）；③乌干达的参与式跟踪模式（预算执行阶段）；④印度班加罗尔的"公民报告卡"模式（预算评估阶段）。（详见王逸帅，苟燕楠.国外参与式预算改革的优化模式与制度逻辑.人文杂志，2009，（3）：84-87.）

第 4 章　参与式预算改革的
困境与法治化变革

Wildavsky(1961)在论述预算改革时曾经指出，如果在预算方面作出很大改变，却没有同时改变影响力的分配，那是毫无意义的[①]。然而，相较于传统的公民参与预算决策的实践，参与式预算确实使普通民众可以更为直接地参与预算决策，进而对预算决策产生更为实质性的影响，因此，参与式预算直接回应了公民在预算决策过程中的参与权诉求，对于促进财政民主、保障财政公平和提升财政效率具有重要的意义，从而有助于实现财政的公共性。它从巴西起步发展至今不过 20 年的历史，然而其影响力却日益扩大，它不仅被许多发展中国家看成是促进政治民主、改善政府治理、提升财政公共性的重要路径，而且被不少发达国家所借鉴，并作为这些国家深化民主、丰富公民参与预算决策的有效方式。可以说，参与式预算代表了公民参与预算决策未来发展的一个基本方向，从这个意义上讲，参与式预算改革无疑是成功的。

4.1　参与式预算的成功经验

参与式预算之所以能够得以推行下去，主要有赖于以下几个方面的因素，即政府支持、公民社会、政治环境、财政资源，这些条件是参与式预算得以有效实施的关键性支撑条件。实践证明，具备了这些因素，参与式预算的推进往往比较顺利。

先看政府支持因素。参与式预算不仅要求政府有推动公民参与预算决策的意愿，更为关键的是，它要求政府向普通民众交出一定的预算决策权，这正是预算权力的拥有者最为忌惮的。传统的公民参与预算决策实践之所以存在参与性不足的缺陷，恰恰是因为在这个问题上没有取得实质性的突破。无论是在巴西抑或是在中国，参与式预算的实施都离不开政府强有力的支持。诚如外国学者所指出的，政府一直是参与式预算过程的主要参与者，它组织会议，提供信息，安排官

---

　　① 　Willdavvsky A. Political Implications of Budgetary Reform. Public Administration Review，1961，21(4)：185.

员与市民会面,并且确保选定的政策得到执行(Wampler,2007)①。例如,在巴西的阿雷格里港,该市为实施参与式预算,政府派员出席参与式预算中的部分重要会议,并设立专门负责参与式预算指导和协调的机构,即计划办公室(GAPLAN)和社区关系办公室(GRC),前者负责协调整个参与式预算过程及保持参与式预算代表与市议会部门的联系,后者负责协调参与式预算过程中的大众参与,安排并协调各种会议,对参与者进行培训(Wood,2004)②。在中国,参与式预算的推进离不开政府的大力支持。例如,在浙江温岭,参与式预算改革一直得到市委的高度重视和全力支持(张学明,2008)③,就具体实施的乡镇来看,当地人大、党委和政府的主要领导不仅相当开明,而且发挥了非常重要的作用。以新河镇为例,镇党委书记不仅拍板确定了预算民主恳谈方案设计中的诸多细节,而且在人大会议期间的联席会议和审查修正议案中扮演着非常重要的角色(牛美丽等,2007)④。

再看公民社会(civil society)因素⑤。财政预算事务本身具有高度复杂性和专业性,普通民众在参与式预算中经常处于心有余而力不足的状态,很难保证预算决策的质量;同时鉴于参与代表与政府官员在参与式预算过程中存在的分歧和争论,完全由政府出面强行拍板决定又背离了参与式预算改革的初衷。实际上,在参与式预算过程中,诸如 NGOs、CBOs 等公民社会组织完全可以在倡议、建议、培训、研究、推动等方面发挥重要的作用。这一点,从印度古吉拉特的参与式预算改革中可以看得很清楚。此外,俄罗斯的 Tsentr Strategiya、乌克兰的 The People's Voice Project 等非政府组织均在参与式预算中扮演了非常积极的角色(Fölscher,2007)⑥。反观中国的参与式预算实践,尽管在部分地区(如温岭泽国镇)的参与式预算中,政府已经开始引入专家理性⑦,但是由于缺乏一个成熟的、组织化的公民社会,因此很难看到公民社会组织在参与式预算过程中的身影。

---

① Wampler B. A Guide to Participatory Budgeting//Shah A. Participatory Budgeting. Washington DC: The World Bank,2007:46.

② Wood T. Participatory Democracy in Porto Alegre and Belo Horizonte. http://www. democraciaparticipativa. org/files/bibl _ Terence _ Wood. pdf[2010-11-04].

③ 张学明.深化公共预算改革增强预算监督效果——关于浙江省温岭市参与式预算的实践与思考.人大研究,2008,(11):22.

④ 牛美丽,马骏.预算民主:离我们有多远——温岭预算民主恳谈案例研究//马骏.国家治理与公共预算,北京:中国财政经济出版社 2007:172.

⑤ 关于 civil society,汉语中一直存在着市民社会、公民社会、民间社会等不同的翻译方式,学者们对其内涵也一直有着不同的理解。作者在这里采用的是俞可平先生对公民社会的界定,意指官方政治领域和市场经济领域之外的民间公共领域,其组成要素是各种非政府和非企业的公民组织。(详见俞可平.中国公民社会:概念、分类与制度环境.中国社会科学,2006,(1):110.)

⑥ Fölscher A. Participatory Budgeting in Asia//Shah A. Participatory Budgeting. Washington DC: The World Bank,2007:136,137.

⑦ 在泽国镇,"专家理性"的介入体现在三个方面:一是由专家对主持人、人大代表进行预算知识培训;二是专家参与预算民主恳谈集中商谈,站在中立的立场与民意代表对话;三是专家设计并分析民意代表填写的问卷,供政府预算决策调整作为参考。(详见徐珣,陈剩勇.参与式预算与地方治理:浙江温岭的经验.浙江社会科学,2009,(11):34.)

　　然后看政治环境因素。在传统的预算过程中，立法机关的预算审议一直是预算决策的核心环节，然而参与式预算的实施有可能给立法机关的预算权构成挑战，从而使参与式预算难以得到立法机关成员的支持。这种情况在实施参与式预算的不少巴西城市都反映得很明显：尽管参与式预算并不构成对传统代议制民主的替代，然而参与式预算毕竟不是在议会审议预算的传统框架下展开的，在财政资源有限的情况下，参与式预算代表和市议会关于应当投资哪些项目、投入多少资金确实存在意见不一致的可能，但是由于参与式预算确定的项目具备很强的民意基础而具有很强的合法性，从而对立法机关成员形成了极强的压力（很难想象立法机关会对参与式预算确定的项目直接说不），它实际上在一定程度上削弱了立法机关在资源分配过程中的权力。由此不难理解，为什么在巴西的阿雷格里港、累西腓等城市中，参与式预算与立法机关一直以来存在着紧张关系，而巴西的贝洛奥里藏特之所以并未被视为对市议会政治基础的挑战，和市议会的议员也参加参与式预算的讨论，并且预留一定比例的财政资金交由议员行使分配权有关（Medeiros，2007）①。和巴西主要由行政机关主导参与式预算的做法不同，中国的参与式预算比较注重发挥立法机构的作用。例如在温岭市，由于预算民主恳谈是和现行人大体制相结合并由基层人大主导，因此它并不构成对人大行使预算审议权的挑战，而是对人大预算决策的一种有力支撑，因为它直接强化了人大预算决议的民意基础。

　　最后看财政资源因素。所有的财政支出预算决策都离不开财政资源的支持，参与式预算也不例外。无论公民在参与式预算决策中最终选择哪些项目，这些项目最终都需要落实到一定数量的财政资金上。参与式预算诚然对于保障公民参与权和实现财政公共性意义重大，但如果政府只重视在口头上支持参与式预算而缺乏现实的财政资源保障，那么参与式预算必然会沦为"口惠而实不至"的境地，因此政府必须为实施参与式预算项目提供可支配的资金。从一定意义上讲，政府用以支持参与式预算的财政资金越充足，公民在项目选择上的空间就越大，从而就越能够在参与式预算决策过程中发挥作用。巴西的参与式预算实践证明了这一点：在巴西，财政状况良好的市政当局倾向于将预算中的 12%～15% 用于新建公共工程，而财政拮据的市政当局推行参与式预算，其关注的焦点会由特定的公共工程转向对债务、税收、获取有限资源等问题的广泛性讨论（Wampler，2000）②。在中国，尽管作者难以获得用于参与式预算项目的资金数额的准确资料，但是从前文的分析可以看出，一定的财政资源是顺利实施参与式预算的基础③。从理论

①　Medeiros J J. 财政分权背景下的公民参与：市政管理中的实践——公民参与政府预算：来自巴西的经验//马骏，侯一麟，林尚立. 国家治理与公共预算. 北京：中国财政经济出版社，2007：152-154.

②　Wampler B. A Guide to Participatory Budgeting. http://www.partizipation.at/fileadmin/media_data/Downloads/themen/A_guide_to_PB.pdf [2010-11-12].

③　例如，2005 年，温岭泽国镇政府要求民意代表从有关民生问题的 30 个项目中选出 4000 万元的项目，这实际上意味着政府对参与式预算的实施提供了 4000 万元的财政支持。

上讲，经济发展水平越高，地方政府的财政实力越雄厚，其可以用于推行参与式预算的财政资金就越多，这实际上也是为什么我国目前的参与式预算改革主要从江浙等经济发达地区率先启动的原因。

4.2　参与式预算存在的问题

当然，参与式预算改革存在一些现实的问题需要解决。国外已经有研究者指出了参与式预算存在的不足[①]。这些分析当然都很有道理，不过作者认为似乎更多地停留在问题的表面，而没有深入到问题的实质。事实上，从上述支持参与式预算实践取得成功的因素中，可以更为深刻地感受到参与式预算自身存在的问题。

就政府支持因素而言，能否获得政府在参与式预算过程中强有力的支持极为关键。政府既可能是参与式预算的积极推动者，也可能是参与式预算实施的最大障碍。尽管可以从多个方面对巴西等国的地方政府推行参与式预算改革的原因进行解读，例如改善不佳的市政财政状况、为市民提供更多的福利、给边缘化群体以更多的发言机会、推动财政民主等，但是必须看到，向选民兑现承诺也是一个重要的因素。如果说在巴西等实行国家，来政党竞争的压力本身就是支持其推行参与式预算的一个重要原因，那么在中国，这种压力并不明显。在预算决策还被普遍视为是一个公共权力运作过程的背景下，中国目前推行参与式预算改革的基本动因还是在于将其作为深化基层民主的一种探索，其基本动力还是源自地方领导人的政治开明，而这对于参与式预算来说并不是一种稳健的支持力量。

就公民社会因素而言，如何有效发挥公民组织在参与式预算过程中的作用也值得认真思考。不错，国外的经验确实证明了公民社会组织在参与式预算中可以发挥比较积极的作用，然而目前中国公民社会的发展尚不成熟，不少公民社会组织的建立和运作都面临着许多观念性和体制性障碍，在这种情况下，又如何指望其在参与式预算中扮演重要的角色。即便将关注预算事务的公民社会组织加入进来，如何合理地对其在参与式预算过程中的角色进行定位也是一个关键的问题。

---

①　例如，Terence Wood 认为，参与式预算存在的问题和局限包括以下一些方面：工程能否准时完成，土地所有权，市政官僚的抵制，缺乏新投资所需的资金，缺乏人手，缺乏技术投入和集中规划，精英阶层的抵制，由于只有部分社会机构参与因而参与度不高等。（详见 Wood T. Participatory Democracy in Porto Alegre and Belo Horizonte. http：//www. democraciaparticipativa. org/files/bibl _ Terence _ Wood. pdf [2010-11-04].）Brian Wampler 则认为，参与式预算存在的局限有：参与者只关注特定公共工程建设，而对权利、政府责任或更广泛的社会政策不感兴趣；参与者对市长办公室的依赖；长期计划在参与式预算中的地位十分模糊；对地方性议题和地方性公共政策过分强调；由于市长办公室的中心地位，参与式预算容易被操控。（详见 Wampler B. A Guide to Participatory Budgeting. http：//www. partizipation. at/fileadmin/media _ data/Downloads/themen/A _ guide _ to _ PB. pdf [2010-11-12].）

尽管包括温岭在内的不少地区在推行参与式预算过程中逐渐开始注重发挥专家的作用，不过这毕竟不能取代公民社会组织的作用。

就政治环境因素而言，如何妥善处理参与式预算与立法机关的关系也非常重要。和巴西不同的是，中国不少地区（如浙江温岭）的参与式预算一开始就被整合到人大制度之中，从一定意义上讲，它已经成为人大预算审议的一部分，因此并没有出现巴西参与式预算过程中普遍存在的参与式预算与立法机关的紧张关系。不过这种做法本身也意味着公民在预算过程中的决策权是比较有限的，尽管中国推行参与式预算的本意并不是想要取代人大在预算资金分配方面的决策权，但是必须承认，让普通民众和参与式预算代表切实地享有一定的（尽管不是全部的）预算决策权，这才是参与式预算真正能够吸引民众的地方。

就财政资源因素而言，重点是如何确定并保障实施参与式预算选定项目所需要的财政资源。的确，现在还无法从理论的层面阐明，参与式预算项目在整个公共预算中究竟应当占据多大比例才合适，它既取决于地方的经济发展水平和政府的财政实力，也取决于政府推动参与式预算改革的决心，同时还和当地民众在预算过程中提出的现实要求有关，在这个问题上，不同的地区有不同的实际情况，国外的经验也只能作为一个参考。从中国当前参与式预算的现实情况来看，这个问题确实还没有得以有效解决，尽管温岭等地在实践中都不同程度为民众选择的建设项目安排了财政资金，不过关于究竟应当将多少财政资金纳入参与式预算项目，始终看不到一种更具制度化的保障。然而财政资源终归是一个无法回避的问题，所以有理由认为，财政资源的缺乏或许会成为参与式预算有效推进的重要障碍。

4.3　中国参与式预算改革存在的问题

如果说西方某些国家预算决策民主化的发展表现为自然的历史进程的话，那么在非西方国家，尤其是经历了革命性制度转型的国家，与预算决策有关的民主化制度安排，则成为制度转型发起者或主导者有意识的制度选择（邢会强，2004）①。这一点在参与式预算的发展过程中体现得非常明显。

中国参与式预算改革推行至今为时并不算长，但受到的关注是空前的。研究者们大多高度评价这一改革，认为参与式预算在促进预算决策的透明化和理性化、提高公共投资效率、改善公共治理、推动基层民主等方面具有重要意义。然而，中国的参与式预算改革也面临着一系列的问题，如果这些问题解决不好，可

---

① 邢会强.程序视角下的预算法——兼论《中华人民共和国预算法》之修订.法商研究，2004，（5）：27.

能会在很大程度上妨碍参与式预算的实施效果，导致参与式预算改革出现摇摆或者难以为继①。随着参与式预算改革试点地区的日益增多，其影响力日益增大，参与式预算已经成为不少地区预算工作中的常规性工作，多年的参与式预算实践确实存在一些带有共同性的问题需要解决，同时也产生了一些带有规律性的做法需要总结。同时，参与式预算本身是由地方政府所推动的预算改革，并非基于现行预算法规定，客观上地方政府也有为其争取合法性的现实需求；参与式预算的改革吸引了来自社会各界的关注，也得到了中央财政部门和中外专家、社会团体的支持，这客观上也为参与式预算改革转向制度化和法治化提供了政治上和专业上的支持。

4.3.1　改革动力的问题

　　无论是在外国还是在中国，获得政府在参与式预算过程中强有力的支持极为关键。也正因为如此，政府既可能是参与式预算的积极推动者，也可能是参与式预算实施的最大障碍②。对于那些留出部分财政资金和项目交由参与式预算代表商议决定的方式，这意味着政府让普通公民分享了原本属于自己的预算决策权，这确实需要政府表现出很大的改革意愿和勇气。事实上，浙江温岭的参与式预算改革一直得到市委的高度重视和全力支持（张学明，2008）③，试点乡镇的人大、党委和政府主要领导不仅相当开明，并且在改革中发挥了重要作用。以新河镇为例，镇党委书记不仅拍板确定了预算民主恳谈方案设计中的诸多细节，而且在人大会议期间的联席会议和审查修正议案中扮演着非常重要的角色（牛美丽等，2007）④。

　　不过也应当看到，中国当前的参与式预算改革在动力机制方面并不完善。如前所述，在巴西的阿雷格里港，当新的市政管理者竞选上台后，来自政党竞争和

---

　　①　中国参与式预算在发展初期主要由地方政府自行探索。由于当时推行参与式预算的地区极少，参与式预算涉及的项目数和资金都不算太大，对参与式预算制度化和法治化还缺乏强烈的需求，各地往往是根据本地实际情况来推行参与式预算，其间可能会出现摇摆和反复。作为公共预算专家，马蔡琛先生曾经亲历过一次参与式预算遇到的波折：2007年1月，浙江温岭某镇在人大会议上既没有采用民主恳谈，也没有采取参与式预算，而是沿用老办法审议通过了财政预算草案；后来，在专家学者的帮助下，通过启动预算调整法定程序的方式，当年晚些时候再次召开镇人大会议，采用民主恳谈和参与式预算的方式，重新审议调整后的预算草案。（详见马蔡琛. 变革世界中的政府预算管理——一种利益相关方视角的考察. 北京：中国社会科学出版社，2010：274，275。）

　　②　外国学者指出，政府一直是参与式预算过程的主要参与者，它组织会议，提供信息，安排官员与市民会面，并且确保选定的政策得到执行。（详见 Wampler B. A Guide to Participatory Budgeting//Shah A. Participatory Budgeting. Washington DC：The World Bank，2007：46。）

　　③　张学明. 深化公共预算改革增强预算监督效果——关于浙江省温岭市参与式预算的实践与思考. 人大研究，2008，(11)：22.

　　④　牛美丽，马骏. 预算民主：离我们有多远——温岭预算民主恳谈案例研究//马骏，侯一麟，林尚立. 国家治理与公共预算. 北京：中国财政经济出版社，2007：172.

选民的压力本身就构成其履行竞选承诺并大力推行参与式预算改革的重要原因。然而在中国，这种压力并不存在。在现行法律中，预算决策基本还是一个公共权力运作的过程，并未为普通公民参与预算决策留下制度的空间。中国当前支持参与式预算的基本动因主要在于当局将改革视为深化基层民主的一种探索，其主要动力还是源于地方领导的政治开明，而这对于参与式预算来讲并非一种稳健的支持力量。原因很简单，对地方领导而言，支持参与式预算改革既需要高度的觉悟和很大的胆识，同时又意味着会在预算工作中耗费更多的精力，在当前对地方党政官员考核的方式没有进行根本性调整的情况下，改革地区的官员付出后未必获得政治上的回报，其他地区的官员也很难产生改革的热情。从这个意义上讲，缺乏法律制度的支撑，参与式预算改革很有可能因为地方领导者职务的变动而陷入"人走政息"的局面。

4.3.2　参与式预算与正式预算制度关系的问题

在传统的预算决策过程中，由行政机构负责预算编制、由立法机构负责审议预算是中国现行法律所规定的预算决策权力运行方式。如果将其称为正式预算制度的话，那么参与式预算与正式预算制度之间究竟是一种什么关系？

巴西不少城市的实践表明，实施参与式预算很有可能对议会的预算权力构成重大挑战，从而使参与式预算难以得到议员的支持。出现这种现象并不奇怪，参与式预算毕竟不是在议会审议预算的传统框架下推进的，当财政资源有限的时候，参与式预算代表和议员们关于应当投资哪些项目、投入多少资金等问题确实可能存在分歧。本来按照法律规定，审议预算是立法机关的重要权力，但是由于参与式预算确定的项目具备很强的民意基础而具有很强的合法性，这就对立法机关成员形成了强大的压力（很难想象立法机关会对参与式预算所确定的项目直接说不）。因此，参与式预算确实可能对立法机关在财政资金分配方面的权力构成挑战[①]。

中国不少地区的参与式预算一开始就被整合到人大制度之中。例如在温岭市，由于预算民主恳谈和现行人大体制相结合并由基层人大主导，因此它并不构成对人大行使预算审议权的挑战，而成为人大预算审议的有力支撑，因为参与式预算的实施意味着人大在预算审议中获得的民意支持更为坚实。从这个意义上讲，温岭的参与式预算实际上已经被吸纳进正式预算制度之中而成为当地人大预

① 在巴西的阿雷格里港、累西腓等城市，参与式预算与立法机关一直以来存在紧张关系；而在巴西的贝洛奥里藏特市，参与式预算之所以未被视为对市议会政治基础的挑战，这和市议会的议员也参加参与式预算的讨论，并且预留一定比例的财政资金交由议员行使分配权有关。（详见 Medeiros J J. 财政分权背景下的公民参与：市政管理中的实践——公民参与政府预算：来自巴西的经验//马骏，侯一麟，林尚立. 国家治理与公共预算. 北京：中国财政经济出版社，2007：152-154.）

算审议的一部分。

不过，温岭的这种做法还存在进一步探讨的空间。参与的形式关注的是参与式预算中的决策过程。在居民能参与预算决策过程的地方，参与的程度是最强的(宋安敏，2012)①。温岭的做法实际上意味着普通公民在预算决策过程中的影响力是相当有限的，这就有可能制约普通公民加入参与式预算的热情。尽管公民参与预算并不存在统一的模式，但是很明显，让参与式预算代表能够实质性地获得一定的预算决策权，这才是参与式预算最吸引普通民众的特点。既然预算决策包括预算编制和预算审议两个环节，那么就需要思考，哪里才是参与式预算真正能够发挥作用的空间。换言之，是让参与者们更多地致力于在预算编制过程中提出并决定财政投入的项目，还是将其纳入预算审议过程，作为人大审议预算前了解民意的一个参考。如果是前者，那么参与式预算就未必需要被纳入人大的预算审议程序；如果是后者，那么人大的预算审议程序必须为参与式预算找到更为合适的定位。

4.3.3　参与者的意愿与能力问题

参与式预算的亮点在于"参与"。缺乏广泛的公众参与，参与式预算改革势必难以持续；同时，由于预算事务和公共决策本身具有专业性和复杂性，参与者往往还存在自身能力不足的问题，难以保证预算决策的质量。因此既要采取措施，充分调动民众加入参与式预算的热情，同时也要帮助其克服参与能力不足的缺陷。

就参与意愿而言，吸引公众参与预算过程并不容易。例如，在上海市闵行区，公众对于和自身医疗、就业、社会保障的项目安排表现得并不热衷，阅览网页以便知情的人数仅占其户籍人口数的2‰，发表意见的人数占比则不到户籍人口数的0.4‰(刘微，2012)②。在浙江温岭，普通民众对于民主恳谈持怀疑态度的过半数(卢剑锋，2012)③。可见，如何增强普通公民在参与式预算中的主动性是当前改革面临的一个现实问题。如果不能吸引广泛的普通公民参与预算过程，参与式预算改革的意义也将荡然无存。

就参与能力而言，传统预算决策过程排斥普通民众的一个重要原因正在于其缺乏预算决策所需要的参与能力，这个问题并不因为实施参与式预算而自动消

---

① 宋安敏.蔚山东区的参与式预算：一个韩国案例.伊夫·辛多默，鲁道夫·特劳普-梅茨，张俊华.亚欧参与式预算：民主参与的核心挑战.上海：上海人民出版社，2012：41.

② 刘微.中国公众参与预算的若干思考——以上海市闵行区预算改革为例//伊夫·辛多默，鲁道夫·特劳普-梅茨，张俊华.亚欧参与式预算：民主参与的核心挑战.上海：上海人民出版社，2012：93.

③ 卢剑锋.参与式民主的地方实践及战略意义——浙江温岭"民主恳谈"十年回顾//陈奕敏.从民主恳谈到参与式预算.北京：世界知识出版社，2012：93.

失。国外的经验表明，在参与式预算过程中，诸如非政府组织、社区性组织等公民社会组织可以在倡议、建议、培训、研究、推动等方面发挥重要的作用。[①] 中国的参与式预算改革中也有一些非政府组织的参与。例如，国际行动援助中国办公室(AAIC)组织了一些村级参与式预算项目，世界与中国研究所(CWI)给新河镇提供了咨询意见，一些外国学者还协助了泽国镇的参与式预算项目(何包钢，2012)。[②] 但是，中国还没有建立起一个成熟并且组织化的公民社会，当前公民社会组织的建立和运作都还面临着诸多观念性和体制性障碍，期待有大量的公民社会组织加入参与式预算改革并不现实；即便是那些已经参与预算改革的组织，其在参与式预算实施中的作用其实也非常有限。

4.3.4 用于参与式预算的财政资源问题

预算决策的本质是分配财政资源，然而，和现实中对财政资源的需求相比，财政资源永远是稀缺的。参与式预算也面临着这样一个难题。事实上无论在参与式预算过程中选择推行哪些项目，最终都需要落实为一定数量的财政资金。如果参与式预算改革缺乏必要的财政资源保障，那么改革的效果显然无法保证，这会导致预算改革失去民众的支持。一般而言，用于参与式预算的财政资源越充足，可供民众选择的项目空间就越广泛，就越能彰显参与式预算的效果。中外不少地区参与式预算改革的实践均表明，一定的财政资源是顺利推行参与式预算的基础。当然，一个地方的经济发展水平越高，地方政府的财政实力越雄厚，理论上可用于推行参与式预算项目的财政资源就越多，这在一定程度上可以解释为什么中国许多实施参与式预算改革的地区都位于经济发达地区。

政府究竟应当将多大比例的财政资源投入参与式预算，目前还只有一些经验数据，尚缺乏充足的理论分析。决定这个问题的制约因素很多，例如地方政府的财政状况、政府推动参与式预算的力度，现实的资金分配需求。在这个问题上，不同地区有不同的做法是完全正常的。但是，这并不意味着不应当为投入参与式预算的财政资源提供一种制度化的保障。因为在参与式预算改革中，财政资源终究是必须妥善应对的问题，如果解决不好，参与式预算改革很难获得实质性的进展。

---

① 例如，在印度古吉拉特邦，一个名为"社会与人类行动发展倡议"(DISHA)的非政府组织在参与式预算中发挥了巨大的作用；俄罗斯的 Tsentr Strategiya、乌克兰的 The People's Voice Project 等组织也扮演了积极的角色。(详见 Fölscher A. Participatory Budgeting in Asia//Shah A. Participatory Budgeting. Washington DC：The World Bank，2007：136，137.)

② 何包钢.中国的参与式预算概览//伊夫·辛多默，鲁道夫·特劳普-梅茨，张俊华.亚欧参与式预算：民主参与的核心挑战.上海：上海人民出版社，2012：82，83.

4.4　参与式预算的法治化变革

中国的参与式预算改革虽然发展时间不长，但是也深受学术界和媒体界的关注。然而，正如前文所述，中国当前的参与式预算改革还面临着不少现实的问题，其解决结果将直接影响参与式预算改革的未来。作者认为，参与式预算改革所遇到的问题，主要还不是技术层面的问题，而是体制层面的问题。详言之，由于参与式预算改革并未被纳入法治框架进行，缺乏一个制度化的约束和保障机制，因此当前的改革主要还是依靠地方领导的政治权威来推动，还无法获得源自法律的推动力；同时也正因为缺乏法治的力量，不同参与主体在参与式预算中的角色难以定位，也无法有效约束和规范其行为，更无法对其进行问责。因此，如果要将中国参与式预算改革持续推进下去，就必须将其纳入法治的框架，实现参与式预算的法治化。

4.4.1　明确规定公民参与预算决策的权利

没有人会否认公民参与预算决策过程权利的正当性，然而就中国现实状况而言，这种参与权缺乏立法层面的支撑。现行《宪法》第二条第三款规定：人民依照法律规定，通过各种途径和形式，管理国家事务，管理经济和文化事业，管理社会事务。有学者指出，这里的人民主要是普通公民、民众、群体、社会组织（郭道晖，2009）[①]。然而，在《宪法》第二章（"公民的基本权利与义务"）中，完全看不到有关公民参与权的明确规定，可见立法者对于公民参与权主要还是从代议制民主的角度去设计的，而没有对公民通过政治参与实现直接民主留下空间。作为财政基本法的《预算法》则主要是一部预算管理法，其浓厚的行政主导预算色彩更没有丝毫公民参与预算的余地[②]。

如果要探究参与式预算相较于传统公民参与预算究竟存在何种突破的话，那么这种突破正是在于参与式预算能够有效回应公民参与预算决策的诉求。如果能够在立法中明确规定公民参与预算决策的权利，那么公民参与预算决策就有了坚实的法律基础，应当得到法律的严格保障；同时，参与式预算的推行也不再只是依靠地方领导的政治开明或改革胆识，而是落实法律规定的结果，这有助于解决当前改革动

[①]　郭道晖. 社会权力与公民社会. 南京：译林出版社，2009：330.

[②]　在《预算法修正案(草案二次审议稿)条文》中，仍然看不到立法者在这个问题上有所改变。详见中国人大网：http://www.npc.gov.cn/npc/xinwen/lfgz/flca/2012-07/06/content_1729110.htm［2013-1-6］.）

力不足的问题。具体做法，可以是在修订《预算法》或《预算管理条例》时对公民参与预算决策的权利进行明确规定，同时由全国人大常委会和财政部就参与式预算实施的基本框架颁布一个规范性文件，用以指导当前各地参与式预算改革实践。

4.4.2　适当限定参与式预算的适用层级和实施范围

关于参与式预算的适用层级问题。由于中国目前的参与式预算主要是试点地区自主推动的，因此各地在适用层级问题上的做法也不尽相同。有些地区是在乡镇一级推进，有些地区已经在县市一级进行，有些地区则主要体现在街道和社区一级(马蔡琛等，2009)①。尽管参与式预算更有利于实现现代民主政治对公民参与的要求，然而在确定使用层级问题上却必须谨慎行事。适用层级过高未必是好事，因为较高的适用层级意味着参与式预算适用人员数量的增多，而人员太多必然意味着资金分配需求更加多元化和难以协调，这会导致参与式预算实施难度的加大，最终反而影响参与式预算实施的效果。中外的实践均表明，参与式预算的作用范围主要限于地方政府中相对较低的层级。例如，浙江温岭的参与式预算开始于乡镇层面，取得经验后向市县级推进；而在巴西等国家，参与式预算也主要适用于市级财政。鉴于中国公民参与公共事务的基础尚显薄弱，同时考虑到较低层级的政府事务同普通公民的联系更密切，因此，立法应当将参与式预算的实施限定于县(县级市、区)乡这两级。对于试点经验较为丰富、财政实力较强的地区，最好也不要超过地市一级。

关于参与式预算的实施范围问题。财政预算事务千头万绪，但并非所有的支出都适合通过参与式预算来安排。中外实践表明，参与式预算实施的范围主要是民生领域，如公共工程建设项目、财政补贴、社会保障性支出等。究其原因，这些领域和普通公民切身利益直接相关，民众既有参与这些项目预算决策的热情，也对这些项目的相关情况更加熟悉，同时更容易感知这些项目实施的实际效果，从而更有利于对参与式预算的实施情况进行评估和监督。因此，本书认为，法律应当将参与式预算的实施范围限定在上述领域。

4.4.3　构建完善的参与式预算保障机制

要实现参与式预算的法治化，应当构建一个完善的法律保障机制。该保障机

---

①　由于街道和社区一级，其本身不是现行《预算法》所规定的独立预算主体，因此有学者指出，这些所谓的"参与式预算改革"更多体现为项目决策过程和社区街道发展计划，而非准确意义上的预算决策。(详见马蔡琛，李红梅.参与式预算在中国：现实问题与未来选择.经济与管理研究.2009，(12)：75.)

制的基本框架应当包含以下三方面内容:

(1)建立预算信息公开机制,为公民有效参与奠定基础。公民有效参与预算的前提是预算信息的公开。考虑到不少参与代表欠缺相关专业知识,这就对预算信息公开提出了比较高的要求。具体而言,这要求政府在编制预算时应当确保预算草案达到一定的详细程度,以使参与代表能够较容易地理解预算草案,并提出相应的意见。

(2)建立参与式预算程序机制,为参与式预算的实施设立基本规则。参与式预算法治化在很大程度上取决于参与式预算能否实现程序化。为规范参与式预算的运行,该程序机制应当对参与代表的遴选程序、参与代表的讨论程序、参与代表与政府和人大的对话程序、预算修正和表决程序、参与代表对预算执行的监督程序等问题作出明确的规定。在构建程序机制时,还应当特别注意将参与式预算程序同法定的政府预算编制和人大预算审议有机联系,以实现参与式预算与正式预算制度的契合。

(3)建立公民参与预算支持机制,拓展参与的广度,提升参与的能力。只有广泛调动社区居民和村民的参与,参与式预算的民主价值方能凸显。因此,有必要改变目前参与广泛性不强的缺陷,明确规定参与式预算过程中的参与者应当来自辖区的不同社会阶层,从而扩大参与的广度。还应当注意借助专家学者和社会团体的力量,前者可以为参与代表提供预算、法律等专业知识的培训和咨询,后者则有可能成为在普通民众与政府之间进行良性沟通的桥梁。

第 3 编　参与式预算法律
保障机制的构建

　　本书第 1 编的分析表明，参与式预算既是公民权利的内在要求，同时其本身也有助于彰显和保障公民权利。正因为如此，当今世界不少国家都对参与式预算改革持一种积极的态度。然而正如本书第 2 编所指出的那样，在不少地区，尽管参与式预算改革如火如荼地推进，但由于参与式预算改革从总体上并未被纳入法治的框架，因此其改革的前景难以令人乐观，由此得出的结论即是，参与式预算改革要走出困境的根本在于实现法治化。参与式预算的法治化，绝非将参与式预算简单地写入法律就能实现，它实际上要求以法治的理念来看待参与式预算，以法治的手段来推进参与式预算，其关键在于建立一个既顺应法治要求又行之有效的参与式预算法律保障机制。鉴于此，本编开始转入对参与式预算法律保障机制问题的探讨。

　　作者认为，一个完善的参与式预算法律保障机制主要包括三个方面的内容：一是财政透明度保障机制，二是公民参与预算程序机制，三是公民参与预算支持机制。在这三大机制中，财政透明度保障机制是参与式预算法律保障机制的基础。它的建立及良好运行为参与式预算的有效推行提供了基本的条件；公众参与预算程序机制则是参与式预算法律保障机制的重心，参与式预算如何展开在很大程度上受这个程序机制的影响；而公众参与预算支持机制则考虑到参与式预算开展过程中所面临的现实困难，力图为参与式预算的开展扫清资金、知识和技术上的障碍。

第 5 章　财政透明度保障机制之构建

民主社会对政府的一个基本要求就是透明，而透明度概念被用以描述透明的实际状况①。回顾历史，西方发达国家财政立宪的过程也是一个财政透明度不断提升的过程②。宽泛地来看，政府透明度问题实际上涵盖了包括财政活动在内的政府一切活动，但是财政透明度（fiscal transparency）无疑是政府透明度建设的一个重要方面。众所周知，政府的一切活动，无论是国防建设，还是民生投资，抑或是政府自身的运转，都需要以财政资源作为基础，因而政府的一切活动归根结底都和财政密切联系。从这个意义上讲，要认识并评价政府行为，财政是一个很好的窗口，正因为如此，如果财政不透明，政府透明将无从谈起。

20 世纪 70 年代之后，西方国家兴起的新公共管理运动促使各国政府关注财政透明度问题。新西兰 1994 年的《财政责任法案》就财政政策和报告的透明度确立了标准，英国 1998 年的《财政稳定守则》则将财政透明度作为财政政策的一项原则（赵倩，2009）③。尽管人们对于财政透明与民主政治之间的关系早有认识，然而财政透明度问题真正受到国际社会重视却是 20 世纪 90 年代墨西哥和亚洲金融危机之后的事情。国际社会在对金融危机进行反思后认为，缺乏透明度是导致危机发生的一个重要原因。也正是通过此番反思，一些重要的国际组织开始重视财政透明度问题，并开始对该问题展开专门研究。国际货币基金组织（Inter-national Monetary Fund，IMF）和经济合作与发展组织（Organization for Eco-

---

① 严格来讲，政府透明和政府透明度是存在区别的，前者是指政府活动向公众保持开放的状态，后者则是指这种状态开放的程度。不过，学者们在研究中一般将这两个概念交替使用，本书亦然。

② 以英国为例，学术界一般公认 1215 年约翰王与贵族所签署的《大宪章》确立了"无代表不纳税"的财政立宪思想。《大宪章》中明确规定：除封建义务所规定的贡款赋税外，王国内不可征收任何兵役免除税或捐助，除非得到本王国一致的同意；为了对某一捐助或兵役免除税的额度进行讨论并取得全国的同意，国王应发起召集大主教、主教、寺院长老、伯爵和大男爵等开会，讨论研究征款事宜。实际上，从国王独断征税权到与贵族商议征税事宜，这本身就是财政透明度提升的表现。1688 年光荣革命之后，英国议会基本上掌控了国家的财政大权。此后，英国在财政领域展开了一系列的制度建设：1787 年，议会通过《统一账户法》，该法要求设立一个统一的账户来记录所有的财政收入和支出；1802 年，英国议会要求政府每年向议会提供全面的财政报告；1854 年，议会通过《公共税收与统一账户法》，该法要求每年政府应当向下议院定期报告财政收支情况；1861 年，时任英国首相的格莱斯顿设立国库收支审核委员会，该委员会委员由议会下议院任命，其职责是检查政府财政工作并向下议院报告检查结果；1866 年，议会通过《财政审计法》，建立政府收支审计部门，该部门仅对下议院负责，不受政府管辖，专门从事政府账目检查工作，并向国库收支审核委员会报告。（详见王绍光，马骏.走向"预算国家"——财政转型与国家建设.公共行政评论，2008，（1）：16，17.）显而易见，正是通过这一系列的制度建设，英国建立起了一个高度透明的现代预算制度。

③ 赵倩.财政信息公开与财政透明度：理念、规则与国际经验.财贸经济，2009，（11）：62.

nomic Co-operation and Development，OECD)分别于 1998 年和 2000 年推出了
《财政透明度良好做法守则》(*Codes of Good Practices on Fiscal Transparency*)
和《经合组织关于预算透明度的最佳做法》(*Best Practices for Budget Trans-
parency*)。这些组织向包括转型经济体在内的许多国家建议，更大的财政透明度
是保持财政可持续性和良好治理的前提(Jarmuzek et al.，2009)[1]。

5.1　财政透明度的法理分析

5.1.1　财政透明度的内涵解析

通俗地讲，财政透明度就是要求政府尽可能将财政信息向社会公众予以公
开。然而，正如 Hood(2006)所指出那样，同许多其他带有准宗教性质的概念一
样，透明度往往是说的比做的多，祈求比定义的多，并且确实具有讽刺意味的是
通常被说成在本质上具有神秘性，至少一定程度上如此[2]。前述对财政透明度的
理解虽然没有错，但是就学术研究来看显得有失严谨和明确。严肃的学术研究需
要准确、全面揭示财政透明度概念的内涵。

5.1.1.1　财政透明度的定义

1998 年，IMF 的两位学者 George 与 Craig(1998)率先对财政透明度问题进
行了专门研究。两位学者将财政透明度定义为一种公开性，即向公众最大限度地
公开政府结构与职能、财政政策目标、公共部门账户和计划，并且这些易于获得
的政府活动信息是可靠、完整、及时、易懂和具有国际可比性的信息，无论活动
发生在政府内部还是外部[3]。这个定义不仅被后来 IMF 制定的《财政透明度守
则》(*Manual on Fiscal Transparency*)所采纳，而且对此后各国有关财政透明度
问题的研究和实践产生了重大影响。OECD 也很重视财政透明度问题，不过其将
研究重点放在预算透明度之上。2001 年，OECD 发布了《经合组织关于预算透
明度的最佳做法》，在这份文件中，OECD 将预算透明度定义为"及时而系统地

---

① Jarmuzek M，et al，Fiscal Transparency in Transition Economies. http：//ssrn. com/abstract =
1437512 [2009-7-22].

② Hood C. Transparency in Historical Perspective//Hood C，Heald D. Transparency：The Key to
Better Governance? Oxford：Oxford University Press，2006：3.

③ George K，Craig J. Transparency in Government Operations. IMF Occasional Paper，1998，(158)：1.

披露与财政相关的全部信息"①。中国学者蒋洪等人（2008）对财政透明度的阐释则集中表现为其关于财政信息公开的界定，即国家、行政机关和法律、法规及规章授权和委托的组织，在行使国家行政管理权和经济管理权的过程中，通过法定形式和程序，主动将有关的财政信息，包括政府的结构与职能、财政政策的取向、公共部门的账目、财政计划等向社会公众或依申请而向特定的个人或组织公开的制度②。

不难看出，上述各种对财政透明度的阐释就其本质而言其实很接近。中国学者的观点很明显受到了 IMF 定义的影响，而 IMF 定义的财政透明度和 OECD 定义的预算透明度尽管存在细微差别，但是两大组织在界定这两个概念时所反映的核心思想是一致的，即都强调政府应当尽可能向社会公众开放财政信息。预算并不代表财政的全部，不过，由于预算是财政活动的重要基础和核心工作，因此财政透明度的核心是预算透明度，而财政透明度的状况基本上可以通过预算透明度反映出来。鉴于此，本章将预算透明度作为研究的重点。

5.1.1.2　财政透明度的核心要素

透明的财政应当具备哪些核心要素？学者们对此有着不同的观点。实际上，在 George 与 Craig（1998）的研究中，他们在给出财政透明度定义时已经对此问题有所回答，从其关于公开性的描述中可以看到他们要求有关政府活动的信息应当满足如下特性：可靠性、完整性、及时性、易懂性、可比性和易获取性③。

在《财政透明度良好做法守则》（2007）中，IMF 提出了财政透明度的 4 项原则：明确职责、公开预算程序、方便公众获得信息、确保真实性。其具体内容包括：

（1）在明确职责方面，要求将政府部门与其他公共部门及经济体的其他部门区分开来，明确公共部门内部的政策和管理职能并予以公开披露；财政管理应当有明确和公开的法律、法规及行政框架。

（2）在公开预算程序方面，要求编制预算时应当按照确定的时间表进行，并以明确的宏观经济和财政政策目标为指导；预算的执行、监督和报告应当有明确的程序。

（3）在方便公众获得信息方面，要求应当就过去、现在和未来的财政活动及主要的财政风险向公众提供全面的信息，提供的财政信息应当有利于政策分析和强化问责制，应当确保及时公布财政信息。

---

① Organisation for Economic Co-operation and Development. OECD Best Practices for Budget Transparency，May15，2001：7.

② 蒋洪，等.公共财政决策与监督制度研究.北京：中国财政经济出版社，2008：1.

③ George K，Craig J. Transparency in Government Operations. IMF Occasional Paper . 1998，(158)：1.

（4）在确保真实性方面，要求财政数据应当符合公认的数据质量标准，应当对财政活动进行有效的内部监督和保护，财政信息应当接受外部审查。

中国学者刘笑霞和李建发（2008）则将财政透明度的基本特征概括为完整性（充分披露性）、及时性、可靠性、可理解性、一贯性、可比性等几个方面，其中充分完整性还包括公开性（可获性）。同时两位学者还认为，前三个特征属于财政透明度的核心质量要求①。

本书认为，财政透明度不仅对承载政府活动的财政信息本身提出了要求，而且也对财政信息公开的过程提出了要求。因此，财政透明度的核心要素实际上应当同时涵盖这两个层面：第一个层面是针对财政信息本身的要求，即财政透明度要求财政信息应当具有完整性、可靠性、易懂性、可比性；第二个层面则是针对财政信息公开过程的要求，即财政透明度要求财政信息的公布具有及时性和易获得性。具体而言，完整性是指财政信息的披露应当覆盖所有相关的财政信息（包括预算信息），以实现财政信息的充分披露。可靠性是指政府在披露财政信息时应当实事求是，既不能隐瞒，也不能夸大或缩小。易懂性是指财政信息对于社会公众（包括公民个人或非政府组织）来讲是易于理解的。可比性是指财政信息数据应当符合公认的数据质量标准（如财政报告应当遵循公认的会计准则）。及时性是指所有依照法律规定应当公开的财政信息应在法定时间内尽快向公众予以披露，以使得财政信息真正成为决策的重要依据。易获得性主要是指财政信息应当使社会公众能够便于获知。

5.1.2　财政透明度保障的法理基础

从本质上说，保障财政透明度并非源于政府官员的良心发现，而是基于公民权利保障的需要。财政透明既是保障公民知情权的要求，也是实现公民参与权的重要前提，还是公民行使监督权的必然要求。

5.1.2.1　财政透明度保障与公民知情权

从广义上讲，知情权（right to know）是指寻求、接受和传递信息的自由，是从官方或非官方获知有关情况的权利，从狭义上讲，知情权则仅指知悉官方有关情况的权利（张庆福等，2002）②。广义的知情权既包括公法上的知情权，也包括私法上的知情权，前者指向国家机关或其他公共机构，后者指向民事关系的相对方。严格地讲，知情权的价值主要体现在公法领域，只有公法上的知情权才是名

---

①　刘笑霞，李建发.中国财政透明度问题研究.厦门大学学报(哲学社会科学版)，2008，(6)：35.
②　张庆福，吕艳滨.论知情权.江苏行政学院学报，2002，(1)：106.

符其实的公民知情权（即狭义上的知情权）。

公民知情权的背后隐含着一种理论假设，即在公民与政府之间存在着信息不对称，政府是各种信息的主要占有者，具备强大的信息搜集手段和能力，是信息资源主体中的强势一方；而公民占有相对较少的信息，也较为缺乏搜集信息的手段和能力，是信息资源主体的弱势一方。在信息的占有和搜集问题上，一方是强势的政府，另一方是弱势的公民，这既不利于公民有效地利用信息资源，也不利于公民有效地监督政府。有学者指出，知情权本质上意味着通过信息公开的机制打破信息垄断，消除或减弱信息权力关系中的非均衡性，从而限制信息强势方的专横性，保护信息弱势方的利益不受侵害，实现权力结构的和谐（邵春霞，2007）[1]。作者认为，这就是公民知情权的真正价值所在。

公民知情权当然适用于财政领域的事务。政府作为一种非生产性机构，本身是不创造利润的，其所汲取的一切财政收入（包括税收收入和非税收入）最终都来自民众。政府的一切活动都离不开财政资源的支持，正是民众对自身财产权的让渡，使得政府得以获取财政收入并用于公共事务的开支。经济学家指出，在人类社会发展史上先后出现过三种财政类型，即与自然经济相对应的"家计"财政，与市场经济相对应的"公共"财政，以及与计划经济相对应的"国家"财政（张馨，1999）[2]。公共财政被公认为是最能凸显财政公共性的财政类型。人们一谈到财政公共性，往往会说"取之于民，用之于民"。其实，取之于民是必然的，但用之于民则未必。为了防止政府将取之于民的财政资金不能有效地用之于民，民众有理由知道政府的这些钱是怎么收的，收了多少，又是怎么用的，这正是公民知情权在财政领域的体现。具体就参与式预算而言，知情权是发展公众参与预算的起点。离开了知情权，公众参与预算就成为空谈。知情权也是公众对于政府理财的监督权乃至参与预算改革权力的基础（刘微，2012）[3]。从财政预算的角度来讲，满足公众关于财政预算信息的知情权本身即意味着实现了财政透明。

5.1.2.2　财政透明度保障与公民参与权

只要认同民主的本意是"人民的统治"的观点，就应当承认公众参与是民主的核心要素，这是因为，群众参与发出了群众同意的信号（Fishkin，2009）[4]。既然财政民主是民主的重要体现，而预算过程又是财政活动的核心，那么财政民主当然要求公民尽可能地参与预算过程。不过，这里所说的公民参与预算或称参与

---

[1]　邵春霞. 公民知情权：和谐社会的合法性基础. 政治与法律，2007，（3）：33.

[2]　张馨. 公共财政论纲. 北京：经济科学出版社，1999：312，313.

[3]　刘微. 中国公众参与预算的若干思考——以上海市闵行区预算改革为例//伊夫·辛多默，鲁道夫·特劳普-梅茨，张俊华. 亚欧参与式预算：民主参与的核心挑战. 上海：上海人民出版社，2012：92.

[4]　Fishkin J S. When the People Speak: Deliberative Democracy and Public Consultation. Oxford: Oxford. University Press, 2009: 46.

式预算，不仅是指公民参与对预算执行的监督，而且指公民有权参与预算决策过程（预算编制和预算审议）。人们通常认为，公民参与预算决策有利于提升财政透明度，似乎二者之间只是一种单向度的关系，其实，二者的关系远比人们看到的要复杂。一方面，推行参与式预算本身即是增强财政透明度的一种体现；另一方面，推进财政透明度建设又可以在很大程度上促进参与式预算的顺利实施，因此，参与式预算的推进客观上需要一个比较健全的财政透明度保障机制的存在。

在代议制民主背景下，普通公民通常很难参与预算决策过程。公共决策一直被认为是专家和官僚统治的领域，普通公民由于缺乏专业知识和能力而被排除在外（马奔，2006）[①]，这往往也成为将公民排斥在预算决策之外的理由。不过，此种观点经不起认真推敲。首先，专家和官员不同，官员注定是体制内的成员，然而专家既有可能在体制内（如财政部门的专家），也有可能在体制外（即社会各界掌握预算专业知识的专家，如大学教授）。体制外的专家说到底也是普通公民，那种认为普通公民中缺乏具备预算知识和能力的专家的观点实在没有道理。其次，即便普通公民都缺乏预算决策所需要的专业知识和能力，这也未必是普通公民自身的问题，因为这可能是存在某些本制性因素阻碍的结果，其中一个常见的因素就是财政不透明。没有人能够在财政信息缺乏的情形下作出理性的预算决策，普通公民做不到，专家和官员同样做不到。很多时候，体制内的专家和官员在预算事务方面之所以要显得比普通公民"高明"一些，其实并非因为其水平高，而是因为其掌握了普通公民所无法获得的财政信息资源。很多时候，正是不透明的财政体制阻碍了普通公民接触财政预算信息，进而导致其缺乏预算决策所需要的知识和能力。再次，即便普通公民确实因为缺乏预算决策所需要的知识和能力而影响到公民参与预算决策的理性化程度，但是这同样不构成拒绝公民参与预算决策的正当理由。这是因为，"取之于民，用之于民"是公共财政体制的本质特征，它内在地要求财政民主和财政法治的实现，而财政透明正是确保财政民主和财政法治实现的重要前提。财政透明显然是预算神秘主义的天敌，只有在财政透明的情况下，公民参与预算决策时才有可能真正参与到对预算细节问题的讨论中，才有可能在讨论中实现公共理性，达成预算决策所必需的共识，这样的预算决策才有可能既是理性的，也是民主的。

5.1.2.3　财政透明度与公民预算执行监督权

即便公民能够有效地参与预算决策，财政公共性也还没有得到保证，这里还存在着生效预算能否得到严格执行的问题。不仅如此，财政资金的利用在预算执行过程中是否有效也值得关注，既然基本权利的实施以稀缺公共经费的支出为前

---

① 马奔.公民参与公共决策：协商民主的视角.中共福建省委党校学报，2006，（8）：27.

提条件，那么公众就有权知道是否得不偿失，是否得到的利益大致等于支出（史蒂芬·霍尔姆斯等，2004）[①]。这里就衍生出公民对预算执行的监督权问题。

　　财政资金作为一种公共性资金，其利用自然应当以满足社会成员的公共需要为目标，否则难以体现财政公共性。问题在于，政府的财政支出行为并非必然以满足社会成员的公共需要为目标。在现实中人们经常看到，公众希望政府能够将财政资金投向此种用途，然而政府却要将财政资金投向其他领域。同时，尽管政府官员们在制定预算时的理由看起来总是冠冕堂皇的，可是社会公众却可能通过对财政资金利用的效果来评判政府预算决策。人们会发现，有些时候，财政资金的利用并非如同政府官员们所说的那样被合理使用，而其中存在着不少的决策失误，最终导致巨额财政资金损失或财政资金利用效率低下的问题。在财政体制不够健全的国家，人们往往容易看到的悲剧是，政府收了钱，同时政府也用了钱，但是问题依旧没有解决。因此，财政资金的使用完全有可能偏离社会成员公共需要的轨道，成为官员们弄权自肥的手段。鉴于此，确保财政信息公开，提升财政透明度，是防止政府在财政支出活动中背离民众意愿、确保财政公共性的重要途径。

　　法治的核心在于治官而不是治民，法治建设真正的难点在于如何确保政府严格依照法律行使公共权力。历史经验表明，只有在保持对社会公众公开和透明的情况下，公共权力的运作方能不偏离公共性的轨道，公民对公共权力的监督也才有可能实现。从理论上讲，政府的一切行为都可以通过财政信息得以体现，财政信息自然成为人们了解并监督政府行为的窗口。不过，政府官员虽然知道公开是民主的核心理念之一，但依然对保密满怀热情（斯蒂格利茨，2002）[②]。如果缺乏一个有效的财政信息公开机制来确保财政透明度的实现，那么公众对政府活动的监督和控制将无从谈起。试问，如果财政支出不透明或透明度不高（如很多发展中国家普遍存在着严重的预算外资金问题），人们怎么知道政府把纳税人的钱花到什么地方去了呢？与此同时，预算过程还有追求效率和有效性的一面，也就是说，任何财政资金的使用还必须重视投入产出，注重资金投入的效果。人民并不奢望政府在预算过程中永远高明、不犯错误，但是人民渴望了解政府在预算过程中的真实情况，因为这是人民对政府行为进行评价的基础。有学者指出，如果预算信息不公开，公众就难以就预算过程和内容进行讨论，也难以就政府预算政策作出评价和分析，从而预算项目的合理决策、资源的有效配置和利用就难以得到保障；并且，确保财政透明度可以充分反映政府的弱点，这有助于及时发现问题并改革，以避免风险积累而酿成重大的损失和危机（蒋洪等，2008）[③]。因此，财

　　　———————————

　　① 史蒂芬·霍尔姆斯，凯斯·R. 桑斯坦. 权利的成本——为什么自由依赖于税. 毕竞悦译. 北京：北京大学出版社，2004：169.
　　② 斯蒂格利茨. 自由、知情权和公共话语——透明化在公共生活中的作用. 宋华琳译. 环球法律评论. 2002：268.
　　③ 蒋洪，等. 公共财政决策与监督制度研究. 北京：中国财政经济出版社，2008：6.

政透明对于公民监督政府财政支出行为的规范性和有效性都非常重要。

5.1.3　财政透明度保障机制的理论框架分析

　　从理论层面思考财政透明度法律保障问题，首先应当建立一个合适的理论框架。本书是从财政权这一核心概念出发来构建财政透明度法律保障理论框架的，但需要指出的是，和传统研究更为关注财政权力的运行问题不同，此处所说的财政权不仅包括财政权力，即公共机构在财政事务上所拥有的公共权力；而且包括财政权利，即公民在财政事务方面所享有的权利。实际上，本书在此所构建的是一个国家财政权和公民财政权的二维理论框架。在此理论框架下，财政透明度法律保障机制的建立也应当围绕这两条主线展开。这种分析思路克服了传统研究对于财政过程中的公民权利关注不够的缺陷。

　　具体来讲，国家财政权和公民财政权的二元理论框架包括预算权力制衡和预算权利保障这两个维度。在传统研究中，人们更加关注的是预算权力制衡的问题，公民预算权利问题则往往被忽视。关于公民在预算过程中的权利保障问题，传统思路主要是从预算权力角度予以解决，具体表现在两方面：一是公民通过立法机构预算审议来实现其在预算中的权利，从而公民的预算权利主要体现为立法机关的预算权力；二是公民通过法定机构监督预算执行以保障其预算权利，从而预算监督中的公民权利被转化为法定机关的监督权力。在此种思路下，公民权利保障基本上是一种被动的模式而非主动的模式，是一种间接的模式而非直接的模式，这显然不利于财政公共性的实现。实际上，公民预算权利是财政透明度法律保障中的一个重要维度，离开预算权利的维度，仅仅通过预算权力制衡这个维度来构建财政透明度法律保障体制是不完整的，也是存在巨大缺陷的，长此以往，财政公共性很难真正实现。财政透明度法律保障有必要从预算权力保障和预算权利保障这两个维度同时展开。

5.1.3.1　预算权力制衡与财政透明度

　　西方传统宪政理论一直把对财政权力的防范和制约作为宪政机制的核心内容，并以严格的法治主义作为宪政秩序的根本(汪燕，2009)[①]。历史经验表明，为防止权力被滥用，权力不能过于集中，因此，以权力制约权力是一个有效的方法。

　　如果从横向分权的角度来看，预算权力可以进一步划分为立法机构的预算

　　① 汪燕.政府财政权的保障与控制论——以福利国家为视角//刘剑文.财税法论丛(第10卷).北京：福利出版社，2009：143.

权、行政机构的预算权和法院的预算权,其中以前两者最为重要。要实现对预算权力的有效制约,一个关键的问题是要实现立法机构与行政机构预算权力的合理配置。就当今多数国家实践来看,立法机构的预算权主要表现为预算审议权和预算监督权①,而行政机构的预算权则主要表现为预算编制权和预算执行权。就预算权力制约关系来看,立法机构的预算审议权构成对行政机构的预算编制权的制约,而预算监督权则构成对预算执行权的制约。

在预算决策环节,由行政机关负责预算编制,立法机构则负责对政府提交的预算草案进行审议。当然,如果行政机构编制的预算总能在立法机构顺利获得批准,那么立法机构制约行政机构的预算权就无从谈起。从这个意义上讲,立法机构要真正制约行政机构的预算权,必须拥有否定或修正预算的权力。从现实来看,国家机构的正常运转是建立在财政资源基础之上的,因而预算案被否决往往会导致国家机构的运作陷入僵局,在不少国家,这甚至可能导致内阁下台,因此预算否决权被认为是立法机构拥有的最为强大的预算权力②。应当看到,否决权作为立法机构审议预算过程中的致命武器不宜频繁使用,由此就凸显出预算修正权的重要性。通过行使预算修正权,立法机构可以避免与行政机构在预算问题上的彻底对峙,而将问题的焦点集中于部分支出事务,通过对部分预算项目或金额的修正以实现对行政机构预算权力的制约。正因为如此,很多国家都在立法中对立法机构的预算修正权进行了比较详细的规定。

在预算决策执行环节,由于行政机构负责执行预算,立法机构关注的则是其批准的预算能否得到落实的问题,立法机构有权对预算执行情况进行监督。具体而言,立法机构的预算执行监督主要表现为对预算调整的审批、预算执行报告(包括决算)的审议等方面。由于预算所固有的计划性和预测性,预算调整在所难免,然而预算的法律效力又理应得到维护,这凸显出预算执行过程中理性化和规范化之间的紧张关系。应当承认,在预算执行过程中进行调整是完全有必要的。问题在于,预算调整不能完全由负责执行预算的行政机构自行决定,否则这无疑意味着立法机构预算审议权彻底落空。为合理制约行政机构的预算执行权,赋予立法机构以预算调整审批权就很有必要。现实来看,有些国家(如英国、印度、泰国、日本等)将预算调整的权力完全集中在议会,即政府如果要调整预算,必须经议会批准;也有一些国家(如美国、德国等),议会原则上享有预算调整决定权的同时,法律也规定政府在预算执行中享有部分的调整权力(张献勇,

---

① 预算审议权是对立法机构在预算审议过程中所享有的包括批准、否定、修正、调查、询问、质询等一系列权力的统称,其中以预算批准权、预算否决权和预算修正权最为关键。

② 在中国,尽管现行立法对于预算否决的程序及其法律后果缺乏明确规定,中央预算草案也至今未发生被全国人大否决的例子,但是在地方政府层面却已经出现。1995年,河北省饶阳县人大审议预算时,以预算草案安排未能保证教工人员工资并出现赤字为由,两次审议两次否决,历时3个多月,第三次才批准;2002年,湖南省沅陵县人代会否决了财政预算报告,4个月后加开了一次县人代会才获批准。(详见洪丰.《预算法》修订:预算监督走向深入.公民导刊,2006,(9):22.)

2008)①。另一方面，由行政机构向立法机构作预算执行报告的制度也是立法机构预算监督权的重要体现。例如，在法国，每年11月或12月，财政部都要向国会提交关于预算执行情况的报告；在德国，每三个月政府要向议会报告预算计划中重要事项的超支和额外支出，财政审计院则每月向议会报告预算的执行情况；在意大利，政府除有时向国会提交要求预算调整的报告外，在每年6月30日之前，政府要向国会提交预算执行法案，其中至少包括从上一年财政年度转来的资金变化，同时每季度向国会提交报告(蒋洪等，2008)②。在日本，内阁每个季度要向国会报告预算执行情况和整个财政状况。实际上，决算制度也是预算执行报告的一部分，只不过这是就预算执行结果的总报告。

在现代社会，财政事务的决策与执行主要是通过预算活动进行的，而预算过程又基本上表现为一个预算权力运作的过程。在此过程中，预算编制机构、预算审议机构、预算执行机构和预算监督机构(在此统称为预算权力机构)都享有预算权力。那么，如何在不同机构之间妥善配置预算权力，实现权力的协调而不是共谋，达到权力的制衡而不是"扯皮"，就成为一个需要认真思考的问题。

作者认为，至少有三个方面的因素值得重视：

(1)不同机构的预算权力虽然存在性质、方式等差异，但是不应当在力量对比上出现严重失衡的现象，否则权力制衡无从谈起③。

(2)在预算权力机构之间实现某种程度的制衡确有必要，但是不能为了制衡而制衡，财政事务总是复杂多变的，因此应当允许负责预算编制和执行的政府行政部门享有一定的自由裁量权，以使财政活动适应现实的需要；同时也应当强调不同机构在预算过程中适度地相互渗透，以加强沟通、增进理解、找到共识，避免不必要的争议和僵局。

(3)预算财政过程尽管主要表现为一个预算权力运作的过程，但这不应当是一个封闭的过程，它应当向全体公民尽可能地保持开放，因为预算权力最终来自人民④，从而预算权力最终要服从公民预算权利的要求。

5.1.3.2　预算权利保障与财政透明度

回顾西方发达国家的财政立宪史，可以发现这本质上就是一段议会逐渐掌控财

---

① 张献勇.预算权研究.北京：法律出版社，2008：144，145.
② 蒋洪，等.公共财政决策与监督制度研究.北京：中国财政经济出版社，2008：244.
③ 以中国审计机关为例，国家审计机关在任何一个国家都是极其重要的预算监督力量，因此各国都非常强调审计机关独立性的至关重要，但是就中国目前的审计体制来看，很难彰显其独立性来，它实际上只是行政权的一部分，力量非常弱小。
④ 卓泽渊教授指出，除了特别的情形之外，从最广义上讲，人民与公民两个概念是相同的。它们只是使用的语境不同，在政治的意义上更多使用人民的概念，在法律的意义上更多使用公民的概念。人民是政治意义上的公民，公民则是法律意义上的人民。(详见卓泽渊.法政治学.北京：法律出版社，2005：452.)

政大权的历史。议会控制政府金钱的权力被看成是其最为强大的力量之一(Feld，2009)[①]，人们将议会财政权形象地比喻为"钱包的权力"(the power of the purse)。或许正因为如此，很多学者在论述财政透明度保障问题时，往往更关注通过强化立法机构的预算权力，建立起立法机构对政府机构强有力的外部制约。

制约预算权力确实构成财政透明度法律保障的一个重要维度，然而仅从这个维度出发并不足以保证财政透明度的实现。理由很简单：尽管立法机构成员通过选举产生并受选民监督，但是立法机构的成员毕竟是由一个个鲜活的人所组成的，这些人也有着自己的利益诉求，其利益可能和选民一致，也可能不一致。具体到财政预算事务领域，立法机构成员有时候更关注其能否提出迎合选民的预算议题，从而获得更多的选票，而不是关注其预算政策的合理性与可行性。有学者早已指出，议员和政府官员一样都喜欢花钱(马骏等，2008)[②]。事实上，本书第2章中提及的美国"肉桶立法"现象已经充分说明了这一点。不仅如此，由于财政预算事务涉及面非常广泛并且不断变化，而立法机构成员人数毕竟有限，同时其工作的开展总体上也具有周期性而非实时性，这就未必能够保证预算监督的效果。在防止预算权力滥用问题上，如果对行政官员保持怀疑的话，何以又对立法官员心存侥幸？不要忘记，立法机构的预算权力也是一种公权力。因此，在制约预算权力的维度之外，还应当引入预算权利保障的维度，即承认和保障公民在财政预算事务方面享有权利，构建一个完整的财政透明度法律保障制度框架。

由于预算权力机构所分配的财政资金最终来源于公民的财产，因此公民在预算过程中享有权利具有毋庸置疑的正当性。公民在财政预算事务方面享有的权利即公民的预算权利，是公民权利在财政预算领域中的体现。就财政透明度保障而言，公民的预算权利可以进一步分解为公民在预算过程中的预算信息知情权、预算决策参与权及预算执行监督权。主张财政民主，就必须承认并切实保障公民在预算过程中的知情权、参与权和监督权。

Maureen Berner(2001)认为，当政府涉及公民问题时，应当致力于实现两个主要目标：一个是将政府的决策告知公众，另一个是使公众参与政府决策制度[③]。具体到财政预算领域，前一个目标直接和公民预算知情权相关，而政府财政预算信息公开制度则是财政透明度法律保障制度中的核心内容，因为其正面回应了公民预算知情权问题。后一个目标则直接涉及公民预算决策参与权问题，诸如公众听证会、公民咨询委员会、公民调查、公民论坛及近年来由巴西推行并蔓延全球的参与式预算改革，都是公民参与预算决策的常见方式。需要指出的是，公民预算决策参与实际上也是提升财政透明度的需要，因为只有保持财政信息的

———————
① Feld A L. The Shrunken Power of the Purse. Boston University Law Review，2009，89：487.
② 马骏，林慕华. 现代议会的预算修正权力//马骏，王浦劬，谢庆奎. 呼吁公共预算——来自政治学、公共行政学的声音. 北京：中央编译出版社，2008：99.
③ Berner M. Citizen Participation in Local Government Budgeting. Popular Government，2001：23.

公开透明，普通民众才能够实质性地参与预算决策过程。通过参与预算决策，普通民众可以了解到政府预算决策的过程，感知政府在预算决策中面对的困难，从而增强民众对政府财政预算行为的信任感和认同感。为防止预算在执行中偏离预算决策的轨道，关注公民预算知情权和预算决策参与是不够的，还应当重视公民预算执行监督权的保障，这要求公民有权对预算执行过程进行监督，其不仅有权关注预算资金的利用是否合法，而且有权关注预算资金的利用是否有效，对于预算执行过程中的违法及浪费行为，公民还有权进行问责①。

5.2　中国财政透明度的现状分析

5.2.1　中国财政透明的总体状况

评价改革，不仅应当关注改革者做了什么，还应当关注改革的效果怎么样。既然近年来中国各级政府在财政透明度建设方面进行了那么多的改革实践，那么人们有理由追问：当前中国财政透明的总体状况究竟如何？

5.2.1.1　定性分析

如果要问中国民众对当前财政透明状况的总体评价，"不透明"可能是大家的一个共同感受。下面的事例可以说有力地支持了此种判断。

2009 年 10 月 9 日，深圳"公共预算观察志愿者"组织成员李德涛向上海市财政局提出了公开部门预算信息的申请，而后者却以该信息属于国家秘密为由拒绝了李德涛的申请。与之形成鲜明对比的是，李德涛同时向广州市提出的申请却得到了积极的回应，广州市财政局很快将 2009 年市本级部门预算（涉及 114 个部门）全部放到广州财政网上予以公开②。人们在赞赏广州市财政局而批评上海财

---

① 还应当指出，预算权利可以有不同的实现方式。以参与权为例，公民既可以选择报名参加政府编制预算时举行的公开听证会，在这个过程中发表意见（直接参与）；也可以作为普通选民，通过投票支持自己青睐的候选人当选人大代表或政府官员，通过后者的预算审议或预算编制来表达对财政支出事务的主张（间接参与）。怎么选择并不重要，重要的是公民要有选择的机会。

② 资料来源：http://news.sohu.com/20091026/n267751711.shtml［2012-5-20］。

政局的同时，或许忘记了，其实上海市财政局的做法才是中国财政部门的常态①。人们之所以称赞广州市财政局，很大程度上正是因为现实中这种现象并不多见，从而显得"物以稀为贵"。事实上，每当有关财政不透明的报道传出，往往会激起民众的一片斥责之声，人们对于财政透明度的缺乏可以说是深恶痛绝。

财政不透明表现在很多方面：

（1）很多应当公开的财政信息没有公开。例如，中国民众长期以来对于"三公"（公款吃喝、公车使用、公费出国）经费问题非常关注，几乎每一个人都感到"三公"经费现象极为普遍，但中央治理的效果并不明显。实际上这个问题和我国当前预算文件的透明度不高直接相关。由于过去我国在编制预算时并未专门针对"三公"经费予以反映，相关的费用支出实际上很难通过预算文件反映出来。老百姓确实看到"三公"经费开支非常惊人，但在预算中却感受不到，当然会感觉到财政缺乏透明度。又如，在 2011 年以前，政府的财政收入中还有很大部分资金是游离于预算管理之外的，此即预算外资金②。由于未被纳入预算管理，因此各级政府对预算外资金长期缺乏有效监管，不仅在使用上远比预算资金宽松，而且透明度很差，从而导致规模逐年膨胀，成为滋生腐败的温床。其实，预算外资金的存在本身就是对预算完整性的极大破坏，它早已成为阻碍财政透明度建设的重要因素。不仅如此，对于诸如有关政府的金融资产和负债、非金融资产、雇员养老金、债务等信息，国际社会早已认为是保障财政透明度所必须披露的预算信息，但是我国的预算文件要么不反映，要么仅反映极少的一些信息。

（2）已经公开的财政信息不够细致。中国政府推动财政信息公开已有很长时间，普通民众从相关政府网站也能获得部分信息。问题在于，这些财政信息通常极为简略，根本反映不了太多的内容。在预算报告中经常见到的主要是几张概括的总表，上面只有一些粗略的收支分类和总额，难以反映具体项目的资金流动，这同民众希望看到财政资金流转具体细节的要求相去甚远。由于现行公开的预算文件所反映的财政信息不够细致，不仅普通民众看不明白，即便是很多专家也难以看懂。再以民众高度关注的"三公"经费公开为例，不少地方政府在部门预算报告中规定得极为简略，民众能见到的只是诸如"因公出国（境）经费××万元，公务接待费××万元，公务用车购置及运行维护费××万元"这样的概括性描述，至于像为什么要出国，安排几个人出国，去哪几个国家之类的细节性问题根本无从知晓。还有，一些政府部门往往将培训费、管理费、服务费、课题调研费、重要文件起草费等本来应当纳入基本支出的日常行政经费作为项目支出，这虽然满足了其灵活要钱和花钱的需求，但却使得这些财政资金的利用名不副实，并且难

①　李德涛多年来曾先后向财政部、卫生部、教育部、国家统计局、中国人民银行等多个部委和上海、北京、广州等十几个城市发出共计上百封信息公开申请，但很少得到积极的回应。（详见严丽梅.上海财政局称预算信息属国家秘密不能公开. http://news.sohu.com/20091026/n267751711.shtml［2012-5-20］.）

②　2011 年，中国政府全面取消预算外资金，将所有政府性收入（除教育经费）全部纳入预算管理。

以监管，极大地妨碍了财政透明度的实现。

（3）财政信息公开过程无法满足财政透明度的要求。如前文所指出的，财政透明度不仅要求财政信息本身具有完整性、可靠性、易懂性、可比性等，而且要求财政信息的公布满足及时性和易获得性，但现实却正好相反。就及时性而言，为保证立法机构对政府预算执行过程的监督，世界各国普遍要求政府应当定期向议会做预算执行报告。中国现行《预算法》第 69 条要求，各级政府在每个预算年度内至少向本级人大或其常委会作两次预算执行情况报告，而《监督法》第 16 条则进一步将国务院和县级以上政府向本级人大常委会报告预算执行情况报告的时间确定为每年的 6 月至 9 月期间。不过同发达国家相比，现行立法并没有规定日常执行报告是否应当公开。还应当指出的是，如果按照 IMF 和 OECD 有关财政透明度和预算透明度的建议，政府还应当提交有关预算执行情况的年中报告，这个报告要比日常报告详细，不过我国目前的预算执行情况报告还达不到这个要求。就易获得性而言，这原本要求政府应当以尽可能对公众友好的方式公布财政信息，其实就是要求普通公众能够以较为便利和较低成本的方式获得财政信息。但可以看到，当前中国各级政府及部门在财政信息公开时对这个问题重视不够。尽管互联网被公认为是一种降低政府信息公布成本和民众获知成本的方式，中国各级政府近年来在网站建设上步伐也很快。但实际上，普通民众要在政府官方网站上快速找到诸如预算报告之类的财政信息并不容易，因为很多政府网站并未专门在网站首页设置有关财政信息公开的专栏。民众如想获得相关财政数据，往往要经过许多次超链接点击之后才能艰难地发现。同时，民众往往只是在一段时间内能够从网站上获取财政信息，过一阵有关信息的链接就无法打开。这说明，有些政府部门在财政信息的披露问题上主要是应付上级部门检查，而非基于对公民知情权的回应。

5.2.1.2　定量分析

近年来，中外已有不少研究机构在借鉴国外研究经验的基础上，结合中国的实际情况对我国财政透明度状况进行了定量评估，这些研究可以帮助人们从更专业和理性的角度认识中国财政透明度的现状。

1. 国外研究机构的研究结果

1）普华永道会计师事务所的不透明指数

为对不透明状况及其成本进行衡量和评估，国际知名的会计师事务所——普华永道会计师事务所（Pricewate-ho_seCoopers，PwC）早在 2001 年 1 月就发布了一份不透明指数（the opacity incex）报告。

报告中的不透明指数是基于影响资本市场的 5 个方面因素而得出：腐败，法律制度，经济与财政政策，会计准则与实务（包括公司治理和信息披露），管制制度。在 2001 年的报告中，中国的不透明指数在 35 个国家和地区中排名第一，在 2004 年 10 月的报告中，中国的不透明指数在 48 个国家和地区中排名依然位居前五位（表 5-1）①。

表 5-1　普华永道"不透明指数"报告

2001 年（共 35 个国家）			2004 年（共 48 个国家）		
国家	得分	排名	国家	得分	排名
中国	87	1	印度尼西亚	59	1
俄罗斯	84	2	中国	50	5
…	…	…	…	…	…
美国	36	34	英国	19	47
新加坡	29	35	芬兰	13	48

当然，普华永道编制的不透明指数并非专门针对财政透明度的评价指标，这一点，从其 2004 年发布的一份研究回顾报告的标题就可以明显看出。该报告的主标题是"全球不透明成本——对世界范围内的商业和投资风险的评价"。不过，从其在编制不透明指数所考虑的各项因素来看，其中显然考虑了财政透明度的问题。从这个意义上说，普华永道的不透明指数报告在一定程度上也反映了相关国家的财政透明度状况。

2）国际预算项目的公开预算指数

从 2002 年开始，国际预算项目（international budget project）启动了一项名为"开放预算调查"的研究，其与世界各地的数十个的研究机构和公民社会组织一道，在数十个国家中调查收集具有可比性的信息并分析调查的结果，在此基础上，每两年发布一份开放预算调查报告。报告通过编制公开预算指数（open budget index，OBI）对不同国家的预算透明度进行打分并排名，以此作为对世界各国中央政府预算透明状况的评估。由于这是一个独立的、非政府的评估，因此国际预算项目的此项研究在财政透明度方面具有广泛的影响力。

国际预算项目于 2006 年发布的第一份开放预算调查报告（Open Budget Initiative 2006）尽管覆盖了 59 个国家，但其中并不涉及中国。从 2008 年之后，国际预算项目开始将中国纳入评估范围，迄今为止，该项目已经连续在三次报告中对中国的预算透明度进行了评估。2008 年，国际预算项目发布"2008 年度开放预算调查"（Open Budget Survey 2008）报告，中国的公开预算指数得分仅为 14 分

---

① PricewaterhouseCoopers. The Opacity Index，January 2001：5；Joel Kurtzman et al. The Opacity Index，MIT Sloan Management Review，October 2004：13.

（总分为 100 分），在总共 85 个国家中排名倒数第 22 位（后修正为第 23 位）；2010 年，国际预算项目发布"2010 年开放预算调查"（Open Budget Survey 2010)报告，中国的公开预算指数得分仅为 13 分，在总共 92 个国家中排名倒数第 16 位；2012 年，国际预算项目发布"2012 年开放预算调查"（Open Budget Survey 2012)报告，中国的公开预算指数得分仅为 11 分，在总共 100 个国家中排名倒数第 15 位。

　　需要特别指出的是，从调查所涉及的国家类型来看，中国的公开预算指数得分也是很不理想的，不仅远远低于英国、法国、新西兰、美国等发达国家，而且大大低于波兰、捷克、俄罗斯、罗马尼亚等诸多东欧转型国家，甚至低于肯尼亚、乌干达等一大批非洲国家(表 5-2)①。

表 5-2　国际预算项目开放预算调查报告(部分国家)

2008 年(共 85 个国家)		2010 年(共 92 个国家)		2012 年(共 100 个国家)	
国家	得分	国家	得分	国家	得分
英国	88	英国	87	英国	88
南非	87	南非	92	南非	90
法国	86	法国	87	法国	83
新西兰	86	新西兰	90	新西兰	92
美国	82	美国	82	美国	79
巴西	74	巴西	71	巴西	73
波兰	67	波兰	64	波兰	59
捷克	66	捷克	62	捷克	75
德国	64	德国	68	德国	71
罗马尼亚	62	罗马尼亚	59	罗马尼亚	47
印度	60	印度	67	印度	68
俄罗斯	58	俄罗斯	60	俄罗斯	74
肯尼亚	57	肯尼亚	49	肯尼亚	49
乌干达	51	乌干达	55	乌干达	65
尼泊尔	43	尼泊尔	44	尼泊尔	44
泰国	40	泰国	42	泰国	36
尼加拉瓜	18	尼加拉瓜	37	尼加拉瓜	42
中国	14	中国	13	中国	11

　　① International Budget Partnership. Open Budget Survey 2008，Open Budget Survey 2010，Open Budget Survey 2012. http://internationalbudget.org［2012-5-6］.

续表

2008 年(共 85 个国家)		2010 年(共 92 个国家)		2012 年(共 100 个国家)	
阿富汗	8	阿富汗	21	阿富汗	59
沙特阿拉伯	1	沙特阿拉伯	1	沙特阿拉伯	1
…	…	…	…	…	…

　　不难看出，虽然开放预算调查报告所覆盖的国家在不断增多，然而中国的公开预算指数得分和排名却在逐年下降。这说明，从世界范围来看，中国的预算透明度状况很不理想。考虑到近几年中国政府确实在提升预算透明度方面采取了一些改革措施(如中央部门预算公开)的现实，那么，中国在开放预算调查报告中的糟糕表现即便不能表明预算透明度状况在恶化，但至少说明其进步不如其他国家大。

2. 国内研究机构对中国财政透明度的评估

　　近年来，中国国内的研究机构也开始关注对财政透明度的评估。

　　1)上海财政大学"中国省级财政透明度排行榜"

　　从 2009 年开始，上海财经大学公共政策研究中心每年都对中国省级财政透明度进行评估，并在研究报告中发布"中国省级财政透明度排行榜"。该中心2009 年的研究显示，以满分 1180 分测算，在总共 31 个省级政府中，得分最高的福建省只达到 63%，最低的省份只达到 15%，平均得分比重只有 22%(蒋洪等，2009)①。该中心发布的"中国省级财政透明度排行榜(2010)"显示，如果以百分制来计量的话，中国的省级财政透明度只得了 21.87 分(刘小兵等，2010)②。"中国省级财政透明度排行榜(2011)"显示，2011 年中国省级财政透明度的平均得分为 273.07 分(按百分制计算仅为 23.14 分)(邓淑莲等，2011)③。在 2012 年的研究报告中，31 个省份财政透明度平均得分仅为 298.87 分(按百分制计算为25.33 分)；2012 年的报告还新增了"中央部门预算透明度排行榜"，以满分 129分计算，得分最高的环保部也仅得到了 56.5 分，2010 年，中央 68 个部委的平均得分为 28.41 分(按百分制计算为平均 22.02 分)(杨丹芳等，2012)④。

　　2)清华大学"中国市级政府财政透明度研究报告"

　　清华大学公共管理学院的一个课题组则将目光投向了市级财政透明度。该课题组选取了全国共计 81 个城市(含 4 个直辖市和 27 个省及自治区 2010 年 GDP排名前三位的地级城市，青海、西藏仅选择了省会城市)进行研究，在此基础上，

---

①　蒋洪，刘小兵.中国省级财政透明度评估.上海财经大学学报，2009，(2)：54.
②　刘小兵，邓淑莲，温娇秀.中国省级财政透明度评估(2010).上海财经大学学报，2010，(3)：54.
③　邓淑莲，杨丹芳，曾军平.中国省级财政透明度评估(2011).上海财经大学学报，2011，(4)：53.
④　杨丹芳，曾军平，温娇秀.中国财政透明度评估(2012).上海财经大学学报，2012，(4)：57，61.

于 2012 年 5 月发布了"中国市级政府财政透明度研究报告(2010～2011)"。

调查组经过研究发现，以满分 8 分计算，全国 81 个城市的平均得分为 3.46分，得分比例仅占 43%；得分占满分比例超过 60% 的总共只有 7 个城市，仅占81 个城市的 8.6%；得分占满分比例超过 50%(即 4 分以上)的有 34 个城市，占81 个城市的 42%。研究报告最后得出结论：我国多数地级市的财政透明度为"不及格"；并且在财政公开的信息中，政府更愿意公开预算，而不是决算；对于预算外开支，81 个市政府无一公开①。

5.2.1.3　小结

尽管普通民众对财政透明度的主观感受可能存在偏颇，研究机构对于财政透明度的评估结果基于各种主客观因素也未必完美，但是无论是从定性还是定量的角度来看，都不妨碍人们就当前中国财政透明度的总体状况得出如下结论，即中国目前的财政透明度确实不高。应当指出，表现不佳的财政透明度不仅严重制约着构建公共财政体制目标的顺利实现，而且日益成为削弱民众对政府信任度的重要原因。

5.2.2　中国财政透明度建设面临的现实困境

在各级政府改革举措不断的情况下，财政透明度的现实状况依旧如此糟糕，这充分说明中国当前的财政透明度建设确实陷入了某种困境。

5.2.2.1　财政透明度建设陷入困境的表现

(1)财政透明度建设缺乏统一性和规范性，各级政府及其部门往往自行其是。目前关于财政透明度建设缺乏统一的思路和框架，从而导致不同地区财政透明度建设的具体措施各异，效果不一。有时候，在这个城市能够轻松获取的财政预算信息，在另一个城市却无法获得，或者存在公开程度的巨大差异。甚至在同一个地区的不同部门，在预算公开尺度方面也不一致。2013 年，广州市政府 41 个部门的预算公开过程可以很清楚地反映这一点。广州市质量技术监督局原本在网上公开部门预算 56 页，结果很快删除，以一个 46 页的版本取代。其实，消失的部分恰好是"财政拨款安排'三公'经费支出预算表"。由于这份表格是按照经济分类编制的，而且具体到了"款"一级的预算科目，这就使得普通民众能够比较清晰地看出"三公"经费的具体支出。问题在于，在其他部门尚未对此类信息作

① 清华大学中国市级政府财政透明度课题组：中国市级政府财政透明度研究报告(2010～2011). http://www. sppm. tsinghua. edu. cn/yjbg/26efe489382bd1660138ffa1f8450029. html [2012-9-1].

出如此披露的情况下，广州市质量技术监督局具体公布此项内容当然会显得非常突兀，其被删除其实是一种必然的命运。

（2）财政透明度建设缺乏稳定性和约束力。尽管近年来为切实提升财政透明度，各级政府及相关部门先后出台了不少规范性文件，然而大多数文件的权威性较差，约束力不高。特别是地方层面的很多改革举措，其推进主要还是得益于地方主要领导的政治开明，稳定性较低，其改革的前景不具有确定性。以参与式预算改革为例，尽管该项改革从最初试点就受到社会公众高度关注，但由于参与式预算并非现行预算立法所明定的预算程序，同时其实施也给传统预算决策模式带来了不小的冲击，因此在试点地区，这项改革的推动主要得益于地方党委、人大及政府相关负责人的大力支持，离开这些地方强力人物的支持，改革能否取得效果非常难说。又如，四川巴中白庙乡政府将"三公"业务费用网络公开的改革，既是白庙乡党委书记大力推动的结果，也是得到上级（巴中市和巴州区）主要领导充分肯定和支持的结果。然而此种主要通过地方领导人支持来推动的改革实践的稳定性和约束力并不强，一旦主导改革官员或支持改革的上级领导调任，改革能否持续下去便充满疑问。

（3）官方主导色彩强烈，公众参与不足。虽然中央和地方为提升财政透明度都在大力推进改革，然而就现实来看，多数改革主要还属于政府及相关部门单方推进的改革，公众参与的空间不多。可以说，当前的许多改革还主要局限于公共权力体系内部的运作机制的调整（如强化人大的预算监督、审计监督），较少在改革中注入公民权利的因子。这表现在，一方面，中国公民预算参与和监督的能力不强，由于财政预算事务的专业性，普通民众很难具有预算参与和监督所必要的专业能力。国外的经验表明，公民社会组织在解决这个问题方面可以起到相当积极的作用，然而在中国，由于公民社会组织的发展还面临着很多制度上的限制，很难为普通公民的预算参与和监督提供较为有效的专业支持。另一方面，由于现行制度的限制，普通公民也不具有预算参与和监督的法律手段。因此，尽管广大民众对于财政透明度问题的关注热情日渐高涨，但财政透明度建设难以取得实质性的进展。

5.2.2.2 财政透明度建设陷入困境的原因

当前中国财政透明度建设面临困境的原因是多方面的，大致可以分为观念层面的因素和制度层面的因素。

从观念层面的因素来看，不少政府官员从内心深处缺乏对公民知情权的尊重，习惯于把财政预算事务看成是专属于政府内部的事务，认为普通公民无权过问。对于普通公民想要获得政府财政预算信息的诉求，有些政府官员往往会感觉这是在插手政府事务，是在管闲事，是想要对政府财政预算指手画脚，长期以来的官本位思想使得政府官员在面临普通公民追问财政预算信息时产生一种权威被冒犯的不快感。近年来，随着公民权利意识的增强，社会公众呼唤财政透明的声音日益高涨，中央不断采取措施推进财政透明度建设，在此背景下，已经很少有政府官员会公然否定公民对于财政信息享有知情权，然而由于其内心未必真正对此产生认同，因此在现实中诸如"国家秘密""不属于政府信息公开范围"等理由往往就成为抗拒财政信息公开的借口①。因此，不少政府官员头脑中那挥之不去的拒斥财政透明的观念确实是我国财政透明度建设所面临的一大阻力。

　　然而，观念因素或许还不是最关键的。这是因为，观念因素主要隐藏于人的内心，很多时候既无法观察也难以约束，过分强调观念因素的阻碍容易使人陷入片面强调道德教化的应对之策，然而这种途径事实上是不可靠的。道理很简单，任何观念的形成都是多种因素长期作用的结果，其转变也并非短期内可以实现，难道在观念没有转变的情况下，财政透明度建设就注定无法推进下去吗？事实上，很多时候改革之所以难以推进，其症结主要不在于观念因素，而在于改革缺乏制度性的支撑力量②。制度变革即便不能在短期内推动观念的转变，但至少可以避免落后观念严重妨碍改革的推进。财政透明度建设陷入困境，更重要的原因还在于法律制度层面。正是因为财政透明度制度建设的滞后，才使得当前的财政透明度建设缺乏来自法律制度的强大支撑，民众要求财政预算透明的诉求得不到法律制度层面的积极回应和有效支持，官员阻碍财政预算透明度的行为也很难受到法律的追究，在这种情形下，财政透明度建设中的改革举措难以对官员构成强有力的约束，其拒斥财政透明的观念更难以转变。因此，财政透明度建设所面临的困境很大程度上和财政透明度法律制度建设存在不足密切相关。

　　自 2002 年我国第一部信息公开的地方性立法《广州市政府信息公开》规定出台以来，我国有关政府信息公开方面的立法已经取得了不少成果。在一般性政府信息公开立法方面，2007 年 1 月 17 日，国务院通过了《政府信息公开条例》，该条例已于 2008 年 5 月 1 日起施行；2008 年 4 月 29 日，国务院办公厅发布《国务院办公厅关于施行〈中华人民共和国政府信息公开条例〉若干问题的意见》。在财政信息公开方面，财政部先后制定并发布了《财政部政务公开规定》《财政部机关政府信息公开实施暂行办法》《财政部关于进一步推进财政预算信息公开的指导意见》《财政部政府信息公开目录编制办法及格式》《财政部政府信息依申请公开工作细则》等多项规章制度。此外，各级地方政府及县级以上人民政府部

---

　　①　2009 年，河南南阳市公民王清向市政府具 181 个行政部门提交了 7 项政府书面申请，其要求公开的最主要的内容为"三公"消费：公款吃喝招待、公车消费和公费出国。但是各部门对此的答复却态度不一，要么避而不谈，要么声称"无依据公开"，有的单位甚至将其看成了收集情报的间谍，同时王清的家门口也突然出现了一些陌生人。直到其向新华社寻求帮助和给市委书记、市长写信解释说明其行为的意图之后，情况才发生转变。（详见王向前，王清：我不是间谍 只想知道纳税人的钱政府都花哪了. 河南商报，2009-8-3，A09.）

　　②　以中国过去长期存在公款吃喝为例，在中共中央政治局 2012 年 12 月 4 日出台"关于改进工作作风密切联系群众的八项规定"之后，短短两三年时间里，这种现象就有了很大的改观。为什么会这样？是我们政府官员头脑中的观念在这么短的时间里发生了根本性转变吗？当然不是！真正的原因显然是制度层面的力量。当然有人会说，禁止公款吃喝的规定过去也有，为什么没有解决问题呢？实际上，制度解决的重点不在于制定制度，而在于落实制度，中央治理公款吃喝之所以能够取得成效，一个重要的原因就在于狠抓了相关规定的落实。尽管某些官员头脑中的观念依然未变，但是在制度高压下其行为也必须转变。

门纷纷按照《政府信息公开条例》的要求出台了一些地方性政府信息公开的规范性文件，对本地区的财政信息公开工作进行了规定。

在中国财政透明度制度的建设中，特别值得关注的是《预算法》。因为预算法在一个国家的财政法体系中具有基础性的地位，甚至被人们形象地称为"小宪法"，用以凸显其对于国家治理的重要意义。2014 年 8 月 31 日，第十二届全国人民代表大会常务委员会第十次会议对 1984 年制定的《预算法》进行了重大修改。修改之后的《预算法》有很多亮点，其中有关增强预算透明度的内容受到社会各界的普遍关注。新修改的《预算法》不仅在第一条中明确将"建立健全全面规范、公开透明的预算制度"规定为该法的立法宗旨，而且在其他条文中通过一系列的规定力图确保这一宗旨的实现，主要包括以下方面：①法律顺应了全口径预算的改革潮流，删除了过去法律中有关预算外资金的内容，明确规定"政府的全部收入和支出都应当纳入预算"（第四条第二款）；②法律就预算信息公开的范围、主体、时限等核心问题作出了明确的规定（第十四条）①；③对于违反预算公开的行为，法律明确规定了相关的责任（第九十二条第三项、第九十三条第一项）②。

应当承认，上述努力确实为财政透明度建设提供了一定的制度支撑，但总体上看还存在不少问题。

首先，缺乏财政信息公开的专门性立法。在西方发达国家，信息公开主要由议会通过立法加以规定，但在中国，有关信息公开的专门立法层级都比较低，权威性不高。同 1994 年的《预算法》相比，2014 年修改后的《预算法》虽然增加了部分保障财政透明度的内容，但是受制于预算法本身的立法宗旨，相关规定仍然显得单薄，不足以满足财政透明度建设的现实需要；作为《预算法》的直接下位法，《预算法实施条例》的修改工作迄今仍未完成，现行立法中对于财政信息公开问题并没有明确的规定；《政府信息公开条例》作为我国信息公开的专门立法，其位阶也仅为行政法规，并且该条例虽然涉及财政信息公开，但由于并非专门针对财政信息公开的立法，因此相关条文非常粗略。

从现实来看，真正对中国财政信息公开进行专门规定的主要是财政部门的规章和部分规范性文件，这些规定的法律位阶则更低，权威性自然大打折扣。特别

---

①　2014 年修改后的《预算法》第十四条规定：经本级人民代表大会或者本级人民代表大会常务委员会批准的预算、预算调整、决算、预算执行情况的报告及报表，应当在批准后二十日内由本级政府财政部门向社会公开，并对本级政府财政转移支付安排、执行的情况以及举借债务的情况等重要事项作出说明。经本级政府财政部门批复的部门预算、决算及报表，应当在批复后二十日内由各部门向社会公开，并对部门预算、决算中机关运行经费的安排、使用情况等重要事项作出说明。各级政府、各部门、各单位应当将政府采购的情况及时向社会公开。本条前三款规定的公开事项，涉及国家秘密的除外。

②　2014 年修改的《预算法》第九十二条第三项规定，各级政府及有关部门如未依照本法规定对有关预算事项进行公开和说明的，责令改正，对负有直接责任的主管人员和其他直接责任人员追究行政责任。第九十三条第一项规定，各级政府及有关部门、单位如将所有政府收入和支出列入预算或者虚列收入和支出的，责令改正，对负有直接责任的主管人员和其他直接责任人员依法给予降级、撤职、开除的处分。

应当指出的是，受制于立法权限，当前不少财政信息公开的规范性文件主要集中关注于行政机关内部，而对其他同样承担财政信息公开义务的主体（如人大、政协等）关注得不多，这显然不符合财政透明度建设的要求。

其次，财政信息公开范围过于狭窄，并且公开程度较低。完整性是财政透明对于财政信息的第一要求，这意味着政府公开的财政信息应当涵盖其财政活动的全部范围和内容。如果将政府财政资金划分为一般政府资金、信托资金和公共企业资金①，那么必须看到，在当前的中国，就连一般政府资金的透明度都很低，更不要说信托资金和公共企业资金的透明度。2014 年修改的《预算法》虽然规定政府的全部收入和支出都应当纳入预算，从此宣告了我国过去长期存在的游离于预算监督的预算外资金现象的彻底终结②，从而为预算公开奠定了基础，但是如果仔细查阅新《预算法》中有关预算事项公开的规定，就能够发现，法律对于财政信息公开范围的规定是极为狭窄的。

具体来讲，新《预算法》要求向社会公开的预算事项仅限于以下信息：一是经人大或人大常委会批准的预算、预算调整、决算、预算执行情况的报告及报表；二是经财政部门批复的部门预算、决算及报表；三是政府采购情况。严格来讲，现行《预算法》关于财政信息公示的要求仅限于有关预算事项的报告及报表，其细致程度远远无法同人大所批准的预算方案本身相比。在现实中，人们从政府部门公开的资料中所能够获得的财政信息其实相当有限，通常只能看到非常笼统的收支总数，既不知道预算据以制定的经济假设是什么，也不清楚政府的资产负债情况，更无从得知具体的绩效信息和风险信息。通常，公开披露的财政信息越细致，就越能够准确反映政府活动的细节，也越有利于社会公众监督。从这个意义上讲，2014 年修改的《预算法》虽然在推动预算公开方面有了长足的进步，但是这种进步同财政透明度的实际要求相比还存在比较大的距离。

再次，现行立法对于"财政信息公开"与"保守国家秘密"之间的紧张关系依然欠缺妥善的处理机制。财政信息公开应当以不损及国家秘密为底线，二者如有冲突，应当以保守国家秘密作为选择的优先项，这是一切主张信息公开的人都会认同的前提。现行《预算法》第十四条第四款也明确规定，国家秘密属于前述三类预算公开的例外。问题由此产生了，本来按照信息公开的法理，公开是原

---

①　一般政府资金是指政府日常运转所需要的资金（包括政府预算内和预算外资金），政府信托资金是指政府受托管理的福利基金（包括所有的社会保障资金），而公共企业资金是指政府的经营性资金（包括各种形式的国有资本）。（详见上海财经大学公共政策研究中心. 2010 中国财政发展报告——国家预算的管理及其法制化进程.上海：上海财经大学出版社，2010：316.）

②　2010 年 6 月，财政部发布《关于将按预算外资金管理的收入纳入预算管理的通知》（财预［2010］88 号），决定从 2011 年 1 月 1 日起，将按预算外资金管理的收入（不含教育收费，以下简称预算外收入）全部纳入预算管理。其中中央部门预算外收入（含以前年度欠缴及未缴财政专户的资金和财政专户结余资金）全部上缴中央国库，支出通过一般预算或政府性基金预算安排；地方各级财政部门要按照国务院关于把政府所有收支全部纳入预算管理的规定，在 2012 年 1 月 1 日以前将全部预算外收入纳入预算管理。2014 年修改的《预算法》则直接将政府全部收支纳入预算。

则，不公开才是例外，但由于现行立法界定的财政信息公开范围过于狭窄且公开程度偏低，在现实中往往就变成了不公开是原则，公开才是例外。这其中的关键在于，《预算法》并没有对何种财政信息属于国家秘密进行明确界定。2010年，我国对《保守国家秘密法》进行了修改，该法第九条对国家秘密的范围进行了界定，即凡是涉及国家安全和利益，并且泄露后可能损害国家在政治、经济、国防、外交等领域的安全和利益的事项都属于国家秘密。该条文还具体列举了7类应当被认定为国家秘密的事项(另外还包括政党的秘密事项)①。尽管现行立法并未明确指出财政预算信息属于第九条中所列举的事项，不过从相关条文规定来看，这种可能性确实存在，因为财政信息完全有可能作为国民经济和社会发展中的秘密事项而被确定为国家秘密，甚至还有可能因为上述法定保密事项都可能涉及财政信息而被认定为国家秘密；该条第一款第七项的兜底性条款，即"经国家保密行政管理部门确定的其他秘密事项"更为有关部门据以抗拒公开披露财政信息提供了绝佳的借口。

更值得注意的是，《保守国家秘密法》第十三条将定密权赋予了保密行政管理部门及有关机关、单位，《政府信息公开条例》第十四条也规定了类似内容，但对具体如何认定国家秘密并不清楚。尽管国家保密局1990年制定的《保守国家秘密法实施办法》第四条中对于国家秘密的认定确立了总体的标准，然而这些标准本身其实有着相当的弹性，运用时有着巨大的解释空间。同时，由于前述实施办法已经为2014年公布的《保守国家秘密法实施条例》所取代，而《保守国家秘密法实施条例》实际上也没有就定密的标准作出明确规定，因此，究竟哪些财政信息能够公开披露在现实中基本上就成为这些机构自主决定的事情。由此不难看到，同样是向政府部门提出公开部门预算信息，在一个地方能够得到财政部门的积极响应，但是在另一个地方却被财政部门以保守国家秘密为由加以拒绝。这个问题是财政透明度建设所遭遇的最大法律瓶颈。

另外，财政透明度建设缺乏财政信息公开的有效实施机制，操作性不强。按照《政府信息公开条例》的规定，财政信息的公开有两种方式：政府部门主动公开，或者公民、法人或其他组织向政府部门申请公开。问题是，这两种公开方式的实施效果都并不理想。一方面，尽管近年来政府部门都开始公开财政信息，但是公开程度却非常低，往往仅限于财政政策、法规、工作动态等信息，而对于公众更希望了解的财政收支细节(如行政事业性收费、"三公"消费、政府工程、政府采购)却往往描述得非常简略甚至不予公开。另一方面，当公民、法人或其他

---

① 该法第9条规定：下列涉及国家安全和利益的事项，泄露后可能损害国家在政治、经济、国防、外交等领域的安全和利益的，应当确定为国家秘密：(一)国家事务重大决策中的秘密事项；(二)国防建设和武装力量活动中的秘密事项；(三)外交和外事活动中的秘密事项以及对外承担保密义务的秘密事项；(四)国民经济和社会发展中的秘密事项；(五)科学技术中的秘密事项；(六)维护国家安全活动和追查刑事犯罪中的秘密事项；(七)经国家保密行政管理部门确定的其他秘密事项。政党的秘密事项中符合前款规定的，属于国家秘密。

组织向政府部门申请公开财政信息时，往往被政府部门以各种理由（如国家秘密）予以拒绝。正因为如此，有时候人们往往遭遇这样的尴尬情形：政府主动公开的信息往往并不是普通民众关注的事项，而民众关切并渴望公开的信息则是政府不愿意也不会公开的事项。

就中国财政信息公开的现实情况来看，一方面，由于缺乏权威性的立法支撑，财政透明度建设难以获得一种长期有效的推动力；另一方面，对于财政透明度建设中的不少核心问题，现行制度又缺乏明确的规定或既有的规定存在缺陷。可见，财政透明度建设的困境本质上是财政透明度立法的困境。

5.3　财政透明度保障机制的建设路径

财政透明是公共财政的题中之意，具有保障公民知情权与建立责任政府的重要宪政意义（闫海，2012）[①]。一个不透明的财政是没有公共性可言的，因此，要构建公共财政体制，必须保障财政透明度，从财税法治的角度来讲，这必然要求构建起一套完善的财政透明度保障机制。

5.3.1　财政透明度立法中的基本框架

保障财政透明的实现是所有财政透明度立法的终极目标，然而要达到这个目标，需要对财政透明度立法面对的核心问题有着准确的把握，从而为财政透明度立法构建起一个完善的框架。

5.3.1.1　财政信息公开的范围与内容

财政透明的基本精神在于政府将财政信息向社会公众开放。从理论上讲，作为政府活动的直接反映，所有的财政信息都因为关系到公共利益而有公开披露的必要。然而，这在现实中显然是不可能的，如果财政信息披露的成本超过了收益，那么财政信息公开显然应当有其限度。因此，在公开与不公开之间如何把握界限其实非常关键。在发达国家，这个界限主要是通过议会的立法加以规定；而在中国，由于立法的模糊，这个界限主要由政府自行解释，从而阻碍了财政透明的实现。

---

① 闫海.公共预算过程、机构与权力：一个法政治学研究范式.北京：法律出版社，2012：128.

　　IMF 明确指出，政府应当就过去、现在和未来的财政活动及主要的财政风险向公众提供全面的信息①，具体包括以下内容：①预算信息，预算文件（包括决算账户和其他公布的财政报告）要涵盖所有中央政府预算及预算外全部活动；②过去、现在和未来的财政绩效信息，IMF 要求年度预算应当提供同至少前两个财政年度的结果进行对比的信息，同时提供至少后两个财政年度预算总量的预测和敏感度分析；③财政风险、税式支出、或有债务和准财政活动；④收入来源的确认，年度预算报告应当将所有重大收入来源（包括与资源有关的活动及国外援助）予以单列；⑤债务和金融资产，包括中央政府应当公布的债务和金融资产、重大非债务责任（包括退休金权益、担保、其他合同义务）和自然资源资产的水平及构成；⑥地方政府的财政状况和公共公司的财务；⑦长期公共财务报告②。不难看出，IMF 所列举的财政信息披露范围是极为广泛的，可将其大致概括为 4 个方面的信息，即财政收支信息、资产负债信息、财政绩效信息和财政风险信息。可以说，只有完整地披露了这 4 个方面的财政信息，财政透明度才有保障。

　　财政信息的披露总是有成本的，这种成本表现在两个方面：一是经济成本，通常披露的信息越充分细致，政府为此需要支付的成本就越高；二是非经济成本，由于有些财政信息的披露可能损害公共利益或他人合法权益，故而此时的财政信息披露应当极为慎重。实际上，现代信息公开立法中"以公开为原则，以不公开为例外"精神的核心就在于要求财政信息披露收益大于财政信息披露成本。问题是，究竟哪些财政信息不应当公开，换言之，应当保密。世界各国一般都把影响国家安全、国际关系、商业秘密等的信息视为不宜公开的内容（葛永波等，2009）③，而个人隐私通常也被认为属于不应当公开的内容。从法理上讲，由于财政信息公开属于信息公开的一部分，因此法律对于信息公开的例外规定也应当适用于财政信息披露④。

---

　　①　OECD 在《经合组织关于预算透明度的最佳做法》中对于财政信息披露范围的界定和 IMF 基本相同，此处不再赘述。
　　②　International Monetary Fund. Manual on Fiscal Transparency，2007：61-81.
　　③　葛永波，申亮.财政透明度衡量问题研究——一个分析框架.财政研究，2009，(12)：46.
　　④　例如美国《信息自由法》列举了包括国防和外交信息在内的 9 类不公开信息，同时规定了 3 类不受《信息自由法》约束的信息；日本的《信息公开法》也明确规定了 6 类不公开的信息。美国《信息自由法》规定的 9 类不予公开的信息分别是：国防和外交信息机关内部人事规则和惯例的信息，其他法律规定应当保密的事项，贸易秘密和商业、金融信息，机关之间和机关内部的备忘录，人事、医疗及类似的档案，为执法目的而编制的记录或信息，关于金融机构的信息，关于油井的地质学和地球物理学的信息。3 类不受《信息自由法》约束的信息是：刑事执法机关对违法犯罪的调查记录，刑事执法机关掌握的信息提供者档案，联邦调查局建立的有关外国信息、反间谍信息或国际恐怖活动信息。日本《信息公开法》第 5 条规定了 6 种不予公开的信息：个人信息，法人等经营信息，国家安全和外交的信息，公共安全的信息，审议、讨论中的信息，行政机关特殊的事务事业的信息；第 6 条则规定了部分公开的信息，即对于请求公开的行政文书中有不公开的信息内容，行政长官可以将该部分信息除去后剩余的部分公开；第 7 条则规定了裁量公开的信息，即对于请求公开的行政文书是记录不公开的信息，行政长官在认为公开该信息在公益上特别必要时也可以决定公开。（详见刘杰.知情权与信息公开法.北京：清华大学出版社，2005：117-122，213-221.）

本书认为，为保证财政透明度，财政信息公开在适用除外问题上应当受到更为严格的限制。考虑到保持财政透明度的重要意义，除属于国家秘密的财政信息应当免除披露义务外，对于涉及商业秘密、个人隐私的财政信息的披露免除需要慎重对待。以财政对企业和个人的补贴为例，政府的支出总额、补贴标准、补贴对象的基本情况及其获得补贴的具体数额等信息确实可能涉及商业秘密和个人隐私，然而如果将此类信息予以保密，则有可能极大地妨碍财政透明的实现，也不利于公众监督。在此问题上，发达国家的做法值得借鉴。例如，美国 1974 年的《国会预算与扣押控制法》在第 203 条中将下列信息作为公众获取预算数据信息的例外：①法律特别规定不予公开；②由于国防原因需要保密的事项，或美国外交中的秘密行为；③与某个特定的人相关的交易秘密信息和特殊财务或商业信息，且这类信息是政府以秘密方式获取的，而非该人为获得某项财政或其他津贴而申报的，为防止对该人的竞争地位造成不恰当的伤害，应予以保密；④一经公开就会构成对人身隐私权明显侵犯的人事、医疗数据及类似数据；除非包括以上事项、信息或数据的部分已经被删除(赵倩，2009)[1]。英国《财政稳定守则》和法国《预算组织法》中也有与上述相似的规定。

5.3.1.2　财政信息公开的主体

财政信息公开的主体包括权利主体和义务主体，前者是指哪些主体有权利要求公开财政信息，即财政信息公开的请求权人；后者是指具体承担财政信息公开义务的主体。

1. 财政信息公开的权利主体

各国信息公开立法一般均规定本国公民可以成为信息披露的权利主体，不过这里还有两个问题值得探讨：一是外国人能否成为信息公开的权利主体，二是法人等组织能否成为信息公开的权利主体。

美国关于信息公开的几部重要立法如《信息自由法》《阳光下的政府法》《咨询委员会法》均未对信息公开请求权人的资格进行限制，任何个人(包括外国人)、法人等组织都可以行使该权利。不过美国的《隐私权法》将请求权人中的"个人"限定为美国公民或合法获准居留的外国人，同时也排除了法人等组织作为请求权人(刘杰，2005)[2]。本书认为，财政透明不仅对于保障公民知情权意义重大，而且也是法人等市场主体决策的重要基础，因此，尽管公民知情权在理论上被认为是支撑财政透明的法理基础，但是财政信息公开的权利主体不应当限于公民个人，同时也应当包括法人和其他组织。中国的《政府信息公开条例》中就

---

①　赵倩. 财政信息公开与财政透明度：理念、规则与国际经验. 财贸经济，2009，(11)：63.
②　刘杰. 知情权与信息公开法. 北京：清华大学出版社，2005：114.

明确规定，公民、法人或其他组织可以依法申请公开政府信息。至于外国公民或法人等组织应否被纳入财政信息公开的权利主体，本书认为，如果外国人在中国合法居留（或依法成立）并尽到纳税义务，那么就没有理由将其排除在外。当然，这还取决于两点：一是该外国人所属国家和其所在国家之间有无关于这个问题的双边或多边协定，二是适用对等原则。

2. 财政信息公开的义务主体

由于现实中掌握公共信息的主要是行政机关，因而不少学者在论及信息公开义务主体时往往只探讨行政机关。本书认为，这种主张不利于财政透明的实现。尽管行政机关在现代社会中发挥着主导作用并掌握着大多数公共信息，但是信息公开义务主体却不应当仅限于此。从法理上讲，一切掌握公共信息的公共部门都应当承担信息公开的义务（依法不公开信息的除外），否则难以体现政治透明度的要求。因此，信息公开的义务主体应当涵盖所有掌握公共信息的公共部门，它包括但不限于国家行政机关。实际上，很多国家的立法都是如此规定的。例如，瑞典《出版自由法》中规定的信息公开制度实施机关包括国家行政机关、军事机关、国会、教会会议、法院、地方公共团体的所有机关；韩国《公共机关信息公开法》中规定的实施机关包括国家行政机关、国会、大法院、宪法法院、中央选举委员会、地方公共团体及政府投资机关；美国《信息自由法》中规定的实施机关包括联邦行政各部、军事各部、政府公司、政府控制的公司及联邦的其他机关（包括总统办公厅）和所有独立管制机构（刘杰，2005）[①]。

具体到财政透明度问题，本书认为，凡是获取、管理和使用财政资金的主体都有义务公开其掌握的财政信息。由此概括出财政信息公开的义务主体范围：①国家机关，包括立法机关、行政机关、司法机关、军事机关等行使国家权力的机关；②具有公共管理和服务职能的公共企事业单位；③其他使用财政资金的主体[②]。当然，由于各国在政治、社会、文化等方面的状况差异很大，因此其具体法律规定中关于财政信息公开的义务主体也不一致。

3. 财政信息公开的方式和程序——如何公开？

财政信息公开有两种方式：主动公开和被动公开，前者是指财政信息公开义务主体依照法律规定主动公开财政信息，后者则主要是指由公民、法人等组织依

---

① 刘杰. 知情权与信息公开法. 北京：清华大学出版社，2005：208-211.

② 第三类主体的情况比较复杂，例如政党、社会团体、独立管制机构等这些是否属于财政信息公开的义务主体需要具体分析。如果政党的资金（主要来自于党员缴费和支持者的捐赠）和财政资金是分离的，因此财政透明度基本上不涉及政党问题，虽然政党的经费也应当公开，但这是需要在政治透明度背景下予以解决的问题；如果政党的资金有来自财政资金的成分，那么基于财政公共性的考虑，也应当公开相关的财政信息。这个原理对于受到财政支持的社会团体、独立管制机构显然也应当适用。

法申请公开财政信息①。

关于财政信息公开的程序这里题需要说明两点：

(1)财政透明度实际上是公共财政体制建设中的重要内容，预算制度则是公共财政体制的基础和核心，由于预算制度本身就体现了一种强烈的程序性控制色彩，预算制度中有关预算编制、审议、执行监督等环节的程序性规定本身就包含了财政信息公开的部分程序性规定，如预算报告、决算和财务报告制度中相关的信息公开程序规定等。因此不能局限于行政法的层面来思考这个问题，主要应当被纳入预算程序中予以考虑。

(2)由于财政信息公开的主要义务主体是行政机关(狭义的政府)，而各国往往对政府信息公开有专门的立法，因此财政信息公开的具体程序通常直接适用于国家有关政府信息公开的法律规定②。

另外需要关注的是财政信息公开的渠道问题。财政信息公开的渠道大致包括以下三类：①政府公报、报刊、广播、电视、新闻发布会、档案馆、公共图书馆等；②政府设立的公共查阅室、资料索取点、信息公告栏、电子信息屏等场所、设施等；③政府网站、手机短信、政府博客(微博)等新兴信息传播方式。这些信息公开渠道中，第一种属于传统渠道，也是当前各国财政信息公开工作中最为正式的方式。不过作者在这里更加提倡对后两种渠道的使用，因为这两种渠道就财政信息公开的便利性和快捷性而言是非常突出的。特别是第三种渠道，由于具有传播速度快、发布成本低、互动性强等优势，在民众中的使用日益普及。其中一些日益成熟的方式(如网站)完全可以被法律直接规定为财政信息公开的正式渠道③，同时政府也可以积极尝试通过手机短信、博客(微博)等方式主动公开财政信息。财政透明度建设的核心精神不仅在于财政信息应当向社会公众公开，而且在于这种公开方式应当是成本低廉、易于被公众所了解的。只有这样才真正符合财政透明度的要求，财政的公共性也才有保障。

---

① 作者认为，权利主体通过诉讼方式(特别是纳税人诉讼的方式)要求义务主体公开财政信息也属于被动公开的一种特殊情况，不过这主要属于公民知情权的救济范畴，也可以看成是公民监督权的一种行使方式。在本书中，作者将其纳入公民参与预算监督的部分进行论述。

② 例如，中国《政府信息公开条例》第14条规定，行政机关应当建立健全政府信息发布保密审查机制，同时根据信息公开方式的不同规定了相应的程序。对于主动公开的信息，该法的规定比较简单。第18条规定了信息公开的一般时限(自该信息形成或变更之日起20个工作日内)。对于依照申请公开的信息，程序性的规定主要包括对申请人的要求和对行政机关的要求，前者包括申请的形式、申请的内容、申请费用等问题，后者包括行政机关答复的时限(分为当场答复；15个工作日内答复；延长答复，延长的期限最长不超过15个工作日)、答复的内容要求、对特殊情况的处理、政府信息提供的形式、政府提供信息收费、对特殊申请人的帮助等问题。《财政部机关政府信息公开实施暂行办法》中关于政府财政信息公开程序的规定则是在《政府信息公开条例》的基础上制定的。

③ 目前很多国家都非常重视互联网在政府信息公开方面的重要作用，我国《政府信息公开条例》第十五条中也将政府网站纳入政府信息公开的一种渠道。

4. 妨碍财政信息公开的法律责任

财政透明的实现仅靠在法律中规定政府财政信息公开的义务是远远不够的，还需要建立一个严格的法律责任制度，让妨碍财政信息公开的行为都受到法律制裁。

关于妨碍财政信息公开的法律责任，作者认为主要应当关注责任性质和问责方式这两个问题。根据法理学的观点，法律责任可以分为私法责任和公法责任（张文显，2007）[1]，而妨碍财政信息公开行为的法律责任显然属于公法责任。这里需要进一步探讨的是，此种责任是否仅限于行政责任。财政信息公开立法基本上是一种行政立法，其义务主体也主要是行政机关，因此妨碍财政信息公开的法律责任也主要属于行政责任；不过，如果妨碍财政信息公开的行为造成了严重的后果，就有必要规定相应的刑事责任；此外，从理论上讲也不排除承担国家赔偿责任和违宪责任的可能性。

为切实保障财政透明度，必须建立起一个有效的财政信息公开问责机制。具体而言，这种问责机制的建立可以有以下几种途径：一是政府将财政信息公开纳入各部门工作考核机制的组成部分，建立完善的内部考评体系，以此推动财政信息公开；二是通过财政信息公开申请人向上级行政机关、监察机关或政府信息公开工作主管部门举报或行政复议；三是诉讼方式。后两种途径在《政府信息公开条例》第33条中都有明确规定。不过在现实中，前述问责机制还存在不少问题有待解决。首先，由于缺乏法律的制度性约束，政府部门对财政透明度的意义往往认识不一致，要将财政信息公开工作纳入各级部门工作考核机制并不容易，考核标准和方式也难以确定，从而导致这种考核要么容易流于形式，要么陷入"人走政息"的局面。其次，由申请人向有关部门举报或行政复议的方式尽管也在现实中被采用，但是由于行政复议过程公开性不强、复议程序证据规则不够完善，以及担心复议机关和被申请人官官相护，申请人的信心普遍不足。相对而言，诉讼应当是比较有效的方式，《政府信息公开条例》也规定可以提起行政诉讼，最高人民法院《关于审理政府信息公开行政案件若干问题的规定》也已经于2011年8月13日起开始施行，2014年新修改的《行政诉讼法》也为信息公开诉讼提供了更为权威的法律依据[2]。不过具体到财政信息公开诉讼来看，这其中依然面临不小的问题：由于公民、法人、其他组织提起行政诉讼的前提是认为行政行为侵犯其"合法利益"，那么如何认定此处所说的合法利益就成为关键。因为在不少因财政信息公开引发的诉讼中，政府不公开或不依法公开财政信息的行为实际

---

[1]　张文显. 法学学. 北京：法律出版社，2007：197.
[2]　2014年修改的《行政诉讼法》不仅规定公民、法人或者其他组织认为行政机关和行政机关工作人员的行政行为侵犯其合法权益，有权依照本法向人民法院提起诉讼（第二条第一款），而且明确规定政府信息公开案件第一审案件可以适用简易程序。

上并没有直接的受害人，要证明行政行为侵犯其合法权益并不是一件容易的事情。在未出现直接受害人的情况下，公民由于未受到人身权或财产权的侵害而不能提起诉讼，公益诉讼缺乏可行性。现行的《行政诉讼法》《国家赔偿法》等法律的相关规定，使得公众的部分知情权实质上没有办法通过司法程序得到救济，公众缺乏与政府进行博弈的支点(蒋洪等，2008)[①]。如果要真正使得财政信息诉讼成为推动财政透明度建设的利器，那么对于行政诉讼法所规定的"合法利益"就应当做比较宽松的理解。

5.3.2　财政透明度立法的层次

关于财政透明度的立法层次，目前主要有三种思路。一种是由全国人大常委会制定《信息公开法》，其中包含财政信息公开的规定，该法可以在现行《政府信息公开条例》基础之上形成。这种做法在国外比较常见，例如美国先后制定了多部信息公开法律，包括《情报自由法》(1966)、《联邦咨询委员会法》(1972)、《联邦隐私权法》(1974)、《阳光下的政府法》(1976)、《电子信息自由法》(1996)、《电子政府法》(2002)，从而为财政透明度建设奠定了扎实的制度基础。还有很多国家都制定了信息公开法，如日本 1999 年制定的《信息公开法》，英国 2000 年制定的《信息自由法》，这些都构成财政透明度建设的重要法律基础。另一种是由全国人大常委会在修改现行财政立法时将财政信息公开的内容补充进去。不少国家都在财政立法中对财政信息公开作出了详细规定，如英国的《财政稳定法案》(1998)、新西兰的《公共财政法案》(1989)和《财政责任法》(1994)、澳大利亚的《预算诚信法》(1998)、瑞典的《政府预算法》(1997)、南非的《公共财政管理法案》(1989)、保加利亚的《政府预算结构法》(2002)和《国内财政控制法案》(2003)、印度的《财政责任和预算管理法》(2003)等。尽管我国目前并不存在国外《财政控制法》或《公共财政法》这样的财政立法，但是由于预算法是财政法的核心，因此《预算法》完全成为财政信息公开立法的基点。不过诚如前文分析中所指出的，2014 年修改后的《预算法》尽管在提升预算透明度方面有了长足的进步，但是就其具体规定来看还非常粗略，距离财政透明度的要求还有比较大的距离。还有一种思路是制定专门的《财政信息公开法》，这意味着将突破现行立法的限制，专门针对财政透明度问题进行立法，就其立法效果而言显然比较理想，不过作者认为，以中国目前连《信息公开法》都不具备的情况下，这种主张显然不够现实。

鉴于此，作者主张中国财政透明度法律制度建设可以采取一般立法与专门立

---

① 蒋洪，等.公共财政决策与监督制度研究.北京：中国财政经济出版社，2008：56.

法并举的思路：首先，对《政府信息公开条例》进行修改，在其中强化有关财政信息公开的内容，同时积极创造条件，争取将其升格为由全国人大常委会制定的《信息公开法》；其次，在现行财政立法中增加有关财政透明度的内容，目前最为重要的是首先落实好 2014 年新修改的《预算法》中有关预算公开的规定，同时根据我国财政透明度建设的实际需要，并借鉴国外的成功经验，积极推动《财政控制法》《公共财政法》或《财政信息公开法》的制定，将其作为财政透明度建设的重要立法。在完善的法律还不能在短期内出台的情况下，也可以考虑由全国人大或国务院就财政信息公开工作出台相应的规范性文件。同时，财政部门也可以出面，对现有的规定进行整合，就加强财政信息公开工作制定部门规章或出台较为系统的规范性文件。

5.3.3　在立法中对财政透明度的基本要求进行明确规定

　　财政信息公开的完整性、具体性、时间性是财政透明度的基本要求，这应当成为我国财政透明度法制建设的重要内容，立法应当从这几个方面对财政信息公开进行明确规定。

　　就完整性来看，财政信息披露不仅应当在总体上全面反映政府的全部财政活动，而且应当明确规定其披露的内容需包括财政收支信息、资产负债信息、财政绩效信息、财政风险信息、预算据以制定的经济假设等方面。财政透明度立法应当顺应潮流，在不损害国家秘密和侵犯他人合法权益的前提下，尽可能丰富向社会公开披露的财政信息的内容。

　　就具体性来看，考虑到滥用和浪费公共资金的行为都体现在公共支出的细节中(蒋洪，2008)[①]，因此财政透明度立法应当关注细节问题。具体而言，法律应当对财政信息公开的具体化程度进行明确规定，以改变当前普遍存在的仅仅向社会公开财政资金收支笼统信息的现状[②]。问题在于，现行立法中对于政府向立法机关提交审议及向公众公开的预算文件(预决算报告)并没有对预算的具体化程度进行规定[③]，这造成我国现行的预算报告无法满足财政透明度的要求。对此，作者认为应当将财政支出功能性分类公开至"款"这一级，以充分反映政府的职能

[①]　蒋洪. 公开透明是预算法制化管理的基础. 上海财经大学学报，2008，(3)：48.

[②]　中国从 2007 年开始实行新的政府收支分类体系，具体包括收入分类、支出功能分类和支出经济分类。就支出分类而言，功能分类更加清晰地反映了政府各项职能活动，经济分类则更加清晰地反映了各项支出的经济性质，两者相结合能够清晰地反映各个政府部门支出的取向，极大地有利于提高财政透明度。但是这主要是在预算编制和预算审议环节起作用，而没有进一步推行到预算公开工作中。

[③]　1999 年，《全国人民代表大会常务委员会关于加强中央预算审查监督的决定》第二条要求国务院财政部门积极创造条件，提交审查的预算收支总表和中央政府性基金预算表要做到科目列到类、重要的列到款，但是这并非是对社会公开的具体化程度要求。

活动①。

就时间性来看，法律应当保障财政信息公开的时间性。2014 年修改后的《预算法》已经对预算事项向社会公开的时限作出了明确规定，相比过去的立法，这确实是实质性的进步。不过，对于违反公开时限规定的行为能否做到严格问责，则成为《预算法》中时限规定能否得到落实的关键。

在立法中如何保障"公开为原则，不公开为例外"的实现则是财政透明度立法应当重点关注的问题。这其中最为关键的是要处理好"财政信息公开"与"保守国家秘密"之间的关系，这已成为财政透明度建设所应当重点解决的问题。考虑到中国当前的现实情况，财政信息在何种条件下才能被认定为国家秘密及具体的认定程序应当成为财政透明度立法中需要着力解决的问题，这些内容应当由法律设定基本的规则，不能完全交由行政机关自我设定、自行解释和自由执行，否则财政透明只能是一句空话。

此外，对于妨碍财政信息公开的行为，应当建立严格的法律责任机制予以问责。法律应当明确规定妨碍财政信息公开的法律责任，特别是对责任主体、责任形式等问题进行明确规定②。一切妨碍财政信息公开的行为，都应当被严格追究法律责任。对于妨碍财政信息公开的行为进行严格的责任追究对于保障财政透明是至关重要的。这里需要强调的是，不仅应当重视政府内部的问责，也应当重视人大对政府的问责，同时还应当切实保障公民、法人和其他组织诉讼方式进行问责的权利。

①　我国目前财政支出功能分类具体包括类、款、项三级。有学者指出，其中类级反映的是政府职能主要类别支出情况，款所体现的是各大类支出结构。就我国现行的制度框架看，公布款级支出数据也就完整说明了政府所作所为。(详见白景明. 提高财政透明度应当循序渐进. 人民论坛, 2010, (2): 18.)

②　需要指出的是，尽管现实中妨碍财政信息公开的责任主体主要是政府，但是其他拥有财政信息的机构或使用财政资金的机构同样应当负有财政信息公开的义务，如果其拒绝公开或不依照规定公开相关财政信息，同样应当承担法律责任。

第6章　公民参与预算程序机制之构建

6.1　参与预算程序机制的意义

法治是规则之治，在现代社会中主要表现为程序之治。参与式预算法治化的关键在于程序机制的法治化。

6.1.1　程序法治化：参与式预算法治化的关键

6.1.1.1　现代预算法律制度总体上属于程序性立法

按照法理学的观点，根据规定内容的不同，法律可以划分为实体法和程序法，前者主要规定和确认权利和义务（或职权和职责），后者主要用以保证权利和义务得以实施（或职权和职责得以履行）（张文显，2007）[1]。当然，在不少法律中，实体性规范和程序性规范存在交叉，但是这种划分方式依然为法学界所普遍接受。

现代预算法律制度总体上表现为程序性立法的特点。以中国现行《预算法》为例，尽管在这部法律中不乏实体性的规范（如预算管理职权），但是从整体上表现出强烈的程序法特色。该法第四章到第八章对预算程序进行了详细规定，涵盖了预算编制、预算审查和批准、预算执行、预算调整、决算等预算程序的各个环节，其所占条文总数超过了该法全部条文的一半。

预算法律制度重点关注预算程序问题不是没有原因的。首先，从预算过程的实际运行来看，一个完整的预算过程包括预算编制、预算审批、预算执行、决算这几个在时间上渐次推进、在功能上环环相扣的环节，任何一个运行环节出现问题，都可能使预算过程运行出现偏差，而一套精心设计的预算程序可以有效保障预算过程中各个环节的顺利运行。其次，从预算权力的配置来看，无论负责预算

---

① 张文显.法理学.北京：法律出版社，2007：141.

编制和预算执行的政府部门，还是负责预算审批和预算监督的立法机构，抑或是负责预算执行监督职责的审计机关，其职权行使均对应于预算过程中的不同环节。预算制度将预算权力加以分解，并在不同预算环节中分配给相应的预算权力机构，以期通过预算权力的合理配置，从而实现不同预算权力机构之间既分工合作又相互制约的目的。一套完善的预算程序机制，将有助于促使预算权力机构各司其职，防止其出现卸责、合谋等有违预算制度初衷的行为。另外，从预算监督的角度来看，现代预算制度满足了人民控制政府财政行为的需要，因为根据"主权在民"的现代政治原则，人民享有监督政府财政行为的最高权力。但是，就现代预算制度的实际运行而言，由于预算所涉及的事务内容庞杂并且专业性强，普通公民直接对预算事务的实体内容进行监督并不容易，然而，普通公民却相对容易观测到预算程序中的违法行为(如违法调整预算、违法政府采购等)。即使就不同预算权力机构相互之间的预算监督而言，对程序问题的监督通常也要比对实体问题的监督显得容易。正因为如此，程序性规定成为现代预算法律制度的重心是一种必然，这不仅符合预算运行过程的需要，也有助于预算权力的合理配置，同时还对于预算监督有着积极的作用。

6.1.1.2　参与式预算应当尤其重视程序机制

参与式预算过程所需要解决的程序问题其实远比法定预算过程复杂，因而程序机制的设计更为重要，甚至可以说，程序机制是否完善在很大程度上成为参与式预算法治化的关键。

首先，从现实来看，绝大多数国家在推行参与式预算之初都面临着一个共同的制度背景，即现行预算立法中其实是没有规定参与式预算的[①]，换言之，参与式预算基本上是外在于法定预算过程的。如果说法定预算过程能够借助预算法所确定的一整套精心设计的预算程序得以有效运作的话，那么，参与式预算过程其实无法直接享受到这种程序机制所带来的好处，因为现行立法并没有为参与式预算的运行提供明确的制度规则。从这个意义上讲，和法定预算过程相比，参与式预算本身就面临着程序性不强、规范性有待提高的先天缺陷。

其次，从参与式预算过程中所涉及的参与者及其自身状况来看，参与式预算对程序机制法治化的需求更为迫切。在法定预算过程中，参与者(立法机构、行政机构、审计机构)是为法律明确授权的公共权力机构。其在预算程序中处于何种位置、扮演什么角色及如何发挥作用均由法律明确规定，同时由于是专门预算机构，基本上不存在预算参与能力不足的问题。然而，普通公民通常对预算过程并不了解，也缺乏足够的预算专业知识，因此普遍存在参与能力不足的问题，所

[①]　秘鲁国会在 2003 年通过了《参与式预算法》，这是目前为数不多的专门针对参与式预算进行立法的例子。

以在参与式预算过程中，往往还需要专家学者或民间组织为普通公民提供专业支持。与此同时，立法机构、行政机构等法定预算机构同样在参与式预算过程中扮演着重要的角色。由于立场的分殊，不同主体在参与式预算过程中的诉求未必一致，扮演的角色也各有不同，发生矛盾的可能性显然更大。如果缺乏有效的程序机制设计，那么就无法将众多预算参与者整合到一起进行有效的沟通和对话，也难以有效化解预算过程中的种种矛盾。

另外，参与式预算改革实践越来越凸显出程序机制的重要性。很多国家的预算改革举措往往遵循一种自上而下的路径，其具体表现为由上层来设计预算改革的总体思想、基本原则和操作步骤，并为改革颁布相应的法律、规范性文件或指导意见。尽管这些改革很多也属于探索性质，其相应的规则并不稳定，但是对于下层执行者来说，这至少保证了改革的推进有规可循。参与式预算改革则与此不同，它总体上表现为一种自下而上的路径。大多数参与式预算都是从基层地区起步，获得一定经验之后才逐渐扩展实施的范围或层级。不同地方启动参与式预算的初衷往往也差异很大，同时几乎每一个地区在推行参与式预算时都考虑了当地的实际情况，人们往往在不同地区会看到不一样的参与式预算形式，换言之，参与式预算有多个面目而非一个面目，这种现状实际上也给参与式预算在更大范围内推广带来困难。鉴于此，通过对不同地区推行的参与式预算改革进行总结，从中提炼出一些具有共通性的程序规则，将有助于扩大参与式预算改革的影响力。

应当指出，为推动参与式预算的法治化，人们应当完整理解参与式预算法治化对于程序机制的要求，它不仅要求参与式预算全过程都要在一套明确的程序下进行，更为重要的是，它要求体现出这套程序对于所有参与式预算参加者具有约束力，特别是对于在参与式预算过程中所产生的争议，这套程序要能够快速地响应并予以处理。因此，参与式预算法治化落实到程序机制上就是要求实现参与式预算程序机制法治化。

6.1.2　中国参与式预算程序机制建设的现状与评析

6.1.2.1　地方政府参与式预算程序机制建设的考察

当前中国地方政府在推进参与式预算改革的过程中，有很大一部分工作是围绕着程序问题展开的。但是各地在程序机制的设计上也存在较大的差异。本书在此选择浙江温岭和广东顺德两地的做法进行分析。作者认为，这大致上代表了参与式预算程序机制设计中的两种思路。

1. 浙江台州温岭的做法

温岭的参与式预算以预算民主恳谈为中心展开，其具体操作分市、镇两级进行。

1）市一级参与式预算

2011 年 12 月 30 日，温岭市第十四届人民代表大会常务委员会第四十一次会议通过了《温岭市市级预算审查监督办法》，其中第三条第二款规定：市人大常委会初审预算草案前，应当组织开展部门预算民主恳谈，组织召开预算征询恳谈会，引导公民参与预算方案编制讨论，实行参与式预算；年中审议预算执行情况前，可以组织开展民主恳谈，全面了解预算执行情况。该办法第十二条对于部门预算民主的程序进行了详细规定，概指如下：

（1）部门预算民主恳谈的时间。根据规定，部门预算民主恳谈会召开的时间是在市人大常委会举行初审预算草案会议 15 日以前。

（2）部门预算民主恳谈会的组织者和参与者。部门预算民主恳谈会由市人大常委会组织召开。参加部门预算民主恳谈会的人员有 4 个来源：市人大代表，预算审查监督人才库、参与库专家[①]，特别邀请的政府及有关部门负责人，自愿报名的选民。人数通常控制在 50~100 人。

（3）部门预算民主恳谈会的运行程序。部门预算民主恳谈会的运行由听取汇报、分组恳谈、集中恳谈三种方法进行，实际上这也是依照时间渐次推进的三个程序。听取汇报：大会集中，分别听取发改部门关于上一年度计划执行和本年度重点建设计划安排情况的汇报、财政部门关于上一年度预算执行和本年度预算编制情况的汇报、相关部门关于上一年度工作进展和本年度工作安排情况的汇报。分组恳谈：分若干小组和专家组，在组长的主持下开展恳谈，有关部门负责人在恳谈中听取市人大代表、社会公众意见并回答询问。集中恳谈：大会集中，在市人大常委会主任或副主任的主持下，由各小组组长汇报分组恳谈意见和建议；市人民政府及有关部门负责人与市人大代表、社会公众进行恳谈对话，回答询问，并就恳谈中提出的意见和建议作表态性发言。

（4）部门预算民主恳谈会的结果反馈。市人大常委会办公室会同财经工委，应当将市人大代表、社会公众的意见进行归纳整理，于部门预算民主恳谈会后 7

---

① 2010 年 9 月，温岭市人大常委会开始组建预算审查监督参与库和人才库。通过组织推荐与公民自愿主动报名相结合的办法，鼓励和引导社会公众及中介组织、行业协会、社会团体等组织广泛参与人大预算审查监督。参与库主要吸纳社会公众广泛参与，由全体市人大代表、镇人大代表、村民代表、居民代表、民情联络员、担任过副处实职以上的离退休老干部、妇女代表、科界界代表、税收 50~100 万元企业法人代表、大专以上学历外来人口等 10 方面人员组成，共计 32478 人；人才库主要吸纳比较熟悉预算知识的一些专业人员参与，由部分市人大代表、机关人员、人大财经工委议事委员会成员、镇（街道）人大领导干部、镇（街道）政府（办事处）负责人、人大代表工作站负责人、村民代表、居民代表、企业届代表、中介机构代表、新温岭人、老干部等 12 方面人员组成，共计 336 人。（详见中国人大网：http://www.npc.gov.cn/npc/xinwen/dfrd/zhejiang/2010-12/20/content_1609702.htm [2013-6-25]。）

日内反馈给市财政部门研究处理。

2)镇一级的参与式预算

2010 年，温岭市人大常委会办公室印发了经该市人大常委会主任会议重新修订的《关于开展预算初审民主恳谈，加强镇级预算审查监督的指导意见》（温人大办〔2010〕27 号），对各镇开展预算初审民主恳谈的工作进行了规范。该文件中规定：镇人大在人代会前组织召开预算初审民主恳谈会。

根据该文件，温岭镇级预算民主恳谈工作的基本内容可概括如下：

（1）预算民主恳谈的时间。根据规定，预算民主恳谈会召开的时间是在人代会前，民主恳谈会应提前 10 日发布公告。

（2）预算民主恳谈会的参与者。预算民主恳谈会由镇人大组织召开。参加预算民主恳谈会的人员中，人大代表由镇人大统一组织，选民代表通过一定的方式（如自愿报名、推选、随机抽取）产生。

（3）预算民主恳谈会的运行程序。预算民主恳谈会的运行程序包括 4 个环节。确定初审小组：一般设置经济建设、城镇建设、社会事业等若干个初审小组，人大代表和选民代表可自由选择组别，各初审小组推荐组长（应为镇人大代表）主持恳谈。介绍预算情况：镇人民政府领导参加恳谈并介绍预算草案及编制的原则、依据、过程和其他需要说明的情况。分组进行恳谈：人大代表和选民代表对预算草案逐项进行讨论，充分发表意见和建议，镇人民政府领导答复预算编制相关问题。形成初审意见：各初审小组组长综合人大代表和选民代表的意见、建议，形成预算初审意见，提交镇人大主席团，为人代会集中审查预算草案及预算审查委员会提出预算审查报告作准备。

该文件还特别对镇人大在预算民主恳谈中发挥的作用进行了强调：在预算初审民主恳谈中，镇人大应通过加强组织、引导和适当增加初审次数（如分村、分片或分专题召开恳谈会）等途径，逐步拓展预算初审的广度和深度，切实保证、不断提高初审的效果。

《关于开展预算初审民主恳谈，加强镇级预算审查监督的指导意见》仅仅是对镇实施参与式预算确立了基本的规则，实际上，镇一级人大还就参与式预算制定了更为具体的规定，如泽国镇、箬横镇、松门镇、大溪镇等。现以泽国镇为例简要介绍如下。

2013 年 2 月，泽国镇第十六届人民代表大会第三次会议通过了《泽国镇预算审查监督试行办法》，对预算民主恳谈的程序进行了明确规定[①]。泽国镇人大还通过了《泽国镇参与式预算民主恳谈工作规程》和《泽国镇参与式工程项目智库运作规程》，对参与式预算民主恳谈的具体程序作了更加详细的规定。

根据《泽国镇参与式预算民主恳谈工作规程》，参与式预算民主恳谈的基本程序有三个：一是选民协商恳谈，二是专题民主恳谈，三是代表工作站恳谈。其中，选民协商恳谈的样本对象为户籍在泽国镇的选民。专题民主恳谈的对象为部分选民、专业人员及人大代表，适用于以下事项：政府投资的重大建设项目，群众普遍关注或反映强烈的重大事项，涉及大多数群众利益的重要公共事务和公益事业。代表工作站征询恳谈的参加对象，包括工作站区域内的镇人大代表、上级人大代表、选民代表和专业人员代表，以代表工作站为单位，直接与选区选民进行恳谈。《泽国镇参与式工程项目智库运作规程》还对将专家引入全镇的重大工程项目发挥咨询与监督作用确立了基本规则，该规程不仅明确了参与式工程项目智库的性质、定位和职责，而且规定了智库人员产生基本程序、智库运行程序等。

2. 广东佛山顺德的做法

2012 年 10 月 3 日，广东省佛山市顺德区人民政府办公室印发了《顺德区参与式预算试点工作方案》。该方案对顺德区参与式预算试点工作进行了总体部署，方案附件《顺德区参与式预算试点工作实施细则》对参与式预算的程序进行了较为详细的规定。

根据《顺德区参与式预算试点工作实施细则》的规定，参与式预算工作的基本程序如下：

(1)试点项目的筛选和确定。由区财政税务局(以下简称财税局)根据财政管理的需要选择参与式预算试点项目，其选择标准为涉及社会民生、与群众利益密切相关、群众关注度高、金额在 300 万元及以上的项目，试点项目的最终确定需要经历三个步骤[②]。

(2)试点工作的组织。试点工作由区财税局组织，主要包括两个环节：①公告并征求意见，区财税局通过政府门户网站、新闻媒体、村(居)公示栏、宣传栏等多种方式发布项目参与式预算试点公告并征求公众意见；②组建代表委员会，

---

① 第六条　镇人大主席团对镇人民政府提交的预算草案，应当组织审查，并组织开展会前初审。对主席团审查后的预算草案，可以以代表工作站为单位，召开预算征询恳谈会；应当召开预算民主恳谈会，广泛征求选民意见。第七条　预算民主恳谈、预算草案初审前，镇人大应当组织人大代表及相关人员开展预算审查监督相关知识培训。预算民主恳谈由选民代表、人大代表和有关专业人员参加。预算草案初审以代表工作小组为单位进行，参加人员为辖区内的镇人大代表、上级人大代表及社会各界选民代表。社会各界选民代表在泽国镇人才库中分线抽出。第八条　镇人民政府应当指派相关负责人及有关人员参加预算民主恳谈和预算草案初审会议，介绍预算草案及编制的原则、依据、过程和其他需要说明的情况，听取各方面的意见，回答有关询问。第九条　镇人大主席团根据预算民主恳谈和预算草案初审的情况，将恳谈和初审意见汇总后反馈给镇人民政府，由镇人民政府对预算草案作出修改，并提交镇人民代表大会审查。

② 参见附录Ⅰ《顺德区参与式预算试点工作实施细则》第四、五条。

委员人数一般控制在 15 人以内(其中人大代表、政协委员 4 人,专家、行业代表 5 人,社区群众 6 人),由区财税局负责选取并对委员资格进行公示,项目面谈结束,委员资格自动终止,实施细则还对委员任职条件、产生方式进行了规定[①]。

(3)项目面谈。项目面谈是顺德区参与式预算的核心。由区财税局召集代表委员会全体委员召开项目面谈会,对试点项目立项依据的合法合规性、项目实施方案的可行性等内容进行讨论。由区财税局负责收集、梳理代表委员会委员及公众对项目实施方案和经费预算的意见。面谈会一般由陈述、询问、辩论等程序组成,主要包括以下环节:①预算单位对项目的立项依据、实施方案、经费预算、实施效益等内容进行陈述;②代表委员会成员向项目陈述人进行询问;③预算单位如实回答代表委员会成员的询问;④代表委员会成员就是否同意项目立项及项目经费安排提出意见并说明理由[②]。

(4)面谈结果的应用。面谈会结束后三个工作日内,区财税局根据财政管理的需要,结合项目面谈的情况,拟定试点项目经费审核意见,连同会议纪要一并上报区政府审批。区财税局根据区政府批复安排项目经费,并向代表委员会通报、向社会公布。预算单位按照区政府批复确定的项目实施方案推进试点项目的开展[③]。

(5)项目监督。为保障参与式预算的执行,《顺德区参与式预算试点工作实施细则》规定项目在实施中和完成后均要进行监督。项目实施中的监督:①财政部门的监督,主要是按照项目进度拨款,并对项目资金使用情况进行监督,同时还设立专门的项目监督投诉电话;②公众监督,要求预算单位在项目实施周期内定期通过多种方式对外通报项目实施进度和资金使用情况。项目完成后的监督:①审计监督,区纪律检查委员会(区政务监察和审计局)对已完成的项目进行年度审计;②财政监督,预算单位提交项目验收情况报区财税局备案,区财税局对项目进行年度绩效评价,同时,区财税局还要对外通报项目验收情况、审计情况和绩效评估情况[④]。

6.1.2.2　对当前参与式预算程序机制建设的评析

参与式预算程序法治化绝对不是一蹴而就的事情,它需要一个持续的程序机制建设过程。在作者看来,这个过程大致需要经历两个阶段:第一个阶段是参与式预算程序的规范化,第二个阶段是参与式预算程序的法定化。

参与式预算程序的规范化大致对应于参与式预算改革初期和中期。在参与式预算推行之初,由于缺乏现行立法的明确规定,参与式预算改革带有很强的试点性质,地方政府主要关注的是如何将这一改革推进下去,而非相关配套制度的系

---

①　参见附录Ⅰ《顺德区参与式预算试点工作实施细则》第六至十一条。
②　参见附录Ⅰ《顺德区参与式预算试点工作实施细则》第十二条。
③　参见附录Ⅰ《顺德区参与式预算试点工作实施细则》第十三至十五条。
④　参见附录Ⅰ《顺德区参与式预算试点工作实施细则》第十六至二十一条。

统性和完整性。在参与式预算过程中，不同地方针对各自的实际情况所制定的程序机制肯定会存在诸多差异，如果要在更广泛的范围内推行参与式预算，就需要对这些不同的程序机制进行有效整合，从中提炼出具有共性的程序性的规则并将其制度化后统一颁行实施，这实际上是参与式预算程序的规范化过程。可以说，参与式预算程序的规范化能够为参与式预算过程的推进设立统一的程序规则，它解决的是让参与式预算运转起来的问题。参与式预算程序的法定化大致对应于参与式预算改革的中期和后期。如果说程序规范化主要解决的是参与式预算有没有程序机制的问题，那么，程序法定化则主要解决如何让参与式预算程序机制发挥效果的问题。这里所说的参与式预算程序法定化，其基本含义是通过对参与式预算程序进行立法，让这套程序机制能够超越地方领导者的个人喜好，遵循法律程序本身的逻辑有效运行；它不仅对所有参与式预算过程中的主体都具有法律约束力，更为重要的是，对于不遵照参与式预算法律程序的主体，它可以有效做出回应或施加惩罚，从而保障参与式预算过程稳定有序。

参与式预算改革如要深入开展下去并获得更大成绩，就必须正面应对程序法治化的问题。那么，根据上文关于参与式预算法治化的分析，又应当如何评价中国当前地方政府有关参与式预算程序机制建设的努力呢？或者说，中国当前参与式预算程序机制的现状能否满足参与式预算程序法治化的要求？作者认为，中国当前参与式预算程序机制的建设总体上还处于程序法治化的第一个阶段，即程序规范化阶段，但是不少改革推动者和研究者已经意识到了程序法定化的问题，相关制度建设实际上已经体现了某些程序法定化的因素。

从浙江温岭 2005 年开始推行的预算民主恳谈起算，中国参与式预算改革发展至今已有十年。随着参与式预算改革的不断深入，推行参与式预算的政府层级在逐渐提高（从乡镇一级到县市一级），推行地区在逐渐增多（如今已有浙江、江苏、上海、广东、黑龙江等地）。在此过程中，程序规范化的价值逐渐得以凸显，有关当局客观上也存在初创时期的各种参与式预算运行规则加以规范化和制度化的现实需要。无论是在浙江温岭，还是在广东顺德，抑或是在其他地区，地方政府围绕参与式预算程序机制建设所做的工作，其实都顺应了参与式预算程序法治化的发展趋势。实现程序的规范化原本是在参与式预算改革之中就应当着力解决的问题，但是就中国现实情况而言，一些较早推行参与式预算的地区实际上在改革之初并没有重视或解决好这个问题，程序规范化的重要性是随着参与式预算改革的推进而逐渐凸显出来的，因此，这些地区即使到了参与式预算改革的中期都需要下很大的力气来解决这个问题。不过，那些晚近推行或准备推行参与式预算的地区则没有必要重蹈覆辙，而应当充分汲取改革先行者的经验教训，在预算改革之初就充分重视这个问题，使参与式预算改革一开始就在明确的程序机制下运行。

当前中国地方当局在参与式预算程序机制建设中已经表现出某些推动程序法治化的色彩。例如，温岭的参与式预算程序是通过市人大常委会和各镇人大通过的规范性法律文件所确立的，这不仅使分散的参与式预算程序规则实现了规范化，而且为温岭推行参与式预算改革提供了明确的法律制度保障。与其相比，顺德的参与式预算程序是由该区人民政府办公室通过印发《顺德区参与式预算试点工作方案》（及其附件《顺德区参与式预算试点工作实施细则》）来推进，尽管初步实现了程序的规范化，但该方案的法律位阶很低，其法律约束力明显弱于前者，距离程序法定化的要求相去甚远。此外，两地的参与式预算程序规定存在一个共同的缺憾，即缺乏针对违反程序行为的责任机制规定。根据法理，如果一条法律规则仅存在对"假定"和"处理"的规定而缺少对"法律后果"的规定，那么这个法律规则在逻辑结构上必然是不完整的。反观温岭和佛山的上述文件，尽管对于参与式预算的实施过程规定得比较详细，但是却在法律后果上语焉不详，这显然不利于参与式预算工作的推进。也许有人会说，这些只是一种对参与式工作流程的规定，还没有上升到法律的层面，但是这不正说明参与式预算程序法定化的必要性吗。

　　程序规范化只是满足了程序法治化的初步要求，程序法定化才是程序法治化的关键。从这个意义上讲，中国当前参与式预算程序机制建设还主要停留在第一个阶段，尚且需要实现从程序规范化到程序法定化的转变。这种转变对于参与式预算改革来讲极为关键，因为参与式预算原本就不是现行立法所确认的预算过程，改革得以推行主要是地方当局推动的结果，改革动力既不充分也不稳定。缺乏地方主要领导者的支持，参与式预算程序机制设计得再完美，都有可能由于地方领导的态度转变或工作变迁而遭遇变数。尽管可以从理论上对参与式预算意义进行系统阐释，然而地方当局推行参与式预算改革的心理背景却极为复杂：既有可能出于遏制腐败、改善治理的动机，也有可能是为了满足民众对公共服务需求的需要，还有可能是出于政府官员减少决策责任风险的考虑，甚至有可能是为了提高官员政治声誉的需要（何包钢，2012）①。参与式预算改革要获得一个良好的发展前景，还应当在程序机制法定化方面下大力气。

6.2　参与式预算程序机制构建路径

6.2.1　构建参与式预算程序机制的两种思路

　　构建思路的不同往往决定了具体程序机制的差异，因此，在阐述参与式预算

---

　　①　何包钢.中国的参与式预算概览//伊夫·辛多默，鲁道夫·特劳普-梅茨，张俊华.亚欧参与式预算：民主参与的核心挑战.上海：上海人民出版社，2012：82，83.

程序机制之前，有必要先对构建参与式预算程序机制的基本思路进行探讨。在当前的参与式预算程序机制建设过程中，大致存在两种关于程序机制的构建思路：一种是以浙江温岭为代表的立法主导型思路，另一种是以佛山顺德为代表的行政主导型思路。

　　所谓立法主导型的程序机制构建思路，是指由立法机关主导参与式预算程序机制的设计，同时参与式预算程序已经被吸收进立法机关所参与的预算审批过程。就其实质而言，此种思路下建立的参与式预算程序机制虽然不属于《预算法》和《预算法实施条例》所明确规定的预算程序中的内容，但是由于立法机关主导了参与式预算程序的设计及实施，因此参与式预算程序其实已经被法定预算过程所吸纳。此种情形下推行的参与式预算本质上是作为立法机关预算审批和监督过程的一部分。同时，正因为被纳入立法机关预算审批和监督之中，参与式预算程序具有一定的权威性和约束力，能够有效推动并指导当地参与式预算的实际进程。由此不难理解，温岭市市级参与式预算程序主要规定于该市人大常委会通过的《温岭市市级预算审查监督办法》之中①。

　　所谓行政主导型的程序机制构建思路，则是指由政府或政府有关部门（通常是财政部门）主导参与式预算程序机制的构建，参与式预算程序主要是作为政府预算编制工作的一部分。在包括中国在内的大多数国家，财政部门是核心预算机构，其在预算编制和执行过程中往往居于中心地位，如果参与式预算能同财政部门所参与的预算工作紧密联系起来，则不仅有利于提升预算决策的民主性与科学性，同时也有利于参与式预算决策执行的效果。在实践中，不少地方的参与式预算改革都是由行政机关（特别是财政部门）所推动和主导，有关参与式预算的程序机制往往也通过政府有关部门颁布相关文件的方式整合进其预算工作。例如，广东顺德的参与式预算程序机制主要体现为《顺德区参与式预算试点工作实施细则》，该文件是顺德区人民政府办公室印发的《顺德区参与式预算试点工作方案》的附件。

　　考虑到传统预算程序忽视公民参与的现实，其实这两种参与式预算程序机制构建思路都具有正面意义，因为它们都正面回应了公民参与预算过程的诉求，同时也都可以在一定程度上满足参与式预算程序法治化的需要。与此同时，这两种思路都存在一定的不足。立法主导型的思路主要将参与式预算程序机制的重点放在预算审批阶段，而对普通公民参与政府部门预算编制阶段问题的关注不够；行政主导型的思路则主要将参与式预算机制的重点放在预算编制阶段（有些也延伸到预算执行阶段），而对普通公民参与立法机关预算审批和预算监督的问题关注

---

　　① 需要说明的是，尽管温岭市人大常委会制定的《温岭市市级预算审查监督办法》详细地规定了该市参与式预算的程序，但是这种规定很难真正算得上是"法定程序"。因为，根据《立法法》的规定，只有"省、自治区、直辖市"的人民代表大会及其常务委员会以及"较大的市"的人民代表大会及其常务委员会"才有权制定地方性法规，温岭市不属此列。目前，浙江省只有杭州市和宁波市这两个副省级城市属于立法法中所称的"较大的市"。

不够。事实上，预算过程包含了预算编制、预算审批、预算执行、预算评估等众多环节，如果承认公民参与在预算过程中的重要性，那么参与式预算程序机制理应覆盖预算的全过程①。

6.2.2　参与式预算程序机制设计的难点

尽管前述有关参与式预算程序机制的内容是参与式预算程序法治化所必然要求实现的内容，但是必须承认，这种分析是建立在一种理想状态下的，如果要让这一套程序机制在现实中能够有效运转，就必须考虑到参与式预算程序机制所可能遭遇的现实困难，并进行有效应对。

如前所述，除了极少数情形之外，大多数国家在推行参与式预算时是缺乏权威的法律支撑的。现实中不少地区就参与式预算所颁布的程序性规定，绝大多数都属于一种工作规则，很难算得上严格意义上的立法。但是如果要对参与式预算程序进行立法，那么首先就会面临一个现实的问题：参与式预算究竟应当选择何种立法模式？换言之，参与式预算究竟应当独立于现行法定预算程序之外，还是被整合进现行的法定预算程序之中？这个问题非常重要，因为它涉及如何对参与式预算进行法律定位。

由于现实中大多数地区推行的参与式预算缺乏现行预算立法的明确规定，而是由预算改革者在法定预算程序之外创设的预算过程，因此，在参与式预算程序与法定预算程序之间往往会存在一种紧张关系：按照法定的预算程序，预算决策、执行、监督等环节都是由法定的预算机构分工完成，其中并没有普通公民、社会组织介入的空间。参与式预算的推行，实际上意味着这些法定的预算机构要向普通公民分享一部分预算决策权，这不免会引起预算机构大权旁落的担忧，也容易激发其对抗参与式预算的动机。

事实上，在最早推行参与式预算的巴西，不少地区都存在参与式预算与立法机关的紧张关系。例如，在阿雷格里港市，尽管参与式预算最终还是要呈递给市议会批准，但是由于预算所确定的投资方案拥有强大的民意支持，因而具有极强的合法性，以至于议员几乎没有操作空间，这也因此淡化了他们在分配资源过程中的角色。市议会一直以来也在抗议（Medeiros，2007）②。其实，在参与式预算法治化没有实现的情形下，这种紧张关系几乎是不可避免的。这是因为，尽管遴选机制不同，但是立法机构成员和参与式预算代表都是从公民中挑选出来的，本质上都是代表。既然如此，立法机关在预算决策方面为什么一定要遵从参与式预

---

① 当然，在预算过程的不同阶段，公民参与可以有不同的表现形式。

② Medeiros J J. 财政分权背景下的公民参与：市政管理中的实践——公民参与政府预算：来自巴西的经验//马骏，侯一麟，林尚立. 国家治理与公共预算. 北京：中国财政经济出版社，2007：152，153.

算的决定呢?

　　鉴于此，赋予参与式预算代表以明确法律地位，将游离于法定预算过程的参与式预算程序纳入预算法律框架。这是消解上述紧张关系的重要一步。不过更为重要的是参与式预算程序的立法如何设计。对这个问题的回答取决于如何界定预算过程中参与式预算的法律地位：如果将参与式预算看成是对传统预算程序的一种挑战，那么参与式预算程序就应当成为一套独立运行的预算程序；但是如果将参与式预算看成是对传统预算程序的一种完善，那么就应当将参与式预算程序整合到传统的预算程序之中。

　　作者认为，无论预算改革如何进行，建基于代议制民主之上的传统预算决策过程依然是当今社会预算决策的基本模式，在此种模式中，由行政机关负责编制预算和立法机关负责审批预算的基本预算过程很难受到根本性的冲击。从这个角度讲，参与式预算尽管在很大程度上提升了预算决策过程的民主性，但是它不可能外在于这一基本的预算过程而进行。因此，参与式预算程序法治化的现实路径不可能诉诸构建一套独立于传统预算过程的预算程序，而是应当对现行的预算程序进行改造，使之能够接纳和体现参与式预算的理念。由此论之，参与式预算程序的法治化，并非意味着应当将当前不少地区已经颁行的参与式预算程序性规定全盘纳入法定的预算程序，而是应当经过有效提炼，将其中一些最符合参与式预算精神的规定引入法定的预算程序，没有纳入预算程序立法的规定，则可以继续作为预算过程中的工作规则适用。

6.2.3　参与式预算程序的构成要素

6.2.3.1　主体

　　预算决策是一个有着众多参与者的复杂过程[①]，在参与式预算中，这种参与主体的多元性表现得更为显著。首先，过去长期被传统预算决策所排斥的普通公民，终于在参与式预算中闪亮登场。不过，普通公民本身的构成极为复杂，其可以是公司总经理，也可以是退休老太太，可以是老师，也可以是学生，可以是腰缠万贯的大款，也可以是下岗失业人员，可以是见义勇为的英雄模范，也可以是刑满释放的失足人员。面对如此复杂多元的公民个体，既要正视不同群体的正当

　　[①]　有学者指出，一国预算决策过程中的民主参与度与该国的议会、政党、新闻宣传等制度紧密联系在一起。预算决策民主的实质是参与预算决策与多元化。在政府内部，有不同部门和不同行业主管者的参与；在国家政治机制内，有议会的参与和不同的政党或利益集团的参与；在社会上，有大众媒体、普通民众和特定专家的参与。(详见邢会强. 程序视角下的预算法——兼论《中华人民共和国预算法》之修订. 法商研究，2004，(5)：27.)

诉求，又要保证参与式预算决策的效率，显然并不容易。其次，传统预算决策中的预算权力机构，包括立法机关(议会或人大)和行政机关(政府及其部门)都要在参与式预算中扮演重要的角色，审计机构也可以在参与式预算过程中发挥作用。再次，由于普通公民通常缺乏参与预算所必要的专业知识，因此需要专家学者或社会组织的力量，那么这些提供智力支持的主体显然在参与式预算过程中扮演了重要的角色，他们介入参与式预算过程的方式和机制也值得关注。

　　虽然参与式预算中的参与者构成极为复杂，但这并不意味着所有这些参与主体都需要成为参与式预算程序立法所关注的对象。事实上，这些参与者在参与式预算决策过程中所起到的作用是很不相同的，有些要直接对预算决策产生影响(核心参与者)，有些则主要起辅助作用(非核心参与者)。因此，参与式预算程序立法只需要针对核心参与者进行规定即可。

1. 普通公民与公民代表

　　从理论上讲，参与式预算应当对所有的普通公民都保持开放，也即是说，凡是具有完全民事行为能力的公民都拥有进入参与式预算程序的资格，因为这最符合直接民主的要求。不过，这实际上只能是一种理想的状态。一个是关于非本地户籍公民的问题。中国目前有着非常庞大的流动人群①，通常这些人的户籍所在地和实际居住地并不一致。如果推行参与式预算，那么这些人能否参加及如何参加都是一个值得深入思考的问题。具体而言，如果户籍地推行参与式预算，这些人能否报名参加？如果可以参加，那么这些常年在外工作生活的人如何保证其对于本地事务的熟悉程度足以胜任参与式预算决策的要求？另一方面，如果居住地推行参与式预算，这些人又能否参加？如果可以参加，那么是否有必要为其设置具体的参与条件？例如，稳定住所、居住时间、社保缴纳期限等。另一个则是参与式预算中公民代表的问题。参与式预算对普通公民开放并不意味着全体公民都实际介入参与式预算过程之中，这主要涉及一个决策效率的问题。在现实中，参与式预算不太可能实现真正的大众民主(一人一票)，往往只能从普通公民中选出一些代表(本书简称为公民代表)来参与预算决策。那么，成为公民代表需要具备哪些条件？公民代表应当通过何种机制被遴选出来？公民代表的人数是多少？公民代表是否应当有任期限制？当然，由于中国推行参与式预算的时间并不算长，不少地区在制定参与式预算相关工作规则时对此并未详细规定，但是如果要推动参与式预算的法治化，那么就必须认真思考并回答这些问题。

　　作者认为，非本地户籍居民是中国社会普遍存在的现实，他们既然在这个地区工作、生活，那么这个地区的具体预算事务安排就同其有着直接的利害关系；

---

① 中国国家卫生计生委官员指出，目前我国流动人口已达 2.53 亿人，超过全国总人口的六分之一。(详见马晨光，金革新. 国家卫计委：流动人口规模还会进一步扩大. http：//cnews. chinadaily. com. cn/2015-02/08/content _ 19522584. htm [2015-2-9].)

不仅如此，对于自己工作、生活地区的预算事务，非本地户籍居民所知并不比当地户籍居民要少。因此，没有理由将非本地户籍居民排斥在参与式预算过程之外，当然，为了保障参与式预算的顺利进行，可以对其在本地居住的期限提出一定的要求。事实上，浙江温岭就是这样做的。2013 年 12 月，温岭市人大常委会分别举行了 7 个部门的 2014 年预算民主恳谈会，会前就发出公告邀请公民参与：凡年满十八周岁、具有完全民事行为能力的本市公民或户籍不在温岭但在温岭居住满一年的公民（除依法被限制人身自由或剥夺政治权利外），都可以报名参加①。与此形成对照的是，有些地方对于参与式预算中的公民代表规定得比较模糊。例如，在广东顺德，公民代表是从提出申请的社区群众中随机抽取产生的。问题在于，"社区群众"是一个含义很不明确的概念，是否仅限于本地户籍居民从这个概念中也得不到回答。作者认为，相比而言，温岭的做法更应当为我国参与式预算立法所采纳②。

对于参与式预算中的公民代表是否应当设置一定的资格要求？这是实践中必须认真解决的一个问题。对此，不同地区的要求并不相同。例如，温岭的要求很简单：从积极条件来讲，要求年满 18 周岁，具有完全民事行为能力，具有本市户籍或在本市居住满一年；从消极条件来讲，要求不具有"依法被限制人身自由或剥夺政治权利"的情形。应当说，温岭市规定的这些条件比较容易满足。相比而言，顺德规定的条件就比较严格，因为顺德要求区财税局从人大代表、政协委员、专家、行业代表、社区群众中选取代表组成参与式预算项目代表委员会，并且包括社区群众代表在内的所有委员都应当在政治、品行、专业、意愿 4 个方面具备一定的条件③。如果仔细审查具体的要求，会发现在 4 个方面的条件中，以第三个条件（专业条件）最值得探讨。其条件要求具备评审项目所在行业、领域的专业知识和技能，并且强调有听证、项目预算评审等相关经验者优先考虑。然而，参与式预算之所以有生命力，正是在于它向在传统预算决策过程中不具有专业知识和技能的普通公民保持了开放。如果在推行参与式预算时又把专业条件作为担任公民代表的必备条件，这无异于抵消了参与式预算的此种优势。因此，作者认为，顺德对于公民代表在专业条件方面的要求是值得商榷的。

此外，参与式预算程序立法还应当对公民代表的公示机制、资格期限等作出明确规定。这些内容温岭和顺德都有规定，相比而言，作者认为顺德的规定更为具体和细致，可以为我国今后参与式预算立法所借鉴。

---

① 温岭市人大常委会办公室：关于邀请公民参加部门预算民主恳谈会的公告. http：//www. yusuan. gov. cn/xwzx/201312/20131210901. html＃ ［2014-2-3］.

② 但是温岭当前的做法也存在一些问题. 因为根据《温岭市市级预算审查监督办法》，部门预算民主恳谈会由市人大代表、预算审查监督人才库、参与库专家、特别邀请的政府及有关部门负责人、自愿报名的选民等组成，一般以 50～100 人为宜。很明显，在上述规范性文件中，公民代表必须是"选民"，但是该市人大常委会在 2013 年 12 月举行 7 个部门 2014 年预算民主恳谈会时，邀请参与的公民范围却没有作此限定。

③ 参见附录Ⅰ《顺德区参与式预算试点工作实施细则》第九条。

2. 行政机关与立法机关

在传统的预算决策过程中，行政机关与立法机关是非常重要的两个机构。前者负责预算编制和执行，后者负责预算审批和监督，这基本上是大多数国家预算决策过程的基本权力架构。在法律层面将参与式预算纳入预算程序，很明显会导致这种传统的预算决策模式发生变化。在参与式预算仅仅作为少数地区预算改革试点而非预算决策常规做法的情形下，此种变化给行政机关和立法机关在预算决策方面带来的压力并不明显。因为，传统预算决策模式基于现行法的强制性规定具有极强的制度惯性，它成为主导预算决策者从事预算工作的支配力量，参与式预算由于仅限于在少部分地区、少部分事务上展开，更广泛的地区和更多的事务依然沿袭既定的预算决策和执行方式，参与式预算不可能从根本上改变预算过程中行政机关和立法机关的主体地位。然而，当要把参与式预算程序作为一种法定预算程序引入预算过程（即实现参与式预算法治化）时，就必须正视这个问题。换言之，必须认真思考和回答：在参与式预算程序立法中，应当如何界定行政机关和立法机关所扮演的角色，又应当如何规定其所应当承担的职责？

在参与式预算程序立法过程中，行政机关与立法机关依然应当扮演重要的角色，对于这一点人们应该没有太大的异议。不过前文已经提及，在参与式预算程序机制构建中存在着立法主导和行政主导两种思路，这两种思路在现实中就表现为在参与式预算程序中究竟是立法机关占据主导地位还是行政机关占据主导地位的差别。然而正如作者所指出的那样，两种思路其实都存在不足。浙江温岭和广东顺德的不同做法实际上只是在参与式预算法治化尚未实现的背景下两个地区在参与式预算改革实践中所做出的不同选择，其具体做法对于参与式预算程序立法仅有参考意义而无决定意义。在具体构建参与式预算程序时，必须将立法机关和行政机关的角色全部纳入其中予以通盘考虑，否则参与式预算的现实推进必然受到影响。实际上，完善的预算决策不是也不应当是由哪一方预算参与者主导之下的结果，而应当是预算决策过程中的不同参与者合理分工、协调配合之后的结果。从这个意义上讲，人们需要关注的不是立法机关和行政机关谁应当在参与式预算程序中占据主导地位，而是究竟应当如何通过妥当的制度设计使得这两个机关在参与式预算过程中发挥积极作用，从而推进参与式预算顺利进行。简单地说，参与式预算立法应当达到的是一个"法律主导，各司其职"的效果。

就立法机关而言，由于立法机关作为代议机构，和参与式预算所体现出来的直接民主理念具有天然的契合性，同时立法机关本身肩负预算审议职责，因此作者认为，其在参与式预算程序中较为适宜扮演参与式预算程序的组织者和协调者的角色。具体来讲，参与式预算程序的组织（启动和推进）可以由立法机关负责；参与式预算决策及执行过程中需要行政机关（包括财政部门和其他行政部门）进行说明或予以配合的，可以由立法机关负责协调，包括组织听证会、协调会、现场考察等；对于预算参与能力不足的公民代表，立法机关可以组织邀请相关预算专家、民间组织来对其进行培训。

就行政机关而言，由于行政机关在预算过程中主要负责预算编制和预算审议，同时其在信息掌握和资源占有方面具有较为明显的优势，因此作者认为，其在参与式预算程序中比较适宜扮演参与式预算的信息提供者、资源保障者和决策执行者的角色。具体来讲，对于参与式预算决策和执行过程中需要财政部门及相关行政部门作出解释和说明的，财政部门和相关行政部门负责人应当对参与式预算的公民代表就相关政策和信息情况作出合理的解释说明；对于通过参与式预算决策选定的项目，财政部门必须确保财政资金的提供，相关行政部门还要负责项目的落实，同时，对于公民代表就参与式预算项目执行过程中发现和提出的问题，财政部门和相关行政部门应当及时予以回应。

6.2.3.2　时间

如前所述，如果将参与式预算程序与传统预算程序割裂开来平行设置的话，则有可能造成参与式预算推进受阻①。鉴于此，作者认为参与式预算应当被传统的预算程序所吸收，即通过立法的方式对传统预算程序进行改造。这样做的好处在于，参与式预算由于获得了立法的支持而成为法定预算程序的一部分，同时传统的预算程序也因为吸收了参与式预算的精神而获得了新生。既然如此，参与式预算就应当被纳入年度预算加以安排。然而，这里需要解决的一个问题是，参与式预算应当在法定预算程序中的哪一个环节推进。这实际涉及参与式预算程序中的时间问题。

从世界各国参与式预算的实践来看，既有在行政部门预算编制环节中引入参与式预算的，也有在立法机关审议预算环节中引入参与式预算的，当然还有很多地区的参与式预算程序是直接延伸到预算执行环节的。作者认为，如果承认参与式预算的核心要义在于将"主权在民"的理念贯彻到预算过程之中，那么就没有必要非要将参与式预算程序进行的时间限定在预算编制、预算审议或预算执行的某一个环节，而应当尽可能在预算过程的多个环节中都尽可能多地注入参与式预算的因素。具体而言，在立法中应当明确，无论是行政部门的预算编制环节和预算执行环节，还是立法机关的预算审议环节，都应当规定开展参与式预算的相关内容。当然，在预算过程中的不同环节，参与式预算采用的形式不尽相同，其参与的深度和广度也不尽一致，法律规定得可以简略一些，更具体的内容可以交由参与式预算工作方案予以落实，但是法律必须为参与式预算程序预留必要的空间，从而保障参与式预算程序在预算过程的各主要环节都有所体现。否则，参与

---

① 这种情形在率先推行参与式预算的巴西的部分城市中已经出现。

式预算的推进将可能丧失程序机制的支撑而被空心化。

6.2.3.3　层级和范围

　　参与式预算虽然在很大程度上克服了传统预算决策模式的不足，但是它并非在预算过程的任何层级和范围都适用。因此，思考参与式预算程序问题，还必须认真探讨参与式预算适用的层级和范围问题。

　　从理论上讲，由于受到人口规模、地域跨度等因素的制约，绝大多数国家都是实行多层级的预算体制。以中国为例，根据现行立法，中国设立的是一个五级预算体制①。不同预算层级所涉及的预算事务差别非常大，预算决策所面临的复杂性更是千差万别。总体而言，预算层级越高，预算所涉及的事务越宏观，预算决策所面临的复杂性和决策难度越高；预算层级越低，预算所涉及事务越微观，预算决策所面临的复杂性和决策难度越低。参与式预算具有较强的直接民主色彩，它显然不太适合施行于较高的预算层级，因为这很难体现出直接民主优势。原因很简单：由于自身知识、经验、信息等因素的限制，普通公民对于较高层级的预算事务往往是缺乏参与能力的，也未必具有参与的兴趣；相反，对于层级较低的预算事务，他们通常更为了解，同时由于同自己的切身利益关系密切，他们通常也更有参与的兴趣。国内外参与式预算的实践也表明，参与式预算推行的层级主要限于地方预算中较低的层级。例如，在巴西，参与式预算是在市一级推行的；在中国温岭，参与式预算开始于乡镇层级，后来才在县一级推行（温岭是台州市下属的县级市），台州市则是在 2010 年 9 月才由该市人大常委会决定将参与式预算向全市推行②。考虑到中国地区差异太大，参与式预算实施的基础也比较薄弱，作者认为，在进行参与式预算立法时，可以将参与式预算程序适用的层级限定在县、乡预算两级；对于个别实践较早、基础较好的地区，可以在地级市层面推行参与式预算，但是在推行之前，应当由更高层级的有关部门批准。至于省一级和中央一级的预算，由于所处理的事务通常比较宏观，不宜作为参与式预算推行的层级。当然，省一级和中央一级的预算过程同样应当借鉴参与式预算中所彰显的民主精神，这可以通过提升预算编制和审议的民主性、强化预算监督等方式加以实现，直接引入参与式预算倒未必是一个好的选择。

　　即便是属于适于推行参与式预算的层级（如县、乡预算），是否所有的预算支出都需要或可以通过参与式预算的方式加以安排？这个问题关系到参与式预算的

---

　　① 《预算法》第 3 条，国家实行一级政府一级预算，设立中央，省、自治区、直辖市，设区的市、自治州，县、自治县、不设区的市、市辖区，乡、民族乡、镇五级预算。
　　② 2010 年 9 月，台州市人大常委会决定向全市推行参与式预算。2011 年 8 月，《中共浙江省委关于加强"法治浙江"基层基础建设的意见》出台，明确提出要推行温岭市人大的"参与式预算"等基层新做法。（详见蔡瑛. 不断创新的参与式预算. http：//www. zjtzrd. gov. cn/tzrd/Desktop. aspx? PATH＝tzrd/tzrdsy/tzrdxxll&Gid＝b9e25c55-851e-400d-98cc-cadbbf75d974&Tid＝Cms＿Info［2013-8-12］.）

适用范围，值得认真分析。如果对预算编制形式稍加分析，就可以得出结论，参与式预算并不适用于所有的预算支出。按照预算编制的形式，可以把预算分为单式预算和复式预算，单式预算意味着把政府全部的财政收支汇总编入一个总预算之内，而复式预算则是把全部财政收支按照收入来源和支出性质分别编成两个或两个以上的预算。在复式预算中，最为典型的形式则是由经常预算和资本预算所构成的双重预算。就其内容而言，经常预算通常包括政府的一般行政费用支出，而资本预算则通常包括政府的各项资本性支出，如政府对公营企业的投资、对公共工程项目的投资、战略物资储备、政府贷款、偿还国债等支出①。事实上，由于受到法律和政策的限制，经常预算支出通常是比较严格的，并没有太多参与式预算适用的机会。以我国部门预算支出中的基本支出预算为例，其中的人员经费和日常公用经费实际上都是由现行法律和政策所明确规定的，这些经费的支出本身就具有很强的刚性，从一定意义上讲，保障这些经费的开支本身就是法律和政策的要求，因此，参与式预算不太适宜在经常预算中适用。相比而言，资本预算倒是为参与式预算的适用留下了非常广阔的空间。由于财政资源本身所具有的稀缺性，资本性支出实际上往往是以一个个的项目为支撑的。然而，政府的财政资金投放于什么项目、投入多少资金，这些问题则有着太多可以商讨的余地。历史的经验表明，在缺乏公众有效参与的情况下，政府的预算决策很有可能是非理性的，从而造成巨大的资金浪费。从这个意义上讲，在资本预算中，参与式预算大有可为，特别是其中的公共工程投资项目，由于这些项目通常投资较大，社会关注度本来就很高，并且这些项目由于和民众的切身利益直接相关，公民本来就有参与的兴趣和热情；同时，这些项目的实施效果也非常容易为民众所感知，从而有利于对参与式预算的实施进行监督。鉴于此，作者主张法律将参与式预算的实施范围限定于资本预算。

6.2.4　参与式预算程序中的核心机制建设

从法律制度建设上讲，参与式预算程序的法治化绝非意味着单纯地将参与式预算程序写进法律就宣告完事大吉，还必须进一步明确，一个什么样的参与式预算程序立法才能够保障参与式预算的有序进行。在作者看来，一个完善的参与式预算程序实际上是由一整套功能界分明确、彼此协调配合的核心机制所组成的。

---

①　例如，在我国的部门预算编制过程中，部门支出预算就是由基本支出预算和项目支出预算构成的，前者是行政事业单位保障机构正常运转、完成日常工作任务而编制的支出预算，包括人员经费和日常公用经费两部分；后者是行政事业单位为完成特定的行政工作任务或事业发展目标，在基本支出预算之外编制的年度项目支出计划，包括基本建设、有关事业发展专项计划、专项业务费、大型修缮、大型购置、大型会议等项目支出。（详见李燕. 政府预算. 北京：中国财政经济出版社，2008，第三章第四节"政府预算的编制".）

因此，参与式预算程序立法除了要解决程序性要素的设计问题之外，还应当重点关注这些核心机制的建设问题①。作者认为，这些核心机制主要包括公民代表遴选机制、信息公开机制、预算决策中的多方商讨协调机制、预算执行监督机制，这些机制对于构建完善的参与式预算程序立法非常关键。

6.2.4.1　公民代表遴选机制

尽管参与式预算确实回应了直接民主的诉求，但是在参与式预算中依然不可能实现彻底的直接民主。这是因为，即便参与式预算所商讨的事务确实对所在地区民众的利益休戚相关，但是在现实中却不是每一个人都会对地方公共事务感兴趣；即便其感兴趣，他（她）也未必愿意介入参与式预算过程，因为他（她）可能没有时间、没有精力或没有能力介入。因此，参与式预算中的公民参与必然在很大程度上表现为通过公民代表的参与来实现。事实上，参与式预算的实践说明，无论中国还是外国，推行参与式预算都需要在民众中遴选出公民代表，这些人往往成为参与式预算能否深入下去的关键力量。正因为如此，建立一个良好的参与式预算公民代表遴选机制就显得非常重要。

从参与式预算程序法治化的角度来看，一个良好的公民代表遴选机制应当包含以下几个要点：

（1）明确性。这要求对于担任公民代表所需要具备的基本条件和公民代表数量作出明确规定。考虑到当前中国各地在这个问题上的规定很不统一，并且某些条件的设定也未尽合理，作者建议，应当在立法中对于担任公民代表的基本条件作出统一规定，尽可能消除不利于参与式预算推行的条件要求。总体而言，这些条件可以包括意愿、年龄、政治、品行、居住时间等方面的要求，至于学历、专业、社保缴纳情况等方面的要求则不宜加以规定。

（2）公开性。公民代表遴选机制保持公开性是非常重要的，这要求在遴选之前，有关部门应当通过政府网站、公开媒体、短信、微信公众号、官方微博等方式发布遴选公告，遴选结果（包括公民代表遴选过程、个人情况、任职期限、基本职责）都要公开。

（3）稳定性。公民代表遴选机制一旦为法律所明确规定，就应当尽可能保持稳定，既不能每年都频繁地修改，也不允许有关部门为保持对参与式预算过程的控制绕过现行机制而自定规则。

---

① 应当说明的是，在当前的参与式预算实践中，各国、各地有关参与式预算程序相关机制的规定差别非常大。例如在中国，由于构建思路不同，浙江温岭与广东顺德的参与式预算程序也存在显著的差异。不过作者认为，在参与式预算程序立法中，可以充分吸收这些地区的经验并加以整合，建立一个覆盖预算全过程的程序机制。

6.2.4.2 财政信息披露机制

参与式预算本身有利于提升财政透明度，反过来，财政透明又成为参与式预算顺利开展的重要基础。由于本书第 5 章已经对财政透明度保障机制相关问题作了较为系统的阐述，因此，本书在此所分析的信息公开机制是在一个较为特定的背景下展开的，它实际上只是作为参与式预算程序核心机制的一部分。事实上，信息公开机制对于实现参与式预算程序的法治化有着非常积极的意义，它不仅是保障参与式预算决策质量的需要，也是基于参与式预算所彰显的公众参与和公开透明精神的内在要求。

考虑到参与式预算推进的现实需要，此处的信息公开机制至少应当满足以下两个方面的要求。一方面，应当公开的信息是全方位的。不仅应当将参与式预算所讨论的项目相关信息（如项目概况、拟投入资金数量、建设周期等）予以公开，也应当将和年度预算决策相关的预算信息（如当地预算收支总体情况、参与式预算资金占总预算支出资金的比重等）一并予以公开，事实上，只要是有利于参与式预算的进行同时又不属于法律明确禁止公开的信息，都应当公开。另一方面，公开的时间是全过程的。参与式预算的推进是一个动态的过程，它跨越了包括预算编制、预算审议、预算执行、决算在内的预算全过程。作为参与式预算程序核心机制的信息公开机制自然应当与此相适应。换言之，在预算过程的每一个环节，都应当有与其相对应的信息公开流程，若非如此将难以保障参与式预算的实施效果①。

6.2.4.3 预算决策中的多方商讨机制

参与式预算的突出价值在于，通过参与预算过程，普通公民或其代表能够就预算事务直接发表自己的看法，甚至可能对部分项目预算资金分配享有一定的决策权。然而，参与式预算单靠普通公民或公民代表的努力是无法推行下去的。这是因为，参与式预算过程有着众多参与者，除了普通公民或公民代表之外，立法机关、行政机关（包括财政部门、其他政府部门）都需要参与其中。具体而言，参与式预算所决定的项目并没有完全独立于政府年度总预算，推行参与式预算的资金实际上也是从整个支出预算资金中切分出来的，因此它最终需要纳入整个预算方案加以考虑，以消解实施参与式预算项目而给整个预算方案平衡所带来的压力。然而，普通公民或公民代表对于政府整体预算草案是不熟悉的，其在参与式

---

① 试想，如果信息公开机制仅在预算编制环节得到落实，而在预算审议环节没有得以体现，如何能够保障参与式预算决策的合理性？或者仅仅在预算决策（预算编制和预算审议）环节得到落实，而在预算执行和决算的环节没有得以体现，又如何能让社会公众对参与式预算项目进展情况进行监督？

预算过程中所提出的意见和建议如果放置于整个预算方案中很有可能未见得具有合理性，这就需要通过一个多方商讨机制来加以协调解决。不仅如此，由于参与式预算过程中不同参与者所持立场的分殊，其对于预算事务的看法本身就存在着差别，而一个多方商讨机制的建立，显然有助于各方参与者在这一过程中消弭争议、达成共识。

从现实情况来看，不同国家和地区在多方商讨机制的形式和内容上存在着非常大的差异。例如，在中国浙江温岭，参与式预算都是通过冠名为"预算民主恳谈会"的多方商讨机制来进行的。就市一级而言，预算民主恳谈主要是在市人大常委会初审预算草案前组织召开，参与部门预算民主恳谈会的人员由市人大代表、预算审查监督人才库和参与库专家、特别邀请的政府及有关部门负责人和自愿报名的民众所组成，恳谈会的运行则采取听取汇报、分组恳谈、集中恳谈等多种方法依次进行；而在镇一级，预算民主恳谈则是由镇人大在人代会前组织人大代表和选民代表召开，预算民主恳谈会的运行要经过确定初审小组、介绍预算情况、分组恳谈、形成初审意见等环节，其中在分组恳谈环节，人大代表和选民代表对预算草案逐项进行讨论，镇人民政府领导答复预算编制相关问题。此外，温岭市下属各镇往往还就预算民主恳谈的进行作出更为细致的规定。在广东顺德，多方商讨机制实际上是由一个包含不同领域人员所组成的"代表委员会"召开项目面谈会的方式来运行的，会议由区财政局召集，预算单位要对项目相关情况进行陈述并回答代表委员会的询问，最后代表委员会的成员就是否同意项目立项和经费安排提出意见。尽管各地的具体做法存在差别，但是一个设计良好并能有效运行的多方商讨机制确实非常重要，从一定意义上讲，参与式预算能否成功往往取决于这个多方商讨机制运行的实际效果。

6.2.4.4　预算执行监督机制

在传统的预算决策过程中，预算执行监督是保障预算决策贯彻落实的关键。毋庸置疑，凡是预算法治健全的国家，必然是预算执行监督机制完善的国家；凡是预算执行监督不力的国家，预算法治的状况必然不佳。参与式预算作为预算改革过程中出现的新生事物，实际上同样可能面临这样的尴尬情形，即参与式预算确实搞过了，社会公众和公民代表确实也在参与式预算决策过程中积极参与了，但是参与式预算的决策在执行过程中并没有真正得到落实，或者执行的效果不理想。如果真是如此的话，那么必然极大地打击公众参与预算的积极性，同时也消解了参与式预算推行的意义。

因此，参与式预算要真正发挥效果，就必须使通过的参与式预算决策得到落实，而要使参与式预算决策得到落实，就必须建立起严格的预算执行监督机制。具体来讲，参与式预算的执行监督可以有两种基本方式：一种是借助传统的预算

执行监督机关（如立法机关、财政部门、审计部门）的力量，对参与式预算执行情
况进行监督；另一种则是激发社会公众（包括公民代表、普通民众、媒体等）的力
量，对参与式预算执行情况进行监督。关于参与式预算的执行监督机制，此处有
两点需要特别强调：

（1）在中国的现行预算立法中，预算监督主要表现为立法、财政、审计等法
定机构的监督，而预算的社会监督却在现行立法中并没有得以明确规定，现实预
算的社会监督也并没有得到足够的重视。但是在参与式预算过程中，来自社会公
众层面的预算监督却非常重要，这不仅有助于改变传统预算过程中忽视预算公众
监督的不足，同时也是和参与式预算自身的特点相适应的，因此，参与式预算程
序立法应当高度重视这个问题，并且从制度上为预算的社会监督作出具体的规
定。例如，对于公民代表、普通公民和媒体在参与式预算执行监督过程中可以做
什么、采用哪些方式监督、监督后信息如何反馈与沟通、监督问责等问题，这个
机制都需要作出明确的规定。

（2）强化参与式预算的社会监督并不是要取代法定机构的监督。事实上，一
旦参与式预算程序被正式纳入法定预算程序，依法通过的参与式预算决策本身就
具有法律的权威性和严肃性，同样应当得到严格的执行，从这个意义上讲，上述
法定机构介入参与式预算执行的监督责无旁贷①。不仅如此，法定机构还因其在
监督职权、专业力量方面的优势，可以在参与式预算的执行监督过程中发挥非常
重要的作用。特别是对于社会监督而言，由于受到权力和能力方面的局限，客观
上也迫切需要借助法定预算监督机构的力量。因此，整体而言，参与式预算中的
预算执行监督机制应当同时包含法定机构的监督和社会力量的监督，二者既不是
对立关系，也不是平行关系，而是互相配合的关系②。

---

①　以中国广东佛山顺德区为例，该区在《顺德区参与式预算试点工作实施细则》中明确将"项目监
督"规定为参与式预算的工作步骤之一，不仅在项目实施过程中要接受财政部门和公众的监督，而且在项
目完成之后，还要接受审计监督和财政监督（详见附录Ⅰ《顺德区参与式预算试点工作实施细则》第十六
至二十一条）。当然，由于广东顺德的参与式预算是一种行政主导的模式，因此该文件并没有将立法机构
的监督写入其中，但无论从法理层面还是基于立法层面，立法机构对参与式预算的监督都是完全正当和必
要的。
②　以审计监督为例，近年来，中国有不少有识之士都已经开始重视公众参与和国家审计的关系，有
些审计工作人员不仅在思考公众参与对于审计的必要性，而且在探讨公众参与在审计中的实现途径。而参
与式预算恰恰是将这种思考付诸实施的绝佳契合。

第 7 章　公民参与预算支持机制之构建

　　由于为普通公民提供了参与预算过程的机会，因此参与式预算受到欢迎是必然的。然而也正是因为普通公民参与了预算过程，那么参与式预算的推行必然面临很多现实的问题。诚如一些研究者所指出的那样，在"草根式"的参与式预算实践中，参与预算的民众和人大代表多是土生土长的农民，原本接触预算的机会就很少，民主意识也不是很强烈，在经济尚不十分发达的情况下，参与预算决策过程并没有成为其生活中不可或缺的组成部分。在普通公民对预算不太了解的情况下，让其参与其中，难免存在认知上的障碍。另外，由于预算自身的专业性特点，也为普通公民参与预算决策过程设置了某种天然的屏障（马蔡琛，2010）①。很多时候普通公民之所以难以介入预算过程并不完全是因为政府官员非得将其排斥在外，也和这些因素密切相关。参与式预算的推行并不意味着上述问题从此得以自动解决，恰恰相反，参与式预算的法律制度设计必须正视这些问题，并且为这些问题的解决找到答案，否则参与式预算的法治化难以实现。这就是本章探讨构建公民参与预算支持机制的根本原因。

　　如果把财政透明度保障机制和公民参与预算程序机制看成是参与式预算法律保障机制中比较刚性的内容的话，那么公民参与预算支持机制则属于参与式预算法律保障机制中相对柔性的内容。这里所谓的柔性，并不是说公民参与预算支持机制本身的重要程度不高，而是说这些机制主要不是着眼于参与式预算过程中有关权力（权利）、义务、责任等问题的解决，而是着眼于参与式预算过程中容易遭遇到的诸如知识和技术层面所遇障碍的消除。事实上，这些问题在现实中往往成为阻碍参与式预算顺利推行的重要因素。由于篇幅所限，本章主要针对参与式预算实施过程中所面临的专业知识和信息技术障碍进行分析。

---

① 马蔡琛.变革世界中的政府预算管理——一种利益相关方视角的考察.北京：中国社会科学出版社，2010：272.

7.1　参与式预算中的专业支持

7.1.1　公民参与预算面临的专业障碍

尽管参与式预算在当今世界各地推行的模式不尽相同[①]，但是对于普通公民而言，参与式预算最大的吸引力正在于其为普通公民提供了参与的机会。当然，在不同的实践中，公民参与的方式是不一样的：有些仅带有咨询性质，有些则带有决策性质，有些还可以延伸到预算执行环节。然而，由于预算事务本身所具有的专业性和复杂性，因此专业知识的匮乏是参与式预算推行过程中所遇到的一个突出难题。一方面，普通公民和公民代表具有很高的参与热情；另一方面，普通公民和公民代表专业知识的匮乏又不足以支撑其有效履行参与式预算中的职责。

这个问题如果解决得不好，可能导致参与式预算实践陷入尴尬的境地。具体而言，由于缺乏预算相关专业知识，因此普通公民很难就预算草案安排发表实质性的意见，更难就预算项目的选择提出自己的建议；他们最多只能借助参与式预算这个平台将自己或其代表群体的利益诉求表达出来，然而这种利益诉求却很难直接和具体的预算安排联系起来。此种情形导致的结果就是，普通公民在参与式预算过程中实际上属于可有可无的角色，因为预算决策由行政机关和立法机关官员所主宰的局面并未改变，预算执行监督依然属于体制内的监督（无论是行政机关内部监督还是立法机关外部监督），可以说，此种情形下的参与式预算仅仅具有公民参与的形式而无任何实质性的内容。还应当注意的是，由于缺乏预算专业知识，普通公民没有能力理解政府部门编制的总体预算方案，他们也不太可能在参与式预算过程中将自己或其代表群体的利益诉求放置于当地总体预算约束的背景下来思考，因此，即便其在参与式预算中发表了意见或建议，也很难保证其观点的理性化。在这种情形下，不同参与者之间的对话、沟通、理解与妥协将很难在一个友好的气氛中得到实现，参与式预算原本应当具有的成为多方参与者之间理性沟通平台的功能也无从体现。

[①]　根据西方学者的归纳，欧洲实施的参与式预算主要包括以下 6 种模式：阿雷格里港模式的改编版本和"利益集团的参与"模式（欧洲和其他地方），"社区参与模式"（北美、南美）和"多方利益相关者的参与"（南半球其他国家、东欧），"就近参与"（法国、葡萄牙）和"公共财政咨询"（德国）。这些模式经过某些修改也可以部分适用于世界上其他地方。（详见伊夫·辛多默，卡斯滕·赫茨贝格.参与式预算：一个全球视角//伊夫·辛多默，鲁道夫·特劳普-海茨，张俊华.亚欧参与式预算：民主参与的核心挑战.上海：上海人民出版社，2012：14.）

显而易见，普通公民在预算专业知识方面的匮乏将从根本上导致其参与能力的不足，这必然对参与式预算的顺利推进构成重大阻碍。因此，引入专业支持力量，以弥补普通公民预算专业知识不足的缺陷，就成为参与式预算实践过程中所应当选择的应对之道。

7.1.2 参与式预算中的专业支持力量分析

7.1.2.1 专业支持力量的表现形式

参与式预算中的专业支持力量主要有两种表现形式。一种是非组织化的形式，即由具有预算相关专业知识的专家学者以个人的形式介入参与式预算过程，为参与式预算的开展提供专业上的支持。在现实中，非组织化的专业支持力量既可能是通过政府有关部门出面邀请的，也可能是相关专家基于个人研究兴趣爱好或研究计划需要而主动充任的。在此种情形下，专家学者在参与式预算中的角色通常只能代表他们个人，而不能代表官方及其所在单位。另外一种专业支持力量则是以组织化的形式出现的，即由具有预算相关专业知识的专家学者借助一定的组织平台介入参与式预算过程，为参与式预算的开展提供专业上的支持。在实践中，这里的组织平台通常被称为非政府组织、非营利组织、民间组织、公民社会组织①。在此种情形下，专家学者在参与式预算中的角色实际上取决于其所在组织的角色，其实际发挥的作用也是由其所在组织在参与式预算过程中的角色定位所决定的。

尽管不同形式的专业支持力量都为参与式预算的推行提供了专家学者的智力支持，但是从当今世界各国的实践来看，组织化的专业支持力量对于参与式预算的意义更为明显和持有②。特别是其中的非政府组织，不仅在参与式预算过程中可以起到非常关键的作用，同时也有利于参与式预算的长远发展。因此本书在此主要针对参与式预算中的非政府组织进行分析。

———

① 严格来讲，"非政府组织""非营利组织""民间组织""公民社会组织"这几个概念是存在差别的，但是考虑到这几个概念所指涉的组织具有很大的重叠性，同时在当前的参与式预算研究中也经常交替使用，因此本书在此将不对这几个概念作严格区分，而是统一使用"非政府组织"这个概念。

② 以国际组织为例，联合国开发计划署对于波兰普沃茨克市的参与式预算的实施起到了非常重要的推动作用。此外，世界银行领导推动并鼓励了参与式预算在全球各地的传播，促进了南北对话，组织了能力建设项目。世界银行向发展中国家提供经费，因为大多数参与式预算试验都是在发展中国家进行的。福特基金会组织参与式预算的研究和研讨会，甚至承担参与式预算试验的成本。（详见何包钢.中国的参与式预算概览//伊夫·辛多默，鲁道夫·特劳普-梅茨，张俊华.亚欧参与式预算：民主参与的核心挑战.上海：上海人民出版社，2012：82.）

7.1.2.2 非政府组织的参与方式

非政府组织在参与式预算过程中的参与方式主要有两种。一种是作为参与式预算中的直接参与者,其在参与式预算过程中拥有独立的地位,享有相应的权利,同时承担相应的义务。例如,日本市川市的参与式预算就是将年度预算中住宅税中的1%用于非营利组织实施的项目,其参与式预算过程具体包括4个阶段:①非营利组织准备其年度行动计划;②该市组织一个开放式会议,由非营利组织展示其行动计划并加以解释,该市同时进行宣传以确保更多人出席表决会;③由地方纳税人投票表决决定实施哪些行动计划;④按照投票结果将1%的住宅税分配给非营利组织[①]。不难看出,在此种方式中,非政府组织是参与式预算过程中一类非常重要的主体,不仅在参与式预算中具有独立的法律地位,而且其自身的行为也构成参与式预算程序不可或缺的一部分,其在这一过程中行为表现的好坏甚至直接决定参与式预算实施的效果。在另外一种参与方式中,非政府组织并不是参与式预算中的直接参与者。它们的确介入了参与式预算过程,不过它们在这一过程中并不具有独立的地位,也并不享有相应的权利或承担相应的义务。尽管这些非政府组织同样要在参与式预算中发挥非常重要的作用,但是其行为本身并不属于参与式预算程序中必不可缺的组成部分。通常说来,此种参与方式意味着,非政府组织在参与式预算过程中更多地起到一种教育者和辅助者的作用,它们服务的对象通常是欠缺必要预算专业知识的普通公民或公民代表,而后者也正是通过这些非政府组织的专业支持克服专业上面的短板,以更加有效地参与预算过程。

将上述两种参与方式进行对比,不难发现,其实后一种参与方式更加符合非政府组织自身的定位。因为非政府组织介入参与式预算过程最大的优势实际上主要在于其所具有的专业性和组织性特征,因而其对参与式预算所提供的智力支持往往更为稳定和持续,如果单就参与本身的正当性而言,其实要低于普通公民或公民代表。从这个角度上讲,非政府组织并不一定有必要作为独立主体介入参与式预算过程。不仅如此,考虑到参与式预算实践所具有的地方性特征,而非政府组织的服务范围未必限于开展参与式预算的地区,因此直接参与者并不是非政府组织在参与式预算中最为合适的角色定位,更为恰当的角色或许是从正式的参与式预算程序中抽身出来,以教育者和辅助者的身份为普通公民或公民代表提供必要的专业支持。实际上,就大多数国家和地区参与式预算实践来看,非政府组织往往是以后一种参与方式介入参与式预算过程。以印度为例,参与式预算被众多非政府组织作为大力倡导的社会改革手段之一,诸如"社会与人类行动发展倡

---

① 松原村晶.日本市川市参与式预算//伊云·辛多默,鲁道夫·特劳普-梅茨,张俊华.亚欧参与式预算:民主参与的核心挑战.上海:上海人民出版社,2012;30.

议"(DISHA)、"人民生活力量"(Janaagraha)、"工人和农民权利组织"(MKSS)等非政府组织在印度参与式预算推行过程中发挥了非常重要的作用①。

7.1.3　中国参与式预算过程中的专业支持力量分析

7.1.3.1　专业力量以不同的方式为参与式预算改革提供支持

应当承认,中国地方政府在推行参与式预算改革过程中总体上还是比较重视借助专业力量的智力支持。在对当前中国参与式预算实践进行考察时会发现,很多地方参与式预算的推行都或多或少有着这些专业支持力量的介入。这些专业支持力量既表现为专家学者以个体化的方式为参与式预算提供咨询、论证等支持,也包括一些非政府组织或其他组织化的专业力量为参与式预算的开展提供咨询、教育、引导等支持。

例如,2005 年浙江温岭市泽国镇尝试推行的"参与式重大公共事项决策机制"(即所谓的"泽国试验")就是在专家学者帮助下进行的。② 不仅如此,该市民主恳谈和参与式预算的主要创立者、推动者和制度设计者——中共温岭市委民主恳谈工作办公室陈奕敏还特别指出,在该市的民主恳谈从对话型转为决策型的过程中,温岭市委宣传部借鉴了美国斯坦福大学教授詹姆斯·费希金的民意调查式协商民主理论模型,对该市民主恳谈的操作程序和方法加以改进,并用以指导泽国镇的参与式预算实践(陈奕敏,2012)③。此外,还有一些从事政治学、公共管理学、财政学研究的专家学者也通过不同的方式为各地参与式预算改革献计献策。

与此同时,一些非政府组织在参与式预算中也逐渐开始发挥作用。例如,作为非政府组织"国际行动援助"在中国的分支,国际援助行动中国办公室(AA-

---

① 在古吉拉特邦,DISHA 不仅通过就具体预算项目实际情况进行走访调查以获取大量相关信息,而且对村代表进行预算培训,同时还对预算执行情况进行补充性分析以便立法机关成员评估支出效果;在卡纳塔克邦,Janaagraha 领导发起了一个名为"选区工作"(ward works)的参与式预算运动,该运动针对社区层次基础设施建设资金分配,在活动中,该组织的志愿者通过设立"居民福利联盟"来对当地的基础设施项目进行优先排序,同时使当地的民选官员看到该优先次序;在拉贾斯坦邦,MKSS 则采取了公民听证会的方式来鼓励公民讨论关系到其社区发展的政府支出,该组织不仅要收集所有公共部门的文件以核对支出,还要将相关信息用村民熟悉的语言加以改写并挨家挨户告知村民,同时还要负责准备一份呈交给政府官员、媒体和其他非政府组织的正式报告。关于这些非政府组织在参与式预算过程中所起到的作用,详见本书第 3 章。

② 该镇政府首先聘请 12 位专家对关涉民生问题的部分城建项目可行性方案进行客观、中立的分析,同时提出各项目的资金预算和相关项目的名义调查问卷;在民主恳谈过程中,民意代表要对专家提供的项目文件进行阅读和讨论,同时专家就民意代表的询问进行回答和解释。(详见陈朋.民主恳谈:生长在中国改革土壤中的基层民主实践——基于浙江温岭"民主恳谈"的案例分析.中国软科学,2009,(9).)

③ 陈奕敏.从民主恳谈到参与式预算.北京:世界知识出版社,2012:10.

IC)在中国组织了一些村一级的参与式预算项目，其中影响比较大的是该机构帮助推动编制的我国社会性别预算的试验。从 2005 年开始到 2007 年 3 月，张家口市妇联在 AAIC 的支持下，开展进行社会性别预算的试点，在此期间进行了三个层次规模的培训和统计调查，同时还在试点市县进行了相关活动和预算知识宣传，并且还提交了调研报告。非政府组织"世界与中国研究所"则不仅为 2005 年开始的浙江温岭公共预算改革提供了专业上的帮助，而且也参与了 2010 年四川巴中市白庙乡的预算改革。还有一些机构，虽然并非严格意义上的非政府组织，但是也为地方政府推行参与式预算提供了专业方面的帮助。例如，2005 年，黑龙江哈尔滨市和江苏无锡市两地开始推行的参与式预算工作，则是在中国发展研究基金会所组织的"公共预算培训班"的基础上启动的；2007 年，中国政法大学宪政研究所和财政部财政科学研究所联合组成了"公共预算改革"课题组，推动了上海市闵行区参与式预算改革①。

7.1.3.2 对专业支持力量所发挥作用的评析

在中国这样一个预算民主传统相对薄弱并且预算法治化建设尚待加强的国家，参与式预算改革无论对于政府官员还是对于普通公民来讲都不是一个容易接受和适应的新鲜事物。如果不是将参与式预算看成是少数地方官员追求自身政绩的点缀，而是将其看成是有助于推动中国民主政治建设和公共预算改革制度建设的重要内容，那么，就应当高度重视专业力量在参与式预算中所可能起到的重要作用。特别是考虑到预算过程本身的复杂性和专业性，如果缺乏专业力量的帮助，单凭个别倡导参与式预算的政府官员的改革热情是很难使参与式预算有序推进的。从这个意义上看，专业支持力量的引入确实有力地推动了中国各地的参与式预算改革。

当然，现在还不能对专业力量在当前参与式预算过程中的作用期望过高。这是因为，目前专业支持力量在中国参与式预算中作用的发挥还存在一些有待解决的现实问题。一方面，当前专业力量中有相当一部分是以个体化而非组织化的方式为参与式预算提供支持的，这种个体化的专业支持往往存在力量薄弱、稳定性差的缺陷，同时也容易受到专家学者个人因素的影响，这对于参与式预算来讲未必是一股稳定的支持力量。另一方面，在以组织化形式提供智力支持的专业力量中，有不少组织具有较为浓厚的半官方色彩，或者说实际上就是体制内的组织，真正意义上的非政府组织并不多。作者在此并不是说只有非政府组织才能在参与式预算中发挥作用，而是想指出一点，现实中还有不少非政府组织并没有被引入参与式预算，这恰

---

① 需要说明的是，诸如中国发展研究基金会作为由国务院发展研究中心发起成立的非营利性法人组织，其实带有一定程度的"官方"色彩；而中国政法大学宪政研究所和财政部财政科学研究所也不属于我们通常所说的非政府组织，实际上还是具有一定程度的体制内和接近政府权力的属性。

恰说明，非政府组织在参与式预算中的作用发挥还有很大的空间。

非政府组织在参与式预算过程中可以大有作为，这是一条已经为国外参与式预算实践所证实的宝贵经验。然而在中国，目前非政府组织在参与式预算过程中的作用并不显著。这其中的原因究竟是什么？作者认为，以下因素的存在在很大程度上限制了非政府组织在中国参与式预算过程中作用的发挥：

（1）非政府组织在参与式预算过程中的地位并不明确。考察中国各地参与式预算实践发现，尽管在不少地方，参与式预算中都有着非政府组织的介入，但是在地方当局所制定的参与式预算相关规则和流程中并没有明确规定非政府组织的地位，这说明目前非政府组织还不是地方参与式预算过程中的直接参与者①。这表面上看并非一个非常关键的问题，因为非政府组织在很多国家的参与式预算实践中的地位都不够明确，并且，支持中国参与式预算改革的非政府组织也未必会在这个问题上产生纠结。不过在作者看来，这个问题实际上非常重要。尽管很多国家的非政府组织同样在参与式预算程序中不具有独立的地位，但是在公民社会建设较为成熟的国家，政府已经接受甚至习惯于让非政府组织在地方公共事务中发挥比较大的作用，参与式预算当然也是其发挥作用的空间之一；而在中国这样一个公民社会建设较为滞后的国家，政府未必容易接受让非政府组织参与地方公共事务。在既有参与式预算规则没有赋予非政府组织以相应地位的情形下，这些组织之所以能够介入参与式预算过程，基本上是基于地方当局对这些组织的信任。

（2）非政府组织在参与式预算过程中的作用并不持续。正因为当前的参与式预算程序并没有明确规定非政府组织的地位，在现实中非政府组织在参与式预算过程中所能发挥的作用既不够确定，也难以持续。这是因为，非政府组织在参与式预算过程中能够做些什么、应当如何开展工作、地方有关部门应当如何配合等问题在现有的参与式预算相关制度中都缺乏明确规定，其实际作用的发挥往往取决于地方当局对非政府组织的接受程度、信任程度，有时也受到非政府组织与个别地方领导私人关系的影响，这其中存在着很大的弹性空间。长此以往，必然不利于非政府组织在参与式预算过程中发挥积极和稳定的作用②。

（3）非政府组织在参与式预算过程中并没有表现出不同于其他专业支持力量的独特价值。由于中国公民社会传统尚不深厚，非政府组织所处的法律政策环境并不宽松，在现实中有不少非政府组织的业务拓展甚至自身生存都面临危机，因

---

① 实际上，不仅是非政府组织，目前几乎所有专业支持力量在参与式预算中的地位都不够明确。

② 以前面提及的中国社会性别预算为例，实际上张家口市和焦作市都进行了社会性别预算试验，但是两者的实践效果差别很大。张家口市的社会性别预算尽管是该市妇联在非政府组织支持下推行的，但是由于当地政府和人大、政协代表仅作为项目的参与者而非主导者，持续推进该项目的积极性不强，因此项目结束后即宣告停滞，没有形成后继力量。与之形成对照的是焦作市2009年启动的社会性别预算，其是在当地政府主导下进行的，不仅编制了社会性别预算，而且具有后序的行动计划，这就使得焦作市的社会性别预算具有可持续性。

而非政府组织往往很难凸显其作为组织化专业支持力量的优势。具体就参与式预算实践而言，非政府组织原本具有组织化的优势，其工作相对稳定和扎实，可以在信息搜集与传播、项目调研与论证、预算知识普及、法律政策阐释等方面发挥个体化的专家学者所不能替代的作用。然而在现实中，非政府组织发挥出来的作用远没有这么明显，大多数地方官员并没有意识到非政府组织和个体化的专家学者所提供的智力支持存在什么实质性的区别。

概而论之，专业支持力量确实在中国的参与式预算实践中发挥了作用，但是由于我国目前尚未建立一个完善的参与式预算专业支持机制，导致现实中专业支持力量在参与式预算中的作用还未能得以充分发挥。因此，完善参与式预算中的专业支持机制，是中国深入推进参与式预算改革所应当着力解决的问题。

7.1.4　中国参与式预算专业支持机制的完善

参与式预算改革既应当顺应当今世界民主政治发展和预算改革的基本潮流，也需要考虑到不同国家和地区所面临的现实情况。探讨中国参与式预算专业支持机制的完善问题，也应当认真分析并适当结合中国的现实。在作者看来，完善中国参与式预算支持机制，需要在以下三个方面进行努力。

（1）明确规定专业支持力量在参与式预算中的地位。如前所述，在当前的参与式预算改革实践中，专业支持力量究竟处于何种地位其实并不明确。尽管可以从理论和现实层面归纳出专业支持力量在参与式预算中所发挥的种种作用，但由于现行相关制度并没有赋予专业支持力量以明确的地位，因此这些专业支持力量能否介入参与式预算过程其实具有很大的不确定性。地位的不确定从根本上制约了专业支持力量在参与式预算中所可能发挥作用的空间：如果地方主要领导比较重视这个问题，专业支持力量就能够起到比较明显的作用；但是如果地方主要领导对这个问题关注不够，专业支持力量的作用就很难得以体现；即使专业支持力量曾经因为受到地方重视，也有可能因为领导职务调整而产生变数。因此，完善中国参与式预算支持机制，首先就应当从制度建设层面明确规定专业支持力量在参与式预算过程中的地位。对专业支持力量在参与式预算中的角色、工作范围、工作内容、工作方式等问题作出基本规定，以改变当前非政府组织在参与式预算实践中地位尴尬的现状。

（2）完善专业支持力量工作保障机制建设。专业力量在参与式预算中主要扮演一种智力支持者的角色，但是这种角色的发挥本身离不开党委、人大、政府等有关方面的大力支持与配合。特别是在中国这样一个预算民主传统不够发达的国家，没有前述机构的支持与配合，专业支持力量很难有发挥作用的空间。因此，有必要对当前的专业支持力量工作保障机制加以完善，为专业支持力量在参与式预算过程中作用的发挥提供尽可能多的支持和保障。这种支持和保障可以表现在许多方面，例如，对专家学者开展工作提供有效的信息支持，尽可能向其开放参与式预算实施所需要的财政数据、政策依据、决策过程等信息；对专家学者就预算项目相关问题进行考察或进行培训时尽量予以协调配合；对专家学者就参与式预算相关问题提出意见或建议时，有关部门应当及时做出回应和解释。

(3)注重发挥组织化专业支持力量在参与式预算中的作用。参与式预算的实践表明，组织化的专业支持不仅更为有效并且容易持续，因此今后应当更加注重发挥组织化专业支持力量的作用。考虑到中国非政府组织发展的现实情况，应当继续借助那些带有一定"官方"或"准官方"色彩的专业组织的力量，这些体制内的专业机构不仅可以为参与式预算工作提供专业上的助力，而且可以凭借其人脉、信息、资源方面所具有的独特优势帮助地方推进参与式预算克服很多障碍，使参与式预算改革少走很多弯路。与此同时，也应当重视并逐步发挥非政府组织的力量，在法律和政策许可的范围内，尽可能为非政府组织介入参与式预算工作提供更多的机会。当然，为保障参与式预算工作的有序开展，有关部门可以出台专门的文件，建立参与式预算中非政府组织的准入、退出、评估、奖惩等机制。

7.2　参与式预算的技术支持

诚如外国学者所言，倘若参与式预算不想陷入复杂的沟通技术陷阱，不想沦为受过良好教育的中产阶层的工具，那么必须开发出能平衡社会结构中固有障碍的方法，而大规模公民集会显然是不够的(伊夫·辛多默，2012)[①]。因此，要顺利推进参与式预算，还有必要关注其中的技术问题[②]。

7.2.1　公民参与预算面临的技术性难题

作为参与式预算的理论支撑，参与式民主在 20 世纪六、七十年代的复兴很大程度上是传统代议制民主所存缺陷充分爆发的结果，因为代议制民主在现实中日渐表现为由少数政治精英和经济精英所操纵，这确实背离了公众参与的民主传统，而参与式民主强调公民直接参与公共事务，也的确有利于回归民主政治的本

[①]　伊夫·辛多默，鲁道夫·特劳普-梅茨，张俊华.亚欧参与式预算：民主参与的核心挑战.上海：上海人民出版社，2012：3.

[②]　技术问题所牵涉的范围很广，既包括社会技术，也包括信息技术。关于参与式预算中涉及的社会技术问题，由于本书在第 4 章和第 5 章中有所涉及，因而在此仅就参与式预算过程中所面临的信息技术问题展开分析。

来面目。不过，参与式民主同样需要面临诸多的质疑：首先，参与式民主在宏观国家政治层面是否具有可行性颇受怀疑；其次，当代社会政治和决策的复杂性与决策效率更是参与民主必须直面的难题；此外，公民是否有足够的兴趣、时间和精力来实现对公共活动的参与也同样面临诘问（汪新胜，2010）[①]。从这个意义上讲，代议制民主对直接民主的批判并没有因为参与式民主的复兴而过时。

就参与式预算而言，由于参与式预算推行的层级相对较低，其所处理的公共事务通常也同本地居民的利益密切相关，因而通常无需考虑上述第一个问题，然而后面两个问题却绕不过去。一方面，预算事务所特有的技术性和专业性注定了参与式预算决策的复杂性，财政资源的稀缺性与利益诉求的多元性之间的矛盾也往往容易导致预算决策中出现争议，而这必然会影响到预算决策的效率。另一方面，尽管可以在理论和现实层面罗列出推行参与式预算可能给当地民众带来的种种好处，然而这在现实中却未必会转化为推动公民积极参与的有效力量，因为一个人是否参与公共事务往往是兴趣、时间、能力等多重因素综合影响的结果，未必取决于单纯考虑参与之后的利益回报。此外，"搭便车"现象在参与式预算过程中同样可能存在[②]。就参与式预算的实践而言，尽管参与者们所付出的金钱成本并不算多，但是在时间成本上的付出却不少，无论是温岭的民主恳谈会，还是无锡的参与式预算，都要求参与者付出时间参与会议，可能是几个小时、一天甚至更多一些的时间（蔡定剑。2009）[③]。

7.2.2　信息通信技术对于参与式预算的意义

7.2.2.1　信息通信技术为民主政治建设提供了技术前提

本书第 2 章曾经指出，同直接民主（参与式民主）相比，代议制民主之所以在现代社会中占据主导地位，主要是因为在人口和地域规模日益增大的地区，由于受到交通、通信等条件限制，公民直接参与不是成本过高，就是在技术上根本无法实现。不难看出，其实这些制约公民参与的交通、通信等因素都不是永恒不变的。恰恰相反，随着人类科学技术的不断发展，很多过去构成技术障碍的问题如今都已经不是问题。

现代信息通信技术（information and communication technologies，ICTs）的高

---

① 汪新胜.电子民主与中国人大制度的变革.武汉大学学报(哲学社会科学版)，2010，(3)：386.
② 这一点实际上和中国目前在小区物业管理过程中所面临的情形颇为类似。尽管小区物业管理过程中所涉及的事务关系到每一个业主的利益，但在现实中真正积极参与小区事务的业主并不多，通常都是那些没有工作负担、身体条件尚可并且热心于小区公共事务的退休人员唱主角。
③ 蔡定剑.公众参与：奉献社会的制度建设.北京：法律出版社，2009：250.

速发展不仅对当代社会生活产生了深刻的影响，也为民主政治发展提供了技术上的支持。信息技术的突飞猛进对民主体系最重大的挑战来自政治参与。特别是20世纪90年代以来，现代信息技术尤其是互联网的发展，突破了传统民主地域制约的瓶颈，提供了便捷和廉价的工具，为公民直接参与民主提供了技术基础，成为现行政治体制中寻求新的民主实现形式的一种积极尝试(汪新胜，2010)①。为刻画出电子时代民主政治的这个新特点，有不少学者将20世纪90年代以来ICTs在民主过程中的使用称为电子民主(electronic democracy 或 eDemocracy)。

7.2.2.2　参与式预算中对ICTs的利用

ICTs并非一开始就被广泛应用于参与式预算过程。不过随着参与式预算改革的推进，人们越来越感受到ICTs在参与式预算过程中所发挥的积极作用，同时ICTs的发展日臻成熟，也为参与式预算将其引入提供了可能。事实上不论是在发展中国家还是在发达国家，参与式预算中对ICTs的利用都表现出日益增加的趋势。现简要介绍如下②：

2006年，在巴西的贝洛奥里藏特市，当常规参与式预算启动的同时，该市的行政当局还启动了数字参与式预算(the digital participatory budgeting，e-PB)。预算中有4300万美元被独立分配于实施传统的参与式预算，另有一笔1100万美元的资金被分配用以数字参与式预算。此项数字参与式预算是一个方案，在该方案中，公民们注册成为贝洛奥里藏特的选民，并且同其在该市的居住地区保持独立，并就该市9个区中每一个区进行在线投票，即从4个公共工程中票选出一个。该市行政当局指出，发起数字参与式预算倡议主要有三个动机：一是通过对信息技术手段的运用使参与式预算现代化，二是提高参与式预算过程中的公民参与，三是拓宽付诸投票表决的公共工程范围。

在英国，政府很早就提出到2012年要在所有地方行政层级上推行参与式预算，巴尼特(Barnet)、北安普敦(Northamptonshire)和梅德斯通(Maidstone)的地方当局已经开始运用一种在线预算模拟器，向公民就有关预算分配优先性问题进行咨询。在德国，自从柏林市利希滕贝格(Berlin-Lichtenberg)当地议会2005年通过网络在线从市民中获取预算建议的试点成功之后，该城市就一直坚持采用这种方式，并且此后在贝格海姆(Bergheim)、科隆(Cologne)、汉堡(Hamburg)、弗赖堡(Freiburg)、莱比锡(Leipzig)等城市还采取了一些具有创新性的初步行动。在意大利，摩德纳(Modena)市于2006年采取了线上(online)手段和线下(offline)手段结合的创新方式，进行了一次面对面集会的参与式预算试验性探索，

---

①　汪新胜.电子民主与中国人大制度的变革.武汉大学学报(哲学社会科学版)，2010，(3)：386.

②　Peixoto T. Beyond Theory：e-Participatory Budgeting and its Promises for eParticipation. European Journal of ePractice，2009，(7)：2，3.

在此过程中，市民们无需出席会议，可以通过电子邮件建议以供会议讨论，他们还可以通过市政当局发送的短信(SMS)来跟踪参与式预算过程。在西班牙，信息通信技术被集中用于公民参与预算分配过程之中，而不是单纯地用于信息提供，例如，2008 年，在赫塔菲(Getafe)市的一个区，公民们可以观看参与式预算会议的现场直播并在线投票。

7.2.3　中国参与式预算中技术支持的现状与完善

7.2.3.1　ICTs 的发展已经为参与式预算提供了良好的技术条件

应当看到，随着经济实力的快速提高，中国 ICTs 也在突飞猛进。作为 ICTs 的直接应用，互联网在中国大部分地区已经非常普及，特别是以智能手机、平板电脑、笔记本电脑为主要载体的移动互联网技术及其应用，近年来在中国的发展更加令人赞叹。根据中国互联网络信息中心(CNNIC)第 35 次《中国互联网络发展状况统计报告》显示：截至 2014 年 12 月，中国网民规模达 6.49 亿，互联网普及率为 47.9%，人均周上网时长达 26.1 小时，其中农村网民占比 27.5%。中国网民中使用手机上网的人群占比为 85.8%，规模达 5.57 亿；通过台式电脑和笔记本电脑接入互联网的比例分别为 70.8% 和 43.2%；手机上网使用率为 85.8%，平板电脑上网使用率达到 34.8%，电视上网使用率为 15.6%；网民中 10~39 岁年龄的占比达到 78.1%(其中 20~29 岁年龄段网民占比最高，达 31.5%)；网民中具备中等教育程度(初中、高中/中专/技校学历)的群体规模最大，占比为 67.4%[①]。

从一定意义上讲，互联网深刻地改变了中国人的生活。尤其是近年来移动互联网的爆炸式发展和普及，上网显得越来越便捷、廉价和高速。时至今日，大部分中国人早已习惯从网络上获取信息，通过网络表达意见，借助网络进行工作、学习、娱乐、消费、交际……当网络业已构成大多数国人工作、学习、生活中不可或缺的组成部分时，可以说，ICTs 的发展已经为参与式预算提供了良好的技术条件。

7.2.3.2　ICTs 在中国参与式预算中运用的现状考察与评析

在中国，随着互联网技术的日益发达，ICTs 在参与式预算过程中的使用也

---

① 中国互联网络信息中心. 中国互联网络发展状况统计报告(2015 年 1 月). http：//www. cnnic. cn/hlwfzyj/hlwxzbg/hlwtjbg/201502/P020150203548852631921. pdf [2015-2-1].

变得越来越普遍。例如，在浙江温岭，不仅该市人大常委会制定的参与式预算相关制度被上传到市人大常委会官方网站（http：//www. wlrd. gov. cn/），而且该市人大常委会也借助该网站发布参与式预算工作的相关公告和通知①。特别值得注意的是，为有效推动参与式预算工作，该市人大常委会还专门创办了参与式预算网（http：//www. yusuan. gov. cn/），该网站汇集了包括温岭在内的国内参与式预算的工作动态、相关法律法规、理论研究文献、新闻媒体报道转载等大量内容，成为当地推行参与式预算工作一个非常有力的工具。又如，在广东佛山顺德区，财税局也在其官方网站（http：//sdcz. shunde. gov. cn）主页上将参与式预算作为重点显示的财政专题之一，点击相关链接后即可了解该区参与式预算工作的具体进展和相关安排。

就中国目前各地在推进参与式预算中 ICTs 运用的现状来看，应当说大多数地方当局或多或少都运用了 ICTs 以辅助参与式预算工作的推行。但是就总体情况来看还存在以下几个方面的问题：

（1）不同地区对 ICTs 手段的利用差别较大。尽管不少地区在参与式预算实践中都运用了信息技术手段，但是各地对技术手段运用的深度和广度差别很大。以网站建设为例，浙江温岭人大较为充分地运用了网站资源以推动参与式预算。在其主办的参与式预算网中，不仅可以看到有关温岭市有关参与式预算的各项工作安排、人大代表在预算审议中的发言、当地相关财政预算信息，也能够看到预算相关法律法规、理论研究文章、新闻报道及预算知识介绍。可以说，该网站汇集了有关参与式预算的大量信息，这对于当地参与式预算工作的开展是极有帮助的。当然也应当看到，温岭人大的网站建设其实并不多见，中国当前大多数地方参与式预算的信息呈现无法同温岭市人大常委会创办的参与式预算网相比，且官方网站中有关参与式预算的信息量明显偏少。

（2）信息通信手段采用显得单一，对先进技术手段的利用不够充分。在当前参与式预算实践中，官方网站几乎成为唯一的信息技术手段，而现实中一些较为新颖的信息传播工具手段（如微博、微信）在当前实践中的利用程度并不高，或没有被采用②。官方网站同微博、微信等新型技术手段相比，既存在优势，也存在

---

① 例如，2015 年 1 月 12 日，温岭市人大常委会在其官网上发布《关于邀请公民参加部门预算民主恳谈会的公告》，邀请符合条件的公民或中介机构、行业协会、社会团体等组织的代表参加人大常委会拟于 2015 年 1 月下旬举行的包括该市经济和信息化局、教育局、民政局、国土资源局、交通运输局、商务局、东部产业集聚区管委会等 7 个部门（单位）的 2015 年预算民主恳谈会。（详见温岭市人大常委会网站 http：//www. wlrd. gov. cn/article/view/12177. htm［2015-2-1］。）

② 还是以浙江温岭和广东佛山顺德区为例，温岭人大开通了官方微博（"浙江温岭人大"），从 2011 年 10 月 28 日 16 点 06 分发布的第一条微博开始，截至 2015 年 5 月 19 日，共发布了 396 条微博，更新的频率明显偏低，并且其中大多数是关于人大常规工作的内容，直接涉及参与式预算的内容并不多。广东佛山顺德区财税局同样开通了官方微博（"顺德财税"），从 2013 年 1 月 21 日 18 点 36 分发布第一条微博开始，截至 2015 年 5 月 19 日，一共发布了 2134 条微博，更新的频率相当快，不过其中有很多内容属于转发，并且与财税局的工作并无直接关联。另外，温岭市人大目前尚未开通微信公众号，而顺德财税局虽然开通了微信公众号，不过其内容主要与办税事项相关，从中很难获得参与式预算的信息。

劣势。优势在于网站传播的信息量比较丰富，且文字、图片、视频等多媒体运用更为容易。劣势在于网站主要表现为一种单方面信息供给，在交互性上不如微博、微信等技术手段表现得充分；更为重要的是，通过官方网站传播信息具有很大的被动性，其比较依赖网民主动访问网站，但是对没有访问网站的人而言，这些信息几乎等于不存在，与此相对照，通过微博和微信则可以相对容易地实现信息的转发，其信息扩散速度和范围要远远超出官方网站的效果。

（3）ICTs 手段利用的深度和广度明显不足。尽管中国各地目前在参与式预算实践中已经开始运用 ICTs，但是同国外相比，目前各地对技术手段利用的深度和广度都存在明显的不足。具体而言，ICTs 在参与式预算过程中基本上还是作为推进参与式预算工作的辅助工具，其本身并非开展参与式预算工作所必不可少的技术手段。换言之，即便不运用这些 ICTs，也不会对参与式预算工作的推进产生根本性的影响。如果将中国参与式预算中对 ICTs 手段的利用现状同前文介绍的巴西、英国、德国、意大利、西班牙等国部分城市推动的电子参与式预算相比，会明显看到其中存在的巨大差距。当这些国家的有些城市已经可以在电子参与式预算过程中独立地分配一部分预算资金或就相关公共工程进行投票时，我国还基本上停留在将 ICTs 作为参与式预算过程中通知、公告、发言汇总、经验交流的平台等非常浅表的层面，同时这个平台也基本上表现为一种由官方到民间的单向度信息传播，缺乏多方预算参与者之间有效的互动。不难看出，尽管 ICTs 在参与式预算中利用潜力巨大，但是其在中国参与式预算中的作用还远远没有发挥出来。

7.2.3.3　完善中国参与式预算中对信息技术手段的利用

孔子说："工欲善其事，必先利其器。"中国目前的问题在于，虽然已经拥有了比较发达的 ICTs 手段，但却由于各种原因而没有充分发挥这些技术手段的威力。中国近年来在参与式预算发展过程中也逐渐暴露出公民参与程度较低、参与式预算过程效率不高等问题，如不能尽快妥善解决这些问题，中国参与式预算改革将很难向纵深发展。国外的经验已经证明，信息技术手段的有效利用可以降低公民参与预算过程的难度，提高参与式预算过程的效率，进而提升公民参与的程度。必须充分发挥 ICTs 在参与式预算过程中的作用，为参与式预算提供有效的技术支持。

首先，应当为 ICTs 在参与式预算中的利用确立基本的规则。目前中国参与式预算的实践对于 ICTs 的利用几乎没有任何明确规定，即便是有关部门通常用来发布有关参与式预算信息的官方网站，其实也主要是这些部门工作习惯的结果，而非基于既有规则的明确规定。如果承认 ICTs 在参与式预算中的重要作用，同时也认同参与式预算需要有一个权威、统一的信息传播渠道，那么就有必要在为 ICTs 在参与式预算中的利用建立基本规则，不仅应当对有关部门设立相关网站（或在现有官网上加上链接）、开设微博和微信公众号提出明确的要求，同时还应当明确规定在参与式预算的不同阶段，相关 ICTs 利用的具体要求，如信息发布的平台、时限、内容等问题。

其次，应当构建一个多种 ICTs 综合利用的多元技术支持体系。当前各地在推行参与式预算过程中比较偏重网站平台建设，而对微博、微信等新技术手段的利用显得不足，这种情况应当尽快改变。应当综合利用多种现代 ICTs 手段，为参与式预算提供一个既有信息丰富的官方网站，又有便利高效且互动性强的微博、微信等新手段的多元技术支持体系①。

另外，应当适当拓展 ICTs 利用的深度和广度。应当改变当前单纯地将 ICTs 作为单方信息发布工具的做法，使得 ICTs 可以成为不同参与者在参与式预算过程中用来协商、交流沟通的工具。对于那些参与式预算实践基础较好、ICTs 比较发达的地区，还可以借鉴国外做法并结合本地实际情况，探索将 ICTs 作为决策的工具，开展线上表决。作者相信，这样的探索既符合参与式预算的现实需要，同时也符合当代电子民主发展的潮流。

---

① 当然，以电视、电台、广播站、报纸为代表的传统信息传播手段依然可以在参与式预算中发挥作用。

第8章 结　语

　　美国著名学者帕特南在对意大利不同地区民主制度的绩效进行对比研究后发现，公开精神发达的地区有着这样一些特征：地方组织网络密集，公民积极参与共同体事物，政治模式是平等的，人们相互信任，遵纪守法。而在公开精神不发达地区，政治和社会参与采取的是垂直组织形式，互相猜疑和腐败被视为管理，人们极少参与公民组织，违法乱纪现象司空见惯。在这些共同体中，人们感到无能为力，任人利用。他还特别对中国建议：对于民主制度的绩效来说，至关重要的要素是普通公民在公民社会中充满活力的群众性基层活动（帕特南，2001）①。其实，参与式预算就是帕特南所建议的这种"群众性基层活动"。

　　参与式预算虽然是预算改革中出现的新潮流，然而它关涉的却是一个人类社会中的老问题——公民参与。如果从古希腊城邦时期的古典民主制算起，两千多年以来公民参与一直是人们关注和争议的焦点。人们围绕公民参与产生的争议往往同"公民如何参与"相关，而与"公民应否参与"无关，因为公民参与的正当性毋庸置疑。关于公民如何参与，代议制民主支持者与参与式民主支持者的看法并不相同。尽管代议制民主在现代社会占据主流地位，公民通常以间接方式参与公共事务，但是公民直接参与公共事务的诉求并没有消失，它只是被暂时压抑了，一旦条件具备就会再次表现出来。民主制度建设应当正视这一点并且作出回应。

　　参与式预算的出现，表明直接民主在现代社会中依然有适用空间。它正面回应了公民直接参与公共事务的诉求，极大地提升了公民参与的深度和广度，缓解了政府预算决策的压力，增加了预算过程的透明度。因此，参与式预算受到社会各界的普遍欢迎并不奇怪。同时，也应当看到参与式预算改革中还存在着诸如法律制度建设薄弱、公民参与能力缺乏、决策效率有待提高、专业支持与技术支持机制不够完善等一系列问题。这些问题如果解决得不好，不仅难以彰显参与式预算的效果，甚至可能影响到参与式预算改革的持续性。

　　本书研究表明，回归公民权利原点，实现参与式预算的法治化，这是参与式预算发展的必然选择。只有这样，参与式预算改革才能够持续推进下去，参与式预算才有制度化的保障，才能符合预算民主和预算法治的要求。

---

① 帕特南.使民主运转起来.南昌：江西人民出版社，2001：214.

主要参考文献

艾伦·S.鲁宾.2011.阶级、税收和权力：美国的城市预算.林琳，郭韵译.上海：格致出版社：8.

爱伦·鲁宾.2001.公共预算中的政治：收入与支出，借贷与平衡.叶娟丽等译.北京：中国人民大学出版社：2，3.

白景明.2010.提高财政透明度应当循序渐进.人民论坛，（2）：18.

松原村晶.2012.日本市川市参与式预算//伊夫·辛多默，鲁道夫·特劳普-梅茨，张俊华.亚欧参与式预算：民主参与的核心挑战.上海：上海人民出版社：27-34.

本杰明·巴伯.2006.强势民主.彭斌等译.长春：吉林人民出版社：180-184.

蔡定剑.2009.公众参与：奉献社会的制度建设.北京：法律出版社：250.

蔡瑛.不断创新的参与式预算.http：//www.zjtzrd.gov.cn/tzrd/Desktop.aspx？PATH＝tzrd/tzrdsy/tzrdxxll&Gid＝b9e25c55-851e-400d-98cc-cadbbf75d974&Tid＝Cms_Info［2013-8-12］.

查尔斯·林德布洛姆.1988.决策过程.竺乾威，胡君芳译.上海：上海译文出版社.

陈朋.2009.民主恳谈：生长在中国改革土壤中的基层民主实践——基于浙江温岭"民主恳谈"的案例分析.中国软科学，（9）.

陈奕敏.2012.从民主恳谈到参与式预算.北京：世界知识出版社.

戴激涛.2010.公民参与预算的法治建构：从规范到制度.广东行政学院学报，（3）.

戴维·赫尔德.2008.民主的模式.燕继荣等译.北京：中央编译出版社.

邓淑莲，杨丹芳，曾军平.2011.中国省级财政透明度评估（2011）.上海财经大学学报，（4）：53.

凡尔纳·B.里维斯.2006.财政预算理论//阿尔伯特·C.海迪.公共预算经典（第二卷）——现代预算之路.苟燕楠，董静译.上海：上海财经大学出版社：36-53.

樊胜根.2009.公共支出、经济增长和贫困.北京：科学出版社：157，158.

葛永波，申亮.2009.财政透明度衡量问题研究——一个分析框架.财政研究，（12）：46.

龚瑜.政府怎么花钱 百姓参与决策.http：//zqb.cyol.com/content/2009-12/11/content_2977991.htm［2012-8-06］.

贡斯当.2005.古代人的自由与现代人的自由.阎克文等译.上海：上海人民出版社：270，271.

郭道晖.2009.社会权力与公民社会.南京：译林出版社.

海伍德.2008.政治学核心概念.吴勇译.天津：天津人民出版社：22，47-49.

韩水法.2009.正义的视野——政治哲学与中国社会.北京：商务印书馆：144.

何包钢.2012.中国的参与式预算概览//伊夫·辛多默，鲁道夫·特劳普-梅茨，张俊华.亚欧参与式预算：民主参与的核心挑战.上海：上海人民出版社.

洪丰.2006.《预算法》修订：预算监督走向深入.公民导刊，（9）：22.

胡弘弘.2012.我国公民基本权利的宪法表述.政法论坛，（6）：15，16.

霍夫曼，诺伯格.2008.财政危机、自由和代议制政府：1450～1789.储建国译.上海：格致出版社：1.

季卫东.1999.法治秩序的建构.北京：中国政法大学出版社：51.

贾云洁.2011.公民友好型绩效预算改革路径研究.审计与经济研究，（6）：46.

江宜桦.2006.自由民主的理路.北京：新星出版社：46.

蒋洪，等.2008.公共财政决策与监督制度研究.北京：中国财政经济出版社.

蒋洪，刘小兵.2009.中国省级财政透明度评估.上海财经大学学报，(2)：54.

蒋洪.2008.公开透明是预算法制化管理的基础.上海财经大学学报，(3)：48.

杰里•麦克夫雷.2005.预算过程的特征//罗伊•T.梅耶斯，等.公共预算经典(第一卷).苟燕楠，董静译.上海：上海财经大学出版社.

卡罗尔•佩特曼.2006.参与和民主理论.陈尧译.上海：上海人民出版社：103，104.

卡斯滕•赫茨贝格.2012.参与与现代化：参与式预算在德国——以柏林利希腾贝格区为例//伊夫•辛多默，鲁道夫•特劳普-梅茨、张俊华.亚欧参与式预算：民主参与的核心挑战，上海：上海人民出版社.

科恩.论民主.1988.聂崇信等译.北京：商务印书馆.

李燕.2008.政府预算.北京：中国财政经济出版社，第三章第四节"政府预算的编制"。

理查德•A.马斯格雷夫.1996.比较财政分析.董勤发译.上海：上海人民出版社：8.

利奇.公共经济学教程.2005.孔晏，朱萍译.上海：上海财经大学出版社.

林来梵.2001.从宪法规范到规范宪法：规范宪法学的一种前言.北京：法律出版社：92，93.

凌岚.2009.让公共预算中的政府问责制运转起来——对印度公民预算组织的考察.当代财经，(3)：41.

刘剑文.2009.财政法学.北京：北京大学出版社：101，102.

刘杰.2005.知情权与信息公开法.北京：清华大学出版社：114.

刘微.2012.中国公众参与预算的若干思考——以上海市闵行区预算改革为例//伊夫•辛多默，鲁道夫•特劳普-梅茨，张俊华.亚欧参与式预算：民主参与的核心挑战.上海：上海人民出版社.

刘小兵，邓淑莲，温娇秀.2010.中国省级财政透明度评估(2010).上海财经大学学报，(3)：54.

刘笑霞，李建发.2008.中国财政透明度问题研究.厦门大学学报(哲学社会科学版)，(6)：35.

刘洲.2012.财政支出的法律控制研究：基于公共预算的视角.北京：法律出版社.

卢剑锋.2012.参与式民主的地方实践及战略意义——浙江温岭"民主恳谈"十年回顾//陈奕敏.从民主恳谈到参与式预算.北京：世界知识出版社.

卢瑾.2013.西方参与式民主理论发展研究.北京：人民出版社：70，71.

卢梭.2003.社会契约论.何兆武译.北京：商务印书馆.

罗伯特•达尔.论民主.李柏光，林猛译.1999 北京：商务印书馆：14.

迈克尔•罗斯金，罗伯特•科德，詹姆斯.梅代罗斯，等.2001.政治科学.林震等译.北京：华夏出版社，32-35.

马奔.2006.公民参与公共决策：协商民主的视角.中共福建省委党校学报，(8)：27.

马蔡琛，李红梅.2009.参与式预算在中国：现实问题与未来选择.经济与管理研究，(12).

马蔡琛，李红梅.2010.社会性别预算中的公民参与——基于社会性别预算和参与式预算的考察.学术论坛，(12)：130.

马蔡琛.2010.变革世界中的政府预算管理——一种利益相关方视角的考察.北京：中国社会科学出版社.

马晨光，金革新.国家卫计委：流动人口规模还会进一步扩大. http：//cnews. chinadaily. com. cn/2015-02/08/content _ 19522584. htm [2015-2-9]

马国贤.2008.政府预算理论与绩效政策研究.北京：中国财政经济出版社：324.

马骏，林慕华.2008.现代议会的预算修正权力//马骏，王浦劬，谢庆奎等.呼吁公共预算——来自政治学、公共行政学的声音.北京：中央编译出版社：99.

马骏，罗万平.2006.公民参与预算：美国地方政府的经验及借鉴.华中师范大学学报(人文社会科学版)，(2).

马骏，赵早早.2011.公共预算：比较研究.北京：中央编译出版社.

马骏.治国与理财.2011.北京：生活•读书•新知三联书店：61.

马克思.1956.马克思恩格斯全集(第一卷).北京 人民出版社.

麦蒂亚•克莱默等.2013.联邦预算：美国政府怎样花钱.上海金融与法律研究院译.北京：生活•读书•新知三联书店：2.

曼昆.2009.经济性原理(第5版).梁小民等译.北京：北京大学出版社.

曼瑟·奥尔森.2005.权力与繁荣.苏长和，嵇飞译，上海：上海人民出版社：29，30.

孟庆瑜.2013.绩效预算法律问题研究.现代法学，(1)：92.

密尔 J S.1984.代议制政府.汪瑄译.北京：商务印书馆.

Medeiros J J.2007.财政分权背景下的公民参与：市政管理中的实践——公民参与政府预算：来自巴西的经验//马骏，侯一麟，林尚立.国家治理与公共预算，北京：中国财政经济出版社.

牛美丽，马骏.2007.预算民主：离我们有多远——温岭预算民主恳谈案例研究//马骏，侯一麟，林尚立.国家治理与公共预算.北京：中国财政经济出版社：172.

帕特南.使民主运转起来.2001.南昌：江西人民出版社：214.

潘恩.1981.潘恩选集.马清槐等译.北京：商务印书馆.

平狄克，鲁宾费尔德.2009.微观经济学：第7版.高远等译.北京：中国人民大学出版社.

乔瓦尼·阿莱格雷.2012.参与式预算与社会公正——西班牙与意大利若干案例的影响//伊夫·辛多默，鲁道夫·特劳普-梅茨，张俊华.亚欧参与式预算：民主参与的核心挑战.上海：上海人民出版社，168，169，172.

清华大学中国市级政府财政透明度课题组：中国市级政府财政透明度研究报告(2010～2011).http：//www.sppm.tsinghua.edu.cn/yjbg/26efe489382bd1660138ffa1f8450029.html [2012-9-1].

萨缪尔森，诺德豪斯.2008.经济学(第18版).萧琛主译.北京：人民邮电出版社：4.

桑尼·乔治，玛蒂娜·诺内克.2012.民主分权和参与式预算：印度喀拉拉邦的经验//伊夫·辛多默，鲁道夫·特劳普-梅茨，张俊华.亚欧参与式预算：民主参与的核心挑战.上海：上海人民出版社，64-69.

沙安文.2012.地方预算.大连市财政局翻译小组译.北京：中国财政经济出版社.

上海财经大学公共政策研究中心.2010.2010中国财政发展报告——国家预算的管理及其法制化进程.上海：上海财经大学出版社：316.

邵春霞.2007.公民知情权：和谐社会的合法性基础.政治与法律，(3)：33.

史蒂芬·霍尔姆斯，凯斯·R.桑斯坦.2004.权利的成本——为什么自由依赖于税.毕竞悦译.北京：北京大学出版社：169.

斯蒂格利茨.2002.自由、知情权和公共话语——透明化在公共生活中的作用.宋华琳译.环球法律评论，268.

宋安敏.2012.蔚山东区的参与式预算：一个韩国案例.伊夫·辛多默，鲁道夫·特劳普-梅茨，张俊华.亚欧参与式预算：民主参与的核心挑战.上海：上海人民出版社：41.

宋彪.2009.公众参与预算制度研究.法学家，(2)：148.

苏振华.2007.参与式预算的公共投资效率意义——以浙江温岭市泽国镇为例.公共管理学报，(3)：87.

孙彬.无锡：参与式预算改革激活基层民主意识.http：//www.js.xinhuanet.com/xin_wen_zhong_xin/2012-04/02/content_25003937.htm [2014-07-06].

孙玉宝，洪浩.2012.参与式预算 民主理财的有益尝试.安徽日报，7.12，B1版.

唐柳雯，卢轶，刘合潇.顺德试水"参与式预算".http：//www.nfdaily.cn/pic2/content/2013-06/21/content_71420659.htm [2013-10-31].

陶庆.2011.宪法财产权视野下的公民参与预算——以福街商业街的兴起与改造为例//载马骏，谭君久，王浦劬，等.走向"预算国家：治理、民主和改革".北京：中央编译出版社：199.

汪新胜.2010.电子民主与中国人大制度的变革.武汉大学学报(哲学社会科学版)，(3).

汪燕.2009.政府财政权的保障与控制论——以福利国家为视角//刘剑文.财税法论丛(第10卷)北京：福利出版社：143.

王绍光，马骏.2008.走向"预算国家"——财政转型与国家建设.公共行政评论，(1)：16，17.

王绍光.2007.从税收国家到预算国家//马骏，侯一麟，林尚立.国家治理与公共预算.北京：中国财政经济出版社：14.

王世杰，钱端升.1998.比较宪法.北京：中国政法大学出版社.

王世涛.2012.财政宪法学研究.北京：法律出版社：259.

王向前.2009.王清：我不是间谍 只想知道纳税人的钱政府都花哪了.河南商报，8-3，A09.

王逸帅，苟燕楠.2009.国外参与式预算改革的优化模式与制度逻辑.人文杂志，（3）.

威尔·金里卡.2003.当代政治哲学.刘莘译.上海：上海三联书店，522，523.

维托·坦齐，卢德格尔·舒克内希特.2005.20世纪的公共支出.北京：商务印书馆.

温岭市人大常委会办公室：关于邀请公民参加部门预算民主恳谈会的公告.http：//www.yusuan.gov.cn/xwzx/201312/20131210901.html♯〔2014-2-3〕.

温岭市人大常委会网站.http：//www.wlrd.gcv.cr./article/view/12177.htm〔2015-2-1〕.

无锡市财政局网站.http：//cz.chinawuxi.gov.cn/web101/ggfw/tslm/cysys/845431.shtml〔2014-07-06〕.

谢鹏程.1999.公民的基本权利.北京：中国社会科学出版社：37，38.

邢会强.2004.程序视角下的预算法——兼论《中华人民共和国预算法》之修订.法商研究，（5）.

熊彼特.1999.资本主义、社会主义与民主.吴良键译.北京：商务印书馆.

熊伟.2012.财政法基本问题.北京：北京大学出版社.

徐珣，陈剩勇.2009.参与式预算与地方治理：浙江温岭的经验.浙江社会科学，（11）.

许峰.2010.巴西阿雷格里参与式预算的民主意蕴.当代世界，（9）：50.

许国贤.1996.民主的政治成本.人文及社会科学集刊，（2）：273.

亚当·斯密.1974.国民财富的性质和原因的研究.郭大力等译.北京：商务印书馆：27.

亚里士多德.1965.政治学.吴寿彭译.北京：商务印书馆：113.

闫海.2012.公共预算过程、机构与权力：一个法政治学研究范式.北京：法律出版社：128.

严丽梅.上海财政局称预算信息属国家秘密不能公开.http：//news.sohu.com/20091026/n267751711.shtml〔2012-5-20〕.

杨丹芳，曾军平，温娇秀.2012.中国财政透明度评估(2012).上海财经大学学报，（4）：57，61.

杨宇冠.2005.联合国人权公约机构与经典要义.北京：中国人民公安大学出版社：229.

伊夫·辛多默，安雅·若克，朱利安·塔尔平.2012.参与式民主或"相近民主"？——法国普瓦图-夏朗德的"中学参与式预算"//伊夫·辛多默.鲁道夫·特劳普-梅茨，张俊华.亚欧参与式预算：民主参与的核心挑战.上海：上海人民出版社，207.

伊夫·辛多默，卡斯滕·赫茨贝格.2012.参与式预算：一个全球视角//伊夫·辛多默，鲁道夫·特劳普-梅茨，张俊华.亚欧参与式预算：民主参与的核心挑战.//上海：上海人民出版社.

俞可平.2006.中国公民社会：概念、分类与制度环境.中国社会科学，（1）：110.

袁方成，丁传宗.2009.地方治理的域外经验：德国Berlin-Lichtenberg区的参鉴.社会主义研究，（4）：49.

约拉姆·巴泽尔.2006.国家理论——经济权利、法律权利和国家范围.钱勇，曾咏梅译.上海：上海财经大学出版社：43.

约瑟夫·斯蒂格利茨.2009.公共财政.纪沃等译.北京：中国金融出版社：463.

詹姆斯·M.布坎南.1993.民主财政论——财政制度和个人选择.北京：商务印书馆，13.

张镜影.1983.比较宪法(上册).台北：黎明文化事业股份有限公司：94-167.

张千帆.2004.宪法学.北京：法律出版社：147.

张千帆.2003.宪法学导论.北京：法律出版社：480-483.

张千帆.2011.宪政原理.北京：法律出版社：86.

张庆福，吕艳滨.2002.论知情权.江苏行政学院学报，（1）：106.

张文显.2007.法理学.北京：法律出版社.

张献勇.2008.预算权研究.北京：法律出版社：144，145.

张馨. 1999. 公共财政论纲. 北京：经济科学出版社：312，313.

张学明. 2009. 参与式预算的温岭"试水". 中国人大，(23)：43.

张学明. 2008. 深化公共预算改革增强预算监督效果——关于浙江省温岭市参与式预算的实践与思考. 人大研究，(11).

赵丽江，陆海燕. 2008. 参与式预算：当今实现善治的有效工具——欧洲国家参与式预算的经验与启示. 中国行政管理，(10).

赵倩. 2009. 财政信息公开与财政透明度：理念、规则与国际经验. 财贸经济，(11)：62.

赵倩. 2009. 财政信息公开与财政透明度：理念、规则与国际经验. 财贸经济，(11)：63.

郑赫南，蔡瑛，林应荣. 浙江温岭：人大"参与式预算"监督 2 亿预算及时调整. http：//news. xinhuanet. com/legal/2010-05/24/c _ 12132979. htm［2010-08-12］.

中国发展研究基金会. 2009. 无锡、哈尔滨"参与式预算"试验成效评估. 中国发展研究基金会项目，(54).

中国互联网络信息中心. 中国互联网络发展状况统计报告(2015 年 1 月). http：//www. cnnic. cn/hlwfzyj/ hlwxzbg/hlwtjbg/201502/P020150203548852631921. pdf［2015-2-1］.

中国人大网. http：//www. npc. gov. cn/npc/xinwen/dfrd/hlj/2009-06/19/content _ 1506359. htm［2012-8-06］.

周梅燕，何俊志. 2008. 乡镇公共预算改革的起步与思考——上海市南汇区惠南镇"公共预算制度改革"案例研究. 人大研究，(11)：23.

朱光磊. 2006. 现代政府理论. 北京：高等教育出版社：17-20.

卓泽渊. 法政治学. 2005. 北京：法律出版社：452.

http：//news. sohu. com/20091026/n267751711. shtml［2012-5-20］.

http：//www. participatorybudgeting. org. uk/about/history-of-participatory-budgeting［2014-7-16］.

Berner M. 2001. Citizen Participation in Local Government Budgeting. Popular Government，23.

Cabannes Y. 2004，Participatory Budgeting：A Significant Contribution to Participatory Democracy. Environment & Urbanization，16(1).

Clay E M. 2007. Community-led Participatory Budgeting in Bangalore：Learning from Successful Cases. Massachuserrs Institute of Technology，9-11.

Feld A L. 2009. The Shrunken Power of the Purse. Boston University Law Review，89：487.

Fishkin J S. 2009. When the People Speak：Deliberative Democracy and Public Consultation Oxford：Oxford. University Press：46.

Franzke J. 2010. Best Practice of Participatory Budgeting in Germany-Chances and Limits，Paper prepared for the EGPA Annual Conference，Study Group IV：Local Governance and Democracy，Toulouse (France)，6，7.

Fölscher A. 2007. Participatory Budgeting in Asia//Shah A. Participatory Budgeting. Washington DC：The World Bank.

Garner B A，2004. Black's Law Dictionary. Thomson Business，918.

George K，Craig J. 1998. Transparency in Government Operations. IMF Occasional Paper . (158).

Gilman H R. 2012. Transformative Deliberations：Participatory Budgeting in the United States. Journal of Public Deliberation，8(2).

Hood C. 2006. Transparency in Historical Perspective//Hood C，Heald D. Transparency：The Key to Better Governance? Oxford：Oxford University Press：3.

Hordijk M A. 2009. Peru's Participatory Budgeting：Configurations of Power，Opportunities for Change. The Open Urban Studies Journal，2：43.

http：//www. participatorybudgeting. org/about-participatory-budgeting/examples-of-participatory-budgeting/［2014-07-16］.

International Budget Partnership. Open Budget Survey 2008，Open Budget Survey 2010，Open Budget Survey 2012. http：//internationalbudget. org ［2012-5-6］.

International Monetary Fund、Manual on Fiscal Transparency，2007，61-81.

Jarmuzek M，et al，Fiscal Transparency in Transition Economies. http：//ssrn. com/abstract = 1437512 ［2009-7-22］.

Jones J M. Americans Say Federal Gov't Wastes Over Half of Every Dollar. http：//www. gallup. com/poll/ 149543/americans-say-federal-gov-wastes-half-every-dallor. aspx ［2014-07-13］.

Maer L，et al. Participatory Budgeting. http：//www. parliament. uk/briefingpapers/commons/lib/research/ briefings/snpc-04790. pdf ［2010-11-04］.

McNulty S. An Unlikely Success：Peru's Top-Down PB Experience，Journal of Public Deliberation. http：//www. publicdeliberation. net/jpd/vol8/iss2/art4 ［2014-07-15］.

Organisation for Economic Co-operation and Development. 2001，OECD Best Practices for Budget Transparency，May15，7.

Peixoto T. 2009. Beyond Theory：e-Participatory Budgeting and its Promises for eParticipation. European Journal of ePractice，（7）：2，3.

Pinnington E，Lerner J，Schugurensky D. 2009，Participatory Budgeting in North America：the Case of Guelph，Canada，Public Budgeting，Accounting & Finacial Managent，21(3)：467，468.

PricewaterhouseCoopers. 2004，The Opacity Index，January 2001：5；Joel Kurtzman et al. The Opacity Index，MIT Sloan Management Review，October，13.

Shah A. 2007. Participatory Budgeting. Washington DC：The World Bank.

Sintomer Y，Herzberg C、RÖcke A. 2008. Participatory Budgeting in Europe：Potentials and Challenges，International Journal of Urban and Regional Research，32(1)：164.

V. O. Key Jr. 1940. The Lack of Budgetary Theory. American Political Science Review，1138.

Wampler B. A Guide to Participatory Budgeting. http：//www. partizipation. at/fileadmin/media _ data/ Downloads/themen/A _ guide _ to _ PB. pdf ［2010-11-12］.

Wampler B. A Guide to Participatory Budgeting. http：//www. partizipation. at/fileadmin/media _ data/ Downloads/themen/A _ guide _ to _ PB. pdf ［2010-11-12］.

Wampler B. 2007. A Guide to Participatory Budgeting//Shah A，Participatory Budgeting. Washington DC：The World Bank.

Willdavvsky A. 1961，Political Implications of Budgetary Reform. Public Administ ration Review，21 (4)：185.

Wood T. Participatory Democracy in Porto Alegre and Belo Horizonte. http：//www. democraciaparticipativa. org/files/bibl _ Terence _ Wood. pdf ［2010-11-04］.

Morshed K. People's Participation in Budgeting：Why and How. http：//www. thedailystar. net/2007/06/ 30/d706301503131. htm ［2010-10-4］.

Moynihan D P. 2007. Citizen Participation in Budgeting：Prospects for Developing Countries//Shah A. Participatory Budgeting. Washington DC：The World Bank：73-75.

附录I：顺德区参与式预算试点工作实施细则

顺德区参与式预算试点工作实施细则

第一章 总 则

第一条 为提高公共财政的使用效果和公众对政府公共事务决策的参与度，明确参与式预算试点工作的操作流程，结合我区实际情况，制定本实施细则。

第二条 参与式预算是一种新型的民主决策方式。本实施细则适用于我区使用财政资金、涉及社会民生、与群众利益密切相关、群众关注度高的公共预算项目。

第三条 区参与式预算试点工作领导小组负责组织统筹参与式预算试点工作，领导小组办公室设在区财税局，具体负责试点工作的各项日常事务，各预算单位配合区财税局开展参与式预算试点工作。

第二章 试点项目的筛选和确定

第四条 区财税局根据财政管理的需要，选取涉及社会民生、与群众利益密切相关、群众关注度高、金额在 300 万元及以上的项目作为开展参与式预算的试点项目。

第五条 试点项目按以下程序确定：

（一）预算单位申请项目经费时，必须按照《顺德区财政支出项目预算申报管理办法》（顺府办发〔2011〕22 号）的要求，登录顺德区财政管理系统，详细填报项目的立项依据、实施方案和经费预算等内容。

（二）区财税局根据财政管理的需要，从预算单位提交的项目经费申请中选取适合开展参与式预算试点的项目，并向预算单位发送书面通知；

（三）预算单位应在收到书面通知 5 个工作日内按照要求进一步细化项目，包括项目立项依据的合法合规性、项目实施方案的可行性、项目预算、经费支出明细、项目的实施效益等内容，并以附件形式上传到顺德区财政管理系统。

第三章　试点工作的组织

第六条　区财税局通过政府门户网站、新闻媒体、村（居）公示栏、宣传栏向公众发布项目参与式预算试点公告，同时征求公众意见，公告应包括项目概况以及项目面谈时间、代表委员会产生方式等内容，时间应不少于 5 天。

第七条　区财税局从人大代表、政协委员、专家、行业代表、社区群众中选取代表组成项目参与式预算试点项目代表委员会（以下简称代表委员会），并对委员的资格进行公示，时间不少于 5 天。

第八条　代表委员会委员人数一般控制在 15 人以内，其中：人大代表、政协委员 4 人；专家、行业代表 5 人；社区群众 6 人。项目面谈结束后，代表委员会委员资格自动撤销。

第九条　代表委员会委员应当符合以下条件：

（一）遵纪守法，五年内没有犯罪记录，年满 18 周岁具有完全民事行为能力；

（二）热心社会事务、有良好的道德修养和较强的责任心；

（三）具备评审项目所在行业、领域的专业知识和技能，有听证、项目预算评审等相关经验者优先考虑；

（四）愿意以独立身份参加评审工作，自觉接受参与式预算领导小组办公室、新闻媒体、社会公众的监督。

第十条　代表委员会通过以下方式产生：

（一）人大代表、政协委员采取自愿报名、随机选取的方式，也可以由区参与式预算工作领导小组推荐产生。

（二）专家、行业代表采取由区参与式预算工作领导小组推荐（聘请）产生。

（三）社区群众代表从符合资格的申请人中随机抽取产生。

第十一条　区财税局负责收集、疏理代表委员会委员对参与式预算试点项目实施方案和经费预算的意见。

第四章　项 目 面 谈

第十二条　代表委员会组成后 3 个工作日内，区财税局召集代表委员会全体委员召开项目面谈会，对试点项目立项依据的合法合规性、项目实施方案的可行性等内容进行讨论。区财税局负责收集、梳理代表委员会委员及公众对参与式预算试点项目实施方案和经费预算的意见。

面谈会一般由陈述、询问和辩论等程序组成，主要包括以下环节：

（一）预算单位对项目的立项依据、实施方案、经费预算、实施效益等内容进行陈述；

（二）代表委员会成员向项目陈述人进行询问；

（三）预算单位如实回答代表委员会成员的询问；

(四)代表委员会成员就是否同意项目立项以及项目经费安排提出意见并说明理由。

第五章　面谈结果应用

第十三条　面谈会结束后 3 个工作日内，区财税局根据财政管理的需要，结合项目面谈的情况，拟定试点项目经费审核意见，连同会议纪要一并上报区政府审批。

第十四条　区财税局根据区政府批复安排项目经费，并向代表委员会通报、向社会公布。

第十五条　预算单位按照区政府批复确定的项目实施方案推进试点项目的开展。

第六章　项 目 监 督

第十六条　财政部门按照项目进度拨付资金，并对项目资金的使用情况进行监督。同时，设立项目监督投诉电话，及时跟踪、处理群众的投诉。

第十七条　项目实施周期内，预算单位应定期通过政府门户网站、新闻媒体、村(居)公示栏、宣传栏等方式对外通报参与式预算试点项目的实施进度和资金使用情况，自觉接受公众的监督。

第十八条　项目完成后，预算单位提交项目的验收情况报区财税局备案。

第十九条　区纪委(区政务监察和审计局)将已完成的试点项目纳入年度审计范围。

第二十条　区财税局将已完工的试点项目纳入年度绩效评价范围。

第二十一条　区财税局通过政府门户网站、新闻媒体、村(居)公示栏、宣传栏等方式对外通报试点项目的验收情况、审计情况以及绩效评价的情况。

第七章　附　　则

第二十二条　本细则由区政府负责解释。

第二十三条　本细则自参与式预算试点工作启动之日起执行。

附录 Ⅱ：温岭市人大常委会关于开展预算初审民主恳谈，加强镇级预算审查监督的指导意见

关于开展预算初审民主恳谈，
加强镇级预算审查监督的指导意见

为进一步深化民主恳谈与基层人大工作的结合，加强预算审查监督，促进预算审查监督由程序性向程序性与实质性并重转变，规范政府预算行为。现就开展预算初审民主恳谈，加强镇级预算审查监督，提出如下指导意见。

一、指导思想

以党的十七大精神为指导，深入贯彻落实科学发展观，坚持党的领导，坚持充分发扬民主，坚持严格依法办事。通过健全民主制度，丰富民主形式，拓宽民主渠道，保障人民的知情权、参与权、表达权、监督权，稳步推进镇级预算审查监督，促进政府科学理财、民主理财、依法理财，推动地方经济社会又好又快发展。

二、基本程序

(一)会前初审

1.组织培训

镇人大组织人大代表及相关人员，开展预算审查监督相关知识培训，提高代表审查监督预算能力。

2.提交预算草案

镇人民政府按照预算法规定及市财政部门的要求，早编、细编预算，并在人民代表大会会议召开的十五日前将预算草案提交给镇人大，镇人大及时将预算草案报告送达每位人大代表。

3.召开预算初审民主恳谈会

镇人大提前十日发布召开预算初审民主恳谈会公告(参加对象包括人大代表和其他选民)，并组织召开预算初审民主恳谈会。主要程序为：

(1)划分初审小组。一般设置工业、农业、社会事业等若干个初审小组，代

表和选民参与者可自由选择组别。

（2）分组进行恳谈。各初审小组推荐组长（应为镇人大代表），主持恳谈。代表和选民参与者对预算草案逐项进行讨论，充分发表意见和建议。镇人民政府分管领导参加并答复预算编制相关问题。

（3）形成初审意见。各初审小组组长综合代表和选民参与者的意见、建议，形成预算初审意见，为大会集中审查预算草案及预算审查委员会提出预算审查报告作参考。

（二）大会审查

1. 分组审查预算草案

主要程序为：

（1）听取镇人民政府预算草案报告及编制说明后，分代表团审查预算草案。

（2）预算审查委员会举行会议，听取各初审小组初审意见，提出预算审查报告（草案）。

2. 集中审查预算草案

主要程序为：

（1）各初审小组分别向大会报告初审意见。

（2）预算审查委员会向大会作预算审查报告（草案）。

（3）代表集中审查预算草案，提出意见和建议，并就预算编制相关事项，询问镇人民政府领导人员。

（4）镇人民政府领导人员回答代表询问。

3. 修改预算草案

主要程序为：

（1）形成预算修改方案。在大会集中审查预算草案后，镇人民政府根据初审小组意见和大会集中审查时代表提出的意见，形成预算修改方案。

（2）通报预算修改方案。预算修改方案形成后，召开各代表团正、副团长会议，由镇人民政府通报预算修改方案。

（3）审查预算修改方案。在分代表团审议政府、人大主席团工作报告和预算草案时，代表对预算修改方案进行充分审查。

（4）提出预算修改议案。代表对预算修改方案仍有不同意见的，五人以上联名可提出预算修改议案，并在议案截止时间前提交大会主席团。

（5）审查预算修改议案。大会主席团举行会议，审查代表提交的预算修改议案，决定是否列入大会议程（可就相关议案进行合并），列入大会议程的，提交大会进行审议。

（6）表决预算修改议案。大会举行全体会议，对大会主席团决定列入大会议程的预算修改议案进行表决，以全体代表的过半数通过。

（7）修改预算草案。镇人民政府根据大会通过的预算修改议案和预算审查报告，对预算草案进行修改，形成预算修改草案。

4. 批准预算

主要程序为：

(1)镇人民政府向大会报告预算修改草案并作修改说明。

(2)通过关于预算的决议，以全体代表的过半数通过。

(三)会后监督

大会闭会后，镇人大应根据《浙江省乡镇人民代表大会主席团组织条例》的规定，监督本级人民代表大会批准的预算的执行情况，督促镇人民政府每月向镇人大报送预算执行情况报表；在每年的七至九月期间，适时召开人民代表大会会议或人大主席团会议，听取和审议镇人民政府本年度上一阶段预算执行情况报告。预算执行过程中如发生重大变动需作预算调整时，镇人大应及时召开人民代表大会会议，审查、批准镇人民政府提交的预算调整草案。

索　引